ADHD 성인을 위한 인지행동 치료

실행 기능 증진 전략

Mary V. Solanto 지음 | 한국심리치료학회 옮김

ADHD 성인을 위한 인지행동 치료 : 실행 기능 증진 전략

발행일 | 2013년 10월 10일 1쇄 발행
2019년 7월 5일 2쇄 발행

저자 | Mary V. Solanto
역자 | 한국심리치료학회
신민섭, 김명식, 김선희, 김진영, 남은영, 송현주, 안귀여루, 최미례, 장연집, 박경
발행인 | 강학경
발행처 | **(주) 시그마프레스**
편집 | 홍선희
교정 · 교열 | 김은실

등록번호 | 제10-2642호
주소 | 서울특별시 영등포구 양평로 22길 21 선유도코오롱디지털타워 A401~402호
전자우편 | sigma@spress.co.kr
홈페이지 | http://www.sigmapress.co.kr
전화 | (02)323-4845, (02)2062-5184~8
팩스 | (02)323-4197

ISBN | 979-11-6226-206-1

Cognitive-Behavioral Therapy for Adult ADHD :
Targeting Executive Dysfunction

* 책값은 책 뒤표지에 있다.

이 도서의 국립중앙도서관 출판시도서목록(CIP)은 서지정보유통지원시스템 홈페이지(http://seoji.nl.go.kr)와 국가자료공동목록시스템(http://www.nl.go.kr/kolisnet)에서 이용하실 수 있습니다.(CIP제어번호: CIP2019023816)

발간사

한국심리치료학회가 창립된 지 10년을 맞으면서 첫 번역서 출간이라는 의미 있는 소식을 전해 드리게 되어 기쁘게 생각합니다.

그동안 ADHD 성인을 위한 인지행동 치료 번역 작업을 제안하고 번역을 총괄하여 도맡아 주신 신민섭 전회장님께 깊은 감사의 말씀을 드립니다. 또 번역과정에서 많은 수고를 아끼지 않고 좋은 번역서가 나올 수 있도록 최선을 다해주신 일곱 분의 우리 학회 운영위원, 김명식 교수님, 김선희 교수님, 김진영 교수님, 남은영 교수님, 송현주 교수님, 안귀여루 교수님, 최미례 교수님께 진심으로 감사드립니다.

본 번역서는 최근 관심이 증가되고 있는 성인 ADHD에 대한 이해와 치료개입 분야에 크게 활용되고 기여할 것이라 기대해 마지않습니다. 우리 사회는 그동안 아동들의 ADHD에 집중적인 관심을 가지고 있었습니다. 그러나 이 문제가 성인에게도 나타나고 있고, 사회생활에 심각한 문제를 일으킬 수도 있다는 점에서 중요한 의미가 있는 책이라고 할 수 있습니다.

이를 시작으로 장차 한국심리치료학회 출간사업은 중요하게 여겨 왔던 정신적 · 심리적 문제들은 물론이고, 그동안 소홀히 해왔던 여러 가지 심리적 문제들을 표면으로 끌어올려 조명하여 볼 것입니다. 그럼으로써 관심을 모으지 못하였던 문제들이 새로이 인식될 수 있는 계기를 만들 수 있도록 노력할 것입니다. 한국심리치료학회의 발전을 위한 출간 사업이 지속적으로 활성화되기를 희망합니다.

앞으로도 계속될 이러한 사업의 출발은 10년 전 한국심리치료학회의 창립을 위해 애써주신 강문희 초대 학회장님과 장연집 전 학회장님의 사랑과 헌신이 바탕이 되었기에 가능하였다고 생각합니다. 두 분에게 감사의 말씀을 드립니다.

끝으로 이 책의 출간에 적극 호응해 주시고 책이 잘 출간될 수 있도록 세심히 보살펴주신 (주)시그프레스 강학경 사장님과 편집을 맡아 수고를 아끼지 않으신 김은실 과장님에게도 진심으로 고마움을 전합니다.

2013년 10월

한국심리치료학회장 박경

저자 서문

이 책에 기술된 치료 프로그램은 환자들의 임상적 욕구에 부응해서 발전된 것이다. 1999년에 마운트시나이 의과대학에 ADHD 센터가 개설되었다. 이 센터는 주로 ADHD 아동을 대상으로 치료하기 위해 개설된 것이지만, 성인들도 진단 평가와 치료를 받기 위해 스스로 찾아오기 시작했다. 이들 중 많은 사람들은 자녀가 ADHD로 진단되었을 때 비로소 자신도 ADHD가 아닌지 처음으로 생각하게 된 사람들이다. 대부분의 경우 약물 치료가 도움이 되었지만, 성인들의 치료 욕구를 충족시키기에는 충분하지 않았다는 사실이 분명했다. 한 ADHD 성인 환자는 다음과 같이 말했다. "약물은 집중하는 데 도움을 주지만, 내가 무엇에 집중해야 하는지 말해 주지는 않아요." 이러한 성인 환자들은 주의집중의 어려움, 주의분산, 장·단기 과제를 완수 못함, 조직화 능력 결여(disorganization)와 더딘 수행의 문제로 아동기 때부터 오랫동안 학문적·직업적 수행에 결함이 있어, 그에 따른 정서적 고통감도 매우 컸다. ADHD 성인들에서 일상적인 실행 기능(executive function)의 장애는 현저하지만 약물 치료가 이러한 문제를 충분히 완화시켜 주지 못하므로 새로운 심리사회적 개입의 필요성이 대두되었다. 마운트시나이 의과대학에 의해 개발된 이 프로그램은 시간 관리, 일상 생활에서 시간을 관리하고 조직화하고 계획하는 능력을 증진시키는 기술과 전략을 훈련시킬 수 있도록 행동 치료적 방법과 인지 치료적 방법을 이용한다. 또한 전통적으로 불안과 우울의 문제를 다루는 인지행동적 개입도 통합해서 함께 사용한다.

치료 프로그램의 초기판은 실행자로서의 자기 관리(executive self-management) 이외에도 충동과 기분 통제, 그리고 대인관계 의사소통 문제에 관한 모듈을 갖고 있다. 그러나 임상 경험을 통해서 ADHD 성인에서 비효율성(inefficiency)과 조직화 문제는 보편적으로 나타나지만, 충동 통제와 의사소통에서는 그렇지 않음을 알게 되었다. 또한 이러한 문제를 치료하기 위해서는 다양한 개입 방법을 골고루 사용하는 집중적이면서도 포괄적인 프로그램의 개발과 도입이 필수적이라 할 수 있다.

다음과 같은 목적을 위해 인지행동 치료(CBT)가 개발되고 정교화되었다.

1. 행동의 변화(ADHD의 결함을 줄이고 보완할 수 있는 새로운 기술과 행동 목록, 그리고 적응적 인지)를 가져올 수 있는 집중적이고 포괄적인 프로그램의 개발
2. 실제적이면서 습관적이고 자동적으로 일상 생활에 쉽게 통합될 수 있는 프로그램의 보급
3. 통제된 조건 하에서 반복적으로 실행 가능하고 연구될 수 있고, 다른 치료자에게 전달 가능한 매뉴얼화된 프로그램의 개발

집단으로 실시되는 모듈은 장점이 많다는 것이 증명되었다. 집단 CBT 모듈은 ADHD에 공통적인 어려움과 교정해야 할 기술 및 습관을 위해 구조화된 제시(presentation)와 설명 및 실행을 가능하게 한다. 또한 집단은 성공적 전략을 촉진하기 위한 모델링과 대리 학습을 할 수 있는 기회를 제공한다. 집단구조 상황에 있어 무엇보다 중요한 것은 참여한 구성원 간 상호 지지와 격려가 가능하므로 개인 치료와는 다른 성장과 증진을 위한 중요한 힘(momentum)을 제공할 수 있다는 것이다. 그리고 집단은 비용-효과적인 면에서도 전달하기 쉬운 치료 형태이다. 물론 임상 사례와 실제에 따라 개인 치료가 더 필요하거나 좋을 수도 있다. 이 경우 집단 프로그램은 개인에게 실시하기 쉽게(제5장에서 충분히 설명됨) 수정될 수 있다.

제1장에서는 ADHD의 진단적 준거를 제시하고, ADHD 성인들의 전형적 문제(핵심 증상과 기능적 어려움의 두 가지 측면에서)를 기술하고, 이 프로그램이 문제를 어떻게 다루도록 구성되었는지 설명한다. 효율적 치료를 위해서는 정확한 진단이 필수적이다. 주의력과 충동성의 문제는 많은 심리적 장애와 증상(불안, 우울, PTSD, 적응 장애와 스트레스 등)에도 흔히 나타난다. 제2장에서 기술된 바와 같이 주의 깊은 평가는 아동과 성인의 발달력을 모두 포괄하게 되며, ADHD를 확진하거나 배제하고 공존 장애(comorbid condition)를 규명하기 위해 필수적이다. 진단 과정을 설명하기 위해 각 유형의 전형적 사례(prototypical case)를 제시할 것이다. 제3장에서는 이 치료 매뉴얼을 실시하는 치료자를 위한 구체적인 안내, 즉 집단에서의 효과적인 제시 방법과 좋은 치료자(교사, 응원자 등)의 역할 등을 제공한다. 또한 이 장에서는 치료 과정에서 중요한 점들을 어떻게 살펴보고 과제(각 회기의 첫 부분에서 이루어지는)를 점검하고 실행하도록 할지 구체적으로 임상적 접근을 할 수 있게 한다. 제4장에서는 도전이 되는 사례의 유형뿐 아니라 성공적인 치료 사례의 예를 제시하며, 이 과정에서 어떻게 저항이 인식되고 치료 초기에서 다루어질 수 있는지에 대해 안내해 준다. 제5장은 집단 프로그램이 어떻게 개인용으로 변

화 및 수정 가능한지 기술한다. 제6장에서는 일반적인 CBT적 접근과 ADHD 성인을 치료하는 본 프로그램의 효과성을 보여주는 객관적 증거를 요약적으로 제시하며, ADHD 치료 관련 컴퓨터 프로그램, 장비, 책, 자조-집단과 웹사이트의 목록을 제공한다.

우리는 본 치료 매뉴얼과 치료자 안내문을 만듦으로써 ADHD에 대한 우리의 임상 및 연구 경험의 결과를 다른 치료자들과 함께 공유하고, 나아가 ADHD의 공통적인 결함을 효과적으로 치료하기 위해 필요한 도구를 제공하고자 하였다.

MARY V. SOLANTO

차례

제6장 인지행동 치료의 과학적 근거 77

David J. Marks

치료 매뉴얼 91

제 1 장

ADHD 성인과 치료 프로그램의 개발

MARY V. SOLANTO

조시는 내원자 접수 창구에 들를 생각도 하지 않고 곧장 나의 사무실로 뛰어들었다. 그는 첫 면담 약속에 25분이나 늦었다. 그는 숨을 헐떡이며 사과했고, 사무실 주소를 쓴 종이를 잃어버려서 사무실을 찾느라 늦었다고 했다(마운트시나이 의과대학은 뉴욕시 번화가에 있어 매우 찾기 쉬운데!). 그의 머리는 약간 헝클어져 있었고 얼굴은 방금 침대에서 나온 듯 부시시했지만, 자세히 볼수록 호소력 짙은 웃음을 가진 잘생긴 얼굴이었다. 조시는 27세 된 젊은 남성으로 언론학 석사 과정에 있는 재능 있는 작가이다. 현재 그는 학위 과정을 제대로 이수하지 못해서 장학금이 종료될 때까지 석사 과정을 무사히 마칠 수 있을까 걱정하고 있었다.

조시는 자신의 일에 집중하고, 집중을 유지하는 데 어려움이 있다고 보고하였다. 어떤 새로운 이야기나 뉴스에 사로잡힐 때 그는 훌륭한 문체로 빠르게 몇 장을 쓸 수 있다. 그러나 처음의 열정이 식거나 어려움에 부딪히면, 딴 생각을 하기 시작하고 컴퓨터를 응시하고 인터넷 웹서핑을 하거나 방을 서성거리거나 하면서 몇 시간 동안 아무것도 하지 못하기 일쑤다. 그는 특히 연구논문을 조직화된 방식으로 진행하는 것을 어려워한다. 논문 내용을 정리하기 어려워하며, 참고문헌을 체계적으로 찾거나 자신이 원하는 중요한 핵심내용을 찾아내는 것을 매우 힘들어한다. 그는 대개 주제나 자신의 주장을 명확히 생각하기도 전에 쓰기 시작하므로 필연적으로 다시 돌아와 교정을 해야 하고 다시 시작해야 한다. 이런 일을 하는 과정에서 느끼는 고통으로 인해 일이 지연되고 필요 없이 반복되며 시간을 낭비하게 된다. 그는 보통 마감날짜가 다 되어 밤이 되어야 일을 시작한다. 그는 지금까지 살아오며 내내 이런 어려움을 겪어왔다고 했고(실제로 한때 대학에서 유급된 적이 있다), 앞으로 기자로서 기능을 할 수 있을지에 대해 매우 불안해하고 있다.

또한 조시는 반복적으로 자신의 물건을 잘 정리해 두지 못한다고 말했다(예를 들어 열쇠, 핸드폰, 수첩 등). 집과 학교에서 그의 책상은 정리되지 않은 서류들로 빽빽히 차 있어 일할 공간이 없을 정도다. 그는 필요한 물건을 찾느라 많은 시간을 허비한다.

두 번째 면담에서 조시는 여자 친구와의 문제를 이야기했다. 그의 여자 친구는 조시가 잘 참지 못하고, 약속시간에 늦으며, 자신의 말을 경청하지 않고, 그녀가 부탁하는 일을 잊는 것 같다고 불평한다고 했다. 또한 그는 '쓸데없는 사소한 일'에 화를 잘 내며, 가끔씩 자신의 수입을 초과해서 자신이나 친구를 위해 사운드 시스템이나 미국 프로 농구 경기표 같은 비싼 물건을 펑펑 사는 것에 대해 매우 놀라워하고 고민을 많이 한다. 조시는 여자 친구가 이런 자신의 모습에 불만을 품고 떠나지 않을까 걱정하고 있다(전의 여자 친구가 그랬듯이).

조시는 2년 전에 ADHD로 진단받았었고 간단한 약물 치료(리탈린)를 받았다고 한다. 치료를 받으면 덜 주의산만해지고 좀 더 오랫동안 집중할 수 있었음에도 불구하고, 계획을 잘 세우거나 정확한 시간 내에 학교 과제를 마치는 것에는 크게 도움이 되지 못했고, 그래서 약을 끊게 되었다고 했다.

조시의 사례는 ADHD 성인에게서 전형적으로 나타나는 어려움을 보여준다. 그는 초점 주의력과 지속적인 주의력에 어려움이 있었고, 특히 일상 생활 실행 기능인 시간 관리, 계획 세우기와 조직화하는 것을 힘들어했다. 이런 어려움이 학업 수행에 지장을 주어왔고, 앞으로도 적절히 치료되지 않는다면 직업생활에도 크게 손상을 주기 쉬운 상태였다. 조시는 주의력 문제 이외에도 발표할 때 충동적인 행동을 보이는데, ADHD 성인의 경우(모두는 아니지만) 이런 경향을 보이기 쉽다. 조시의 충동성은 안절부절 못함, 인내심 부족, 갑자기 화내는 성향과 부주의한 소비를 통해 나타난다. 이런 행동 경향은 대인관계에서 갈등과 불협화음을 가져오기 쉽다.

ADHD가 아동기에 많이 나타나는 것으로 생각되지만, 성인의 경우에도 약 4%가 ADHD를 갖고 있는 것으로 추정된다(Kessler et al., 2006). 이 유병률은 네 가지 종단적 추수연구 결과와 일치하는데, 이 결과는 미국의 아동 중 약 8%를 차지하는 ADHD 아동 중 50%가 성인기에도 ADHD 문제가 지속적으로 유지된다는 사실을 의미한다. 이 종단적 연구에서는 ADHD 성인이 학업적, 직업적, 사회적, 정서적 영역에 있어 매우 광범위한 실제적인 기능의 장애가 있다는 사실을 입증하고 있다(Barkley, Fisher, Smallish, &

Fletcher, 2006; Biederman et al., 2006c; Mannuzza, Klein, Bessler, Malloy, & LaPadula, 1998; Weiss & Hechtman, 1993). ADHD 성인은 정상적인 성인에 비해 교육 기간이 상대적으로 짧고, 실직과 임시직 고용이 많고, 반사회적 행동으로 체포되는 경우가 더 많고, 교통사고와 법정 출두가 많으며, 대인관계 갈등 및 별거와 이혼이 많다. 또한 ADHD 성인은 불안(51%)과 우울(32%; Kessler et al., 2006)의 빈도가 높을 뿐 아니라 물질 및 알코올 남용 장애(18%)도 더 많고, ADHD 성인 여성의 경우 섭식 장애에 걸릴 위험도 더 높다(Biederman et al., 2010). 최근의 연구에서 ADHD로 인한 생산성 손상에 대해 그 경제적 비용을 추산한 결과, ADHD 성인은 비슷한 교육을 받은 정상인에 비해 연봉 8,900~15,000달러를 덜 받았으며, 국가 전체적으로는 770억 달러를 덜 버는 것으로 나타났다(Biederman & Faraone, 2006).

진단적 준거와 문제 제기

DSM-IV-TR(Diagnostic and Statistical Manual of Mental Disorders – Fourth Edition; American Psychiatric Association, 2000)는 ADHD의 진단 준거를 제공한다(표 1.1). 이 준거는 성인과 아동 모두 동일하다(이 준거를 성인에게 적용할 때의 문제와 철저한 토론을 위해 다음의 문헌을 참조하라; Barkley, Murphy, & Fisher, 2008). 준거 A항목은 두 가지 주요한 군(cluster; 한 군은 부주의를, 다른 한 군은 과잉행동-충동성을 반영)을 기술하고 있는데, 아홉 가지 증상 중 여섯 가지 이상을 충족시켜야 ADHD로 진단된다. 부주의 영역에서 기준점보다 높고 과잉행동-충동성 영역이 정상 범위일 때 '부주의형', 부주의 영역과 과잉행동-충동성 영역 모두에서 기준점보다 높으면 '혼합형' 군으로 진단된다. 그러나 '과잉행동-충동성' 하위 유형은 학령 전 아동 집단에게만 제한적으로 적용되는 것 같다(Lahey, Pelham, Loney, Lee, & Willcut, 2005).

DSM-IV-TR의 기타 기준은 1) 7세 이전의 아동기에 증상이 발병되어야 함, 2) 장애는 한 가지 상황 이상(예를 들어 집과 직장이나 학교)에서 나타나야 함, 3) 사회적, 학업적 또는 직업적 기능에 있어서 임상적으로 유의한 손상이 있어야 함, 4) 다른 정신질환이나 다른 장애에 의한 것이 아니어야 함 등이다. 성인에 있어 이 두 가지 증상군과 관련된 대표적인 문제들이 다음에 기술될 것이다.

표 1.1 ADHD 진단준거(DSM-IV-TR)

A. (1) 또는 (2)

(1) 다음 증상 중 6개(또는 그 이상)의 **부주의** 증상이 있고, 이 증상이 최소 6개월간 지속되므로 적응 장애가 있고, 이는 발달수준과 일치하지 않는다.

부주의

(a) 정밀한 일에 세심한 주의를 기울이지 못하거나 학업, 직업이나 다른 활동을 할 때 조심성 없어 실수를 잘한다.

(b) 작업이나 놀이에 계속해서 집중하기 어렵다.

(c) 다른 사람이 직접 말하는 것을 귀 기울여서 듣지 못하는 것 같다.

(d) 지시대로 따라하지 못하며 학업, 간단한 일이나 일터에서 직무를 자주 끝내지 못한다(이는 적대적 행동이나 지시를 이해하지 못해서 오는 것이 아니다).

(e) 작업 및 활동을 조직적으로 하기 어렵다.

(f) 지속적인 정신력을 요하는 작업(학업이나 과제 같은)을 피하거나, 싫어하거나, 거부한다.

(g) 작업이나 활동에 필요한 물건을 자주 잃어버린다(예 : 장난감, 과제, 연필, 책 또는 도구)

(h) 외부 자극으로 쉽게 주의가 분산된다.

(i) 일상적인 활동을 자주 잊어버린다.

(2) 다음 증상 중 6개(또는 그 이상)의 **과잉행동-충동성** 증상이 있고, 부적응적이며 발달 수준에 맞지 않는 정도로 최소 6개월간 지속되어야 한다.

과잉행동

(a) 손이나 발을 움직이거나 몸을 뒤트는 등 가만히 있지 못한다.

(b) 가만히 있어야 하는 교실이나 다른 장소에서 차분히 앉아 있지 못한다.

(c) 어떤 장소에서 부적절하게 지나치게 뛰어다니거나 기어오른다(청소년이나 성인에게서는 안절부절 못한다는 주관적 느낌으로 이어질 수 있다).

(d) 놀이나 여가활동을 평온하게 즐기기 못한다.

(e) 계속하여 쉴 새 없이 움직인다(마치 모터가 달린 듯이).

(f) 말을 지나치게 많이 한다.

충동성

(g) 질문이 다 끝나기 전에 불쑥 대답한다.

(h) 차례를 기다리지 못한다.

(i) 다른 사람들이 하는 말을 자주 방해하거나 간섭한다(예 : 대화를 하거나 게임을 하는 데 불쑥 끼어들어 참견한다).

B. 과잉행동-충동적 증상이나 부주의 증상으로 인한 장애가 7세 이전부터 나타나야 한다.

C. 이런 증상으로 인한 장애가 2개나 그 이상의 환경(예 : 학교(또는 일터)와 집)에서 나타난다.

D. 사회, 학업 또는 작업 기능에서 임상적으로 심각한 장애가 있다는 근거가 확실하다.

E. 증상이 주로 전반적 발달 장애, 조현병 또는 기타 정신질환의 과정에서 발생되는 것이 아니며, 다른 정

신질환(예 : 기분 장애, 불안 장애, 해리 장애, 인격 장애)에 의한 것이 아니다.

임상형에 따른 코드

314.01 ADHD, 혼합형 : 지난 6개월간 A(1)과 A(2) 진단 기준에 맞을 때

314.00 ADHD, 부주의형 : 지난 6개월간 A(1)의 진단 기준에는 맞지만 A(2) 기준에는 맞지 않을 때

314.01 ADHD, 과잉행동-충동성형 : 지난 6개월간 A(2) 진단 기준에는 맞지만 A(1) 기준에는 맞지 않을 때

주의 : 현재 증상은 있지만 진단 기준에는 완전히 부합되지 않는 사람(특히 청소년과 성인)에게는 '부분적 관해'라고 명시해야 한다.

부주의 군(inattentive cluster)

ADHD 성인의 경우 독서나 대화를 할 때, 강의를 들을 때, 기타 프로그램에 참여할 때, 특히 길고 지루하게 생각되기 쉬운 일에서 쉽게 주의산만해지고 초점을 잃게 된다. ADHD 성인은 보통 시간 점검이 어렵고, 약속에 늦으며, 정해진 시간 내에 과제와 프로젝트를 완료하는 것을 어려워한다. 또한 일상적이거나 새로움과 흥미가 부족한 과제를 시작하는 데 어려움을 느낀다. 지루하고 시간이 많이 걸리는 소득세 신고 같은 일뿐 아니라 영수증 처리 같은 반복적인 일을 처리하지 못해 몇 주, 몇 개월, 심지어 몇 년씩 지연될 수 있다. 예를 들어 ADHD 성인이 요금을 내지 못해 수도와 전기를 사용하지 못하거나 영수증이나 세금에 대한 과징금을 크게 무는 일이 종종 있다. 최근의 한 사례에서는 유능한 전문인이 자신의 자격증을 갱신하는 일을 몇 년간 미루다가 자격증을 잃을 뻔한 일도 있었다. 일상적인 서류작업도 ADHD 성인에게는 매우 힘든 일이 될 수 있다. 예를 들어 영업직에 근무하는 30대의 똑똑한 한 여성은 고객들과 의사소통하는 데는 재능이 있었지만, 조직적이고 신속하게 고객에 관한 서류와 보고서를 작성하고 제출하는 데 어려움이 있어서 결국 해고되었다. 또 다른 경우 어떤 교사는 아이들과 효율적이고 창조적으로 일을 했지만, 교육계획서와 학생 성적을 제때 제출하지 못했다. 그녀는 이 일을 너무나 힘들어했으며, 결국 이 일을 그만두고 다른 직업을 찾게 되었다.

ADHD 성인은 개인 물품을 보관하고 유지하는 것을 매우 힘들어한다. 집안과 사무실에서 체계적으로 조직화하여 정리하지 못하기 때문에 중요한 서류, 기록, 그리고 개인 물

건을 찾는 데 매우 힘들어하며, 결국 일을 하는 데 있어 비효율성과 혼란스러움을 만성적으로 겪게 된다. 어떤 젊은 교수는 새로 이사한 집에 몇 개월간 포장박스 등이 치워지지 않고 널부려져 있어, 방에서 방으로 걸어가기 어려울 정도가 되었다. 그는 필요한 물건을 정리하지 못하고 반복적으로 찾으면서, 친구들이 자신의 집에 방문하는 것을 너무나 당황해하고 창피해했다. 결과적으로 그는 사회생활과 교류에 많은 어려움을 겪게 되었다. 또한 조직화 능력의 결함은 직장에서 중요한 일에 어려움을 초래한다. 어떤 유능한 변호사는 내담자의 파일을 조직적으로 관리할 수 없었다. 그녀는 분류되지 않은 파일들과 밀린 일로 인해 내담자의 사례, 다음 공판날에 필요한 조치사항을 신속하고 용이하게 처리할 수 없었다. 그녀의 직업생활은 위기에 빠졌고, 우연히 이런 어려움을 잘 처리하는 동료 변호사를 만나 파일관리에 대한 도움을 받고나서야 업무를 효율적으로 처리할 수 있었다.

ADHD 성인은 너무나 자주 새로운 일을 시작하는 데 열정적이다. 그들은 새로운 것과 신선한 생각에 의해 흥분된다. 그러나 새로움이 조금 지나가고 어려움에 직면하거나 세밀한 추가 작업이 요구될 때 종종 흥미와 에너지를 잃고 흥미를 자극하는 다른 새로운 일을 시작하게 된다. 이런 주기가 반복되면서 미완성한 일들, 미완료된 학위 과정, 이직, 심지어는 인간관계에서 배제되는 일까지 안 좋은 일들이 연쇄적으로 이어지게 된다. 어떤 똑똑한 젊은 여성은 명문 아이비리그대학의 학위를 가지고 있으면서도, 졸업 후 9년간 10개의 직업을 전전했다. 그녀는 자신이 해고되어서가 아니라 자신이 실제로 원하는 것이 무엇인지 찾지 못했기 때문에 이렇게 되었다고 말한다. 그녀에게 처음에는 매력적으로 보이던 것이, 항상 점차 지루한 것이 되고 만다는 것이다. 장기간 이런 과정을 거치게 되면서, 그녀의 학업적, 직업적, 개인적 목표가 무엇인지 애매하게 되었고, 자연히 성취도 저하되고 모든 일이 정상적 궤도를 이탈해 혼란에 빠지게 되었다.

과잉행동-충동성 군(Hyperactive-Impulsive Cluster)

이 증상의 기저에 있는 핵심적 결핍은 지연(delay) – 생각과 행동 간, 또는 충동과 그것의 표현 간 – 을 못하는 것이다. ADHD 혼합형 성인은 음식, 약물이나 알코올, 그리고 성적인 충동을 조절하는 데 더욱 큰 어려움을 느낀다. 충동 통제력이 손상되었으므로 ADHD와 알코올 및 물질 남용/의존, ADHD와 섭식 장애 같은 공존 장애를 많이 보인다. 또한 ADHD 성인은 고속으로 운전을 하거나 교통 규칙을 위반하려는 충동을 많이 느끼므로 교통사고와 법정 출두도 일반인에 비해 훨씬 많다(Barkley, Murphy, O'Connell, &

Connor, 2005). 스카이다이빙 같은 위험한 활동에 대한 매력도 ADHD 과잉행동-충동성 군에 속하는 성인에게 공통적으로 나타난다.

충동성은 개인의 인지 스타일에서도 나타난다(중간 과정 없이 불쑥 결론을 내리는 경향, 충분한 생각이나 계획 없이 결정을 내리기 등). 충동성은 개인적 결정에 크고 작게 영향을 줄 수 있다. 예를 들어 방향이나 지도 없이 도로여행을 시작하기, 충분히 문제나 결과에 대해 생각하지 않고 직장이나 주거지를 옮기기 등이 그런 경우이다. 어떤 신사는 자신의 직업적 실패를 한탄하면서 자신의 충동적 성향에 대해 "나는 항상 먼저 오는 버스를 탔다. 하지만 나는 내가 실제로 원하는 곳을 가는 버스를 기다려야 했었다."고 비유적으로 말했다.

과잉행동-충동성의 또 다른 측면은 과잉활동성(motor overactivity)이나 몸을 가만히 두지 못하고 안절부절함(physical restlessness)으로, 모든 ADHD 혼합형의 성인이 이 증상을 경험하진 않지만 어떤 ADHD 성인들은 이러한 증상을 나타낸다. 성인에게 있어 과잉행동-충동성의 표현은 아동의 경우와 매우 다르다는 것에 주목할 필요가 있다. ADHD 혼합형 아동은 과도하게 움직이고 가만히 있지 못할 수 있지만, ADHD 혼합형 성인의 경우 이러한 행동이 잘 관찰되지 않을 수 있다. ADHD 혼합형 성인의 경우에는 외적으로는 움직임이 덜한 반면, 내적으로는 부산하게 움직이고 싶고 가만히 앉아 있기 싫은 충동으로 인해 회의시간 내내 갈등하게 된다.

다음에 자세히 기술한 것과 같이 과잉행동-충동성 군의 증상은 언어적 충동성으로 표현될 수 있다.

대인관계에 대한 영향

과잉행동-충동성뿐 아니라 부주의한 성향은 가족, 친구, 고용주 및 동료와의 관계에서 나타난다. 주의 깊게 경청하지 못하는 성인은 타인의 감정과 욕구에 관심을 두기 어렵다. 다른 사람들과 관계된 일들을 잘 기억하지 못하거나 세심하지 못하여 실망과 갈등을 유발하기 쉽고, 결국 상호 신뢰에 금이 가게 된다. 기다리지 못하는 ADHD 성인은 대화나 활동을 간섭하거나 대인관계에 있어 지나치게 지시적이거나 통제적이 된다. 언어적 충동성은 과도하고 장황한 말, 너무 구체적이고 지엽적인 데 매달리는 말뿐 아니라 부적절하고 무감각하거나 때에 맞지 않는 말로 나타나며, 이것은 듣는 사람을 힘들고 당황하게 만든다. 예를 들어 전도가 유망한 어떤 젊은 여성 간부의 경우, 상사로부터 그녀가 회의에서 너무 많은 말을 하고 동료에 대한 그녀의 말이 '너무 퉁명스럽다'는 이야기를 들었다. 탈억제(disinhibition)는 분노의 부적절한 표현이나 정서의 극단적 표현을 초래하기 쉬우므로 타인들을 소외시키거나 고통을 줄 수 있다. 개인적 혼란함과 조직화 능력의 결함은 가까운 타인들에게 부정적 영향을 주기 쉬워 스트레스와 갈등을 유발하기 쉽다. ADHD인 변호사 남편을 둔 부인은 어린아이가 한 명 있는데, 그녀는 "두 아이를 키우는 것 같다."고 종종 말한다. ADHD 증상이 사람들에게 수많은 방법으로 부정적 영향을 주므로 ADHD 성인이 일반인에 비해 더 많이 별거와 이혼을 하고(Biederman et al., 2006a), 친구와 동료들과 사회적 관계 형성의 어려움을 호소하는 것(Barkley et al., 2006)은 놀라운 일이 아니다.

ADHD에 대한 종합적 치료로서 약물이 불충분한 점

아동들과 마찬가지로 중추신경자극제인 메틸페니데이트(예 : 리탈린, 콘서타)와 암페타민(예 : 아데롤, 바이벤스)은 ADHD 성인의 주요 증상 완화에 효과적이었는데, 이는 정신과의사들이 평가한, DSM-IV-TR에 명시된 ADHD 증상의 심각성 순위와 전반적인 임상적 개선의 측정치에도 나타난다. 메틸페니데이트에 대한 성인 ADHD 환자들의 반응 정도는 아동들보다 다소 낮으며 통제 실험에서 37~70%로 나타났다(Adler et al., 2009; Biederman et al, 2006b; Medori et al., 2008; Spencer et al., 2005). 성인의 경우 암페타민 성분의 중추신경자극제에 대한 반응 비율은 메틸페니데이트에 대한 반응 비율과 유사하다(Adler et al., 2008; Spencer et al., 2001; Weisler et al., 2006). Faraone과 Glatt (2010)가 실시한 최근의 메타분석은 장시간 작용하는 중추신경자극제의 전체 효과 크기(약과 위약 간의 차이 단위의 표준편차 값)가 성인에서는 0.73이었고('큰 편'), 메틸페니데이트 기반 치료와 암페타민 기반 치료 사이에 차이점이 없었다. 노르에피네프린 재흡수 억제제인 아토목세틴(스트라테라)은 성인 ADHD의 증상 정도를 눈에 띄게 개선시켰음을 보여주었다. 그러나 이에 대한 큰 규모의 두 연구에서 효과 크기는 0.35와 0.40이었으며(Michelson et al., 2003), 따라서 아토목세틴은 위에서 제시한 장시간 작용하는 중추신경자극제의 평균 효과 크기의 대략 55%로 보고되었다. 그러나 다른 중추신경자극제를 견디기가 매우 힘들 때, 혹은 잠재적으로 중추신경자극제를 남용할 가능성이 있을 때 아토목세틴은 차선책으로서 효과적이고 유용하다.

ADHD 치료에 있어 약물의 임상적 사용에 대해 더 깊이 있는 논의가 필요하다면 Spencer, Wilens와 그 동료들이 쓴 중추신경자극성 약물(Spencer, Biederman, & Wilens,

2004b; Wilens, 2008)과 비자극성 약물(Spencer, Biedermen, & Wilens, 2004a) 치료에 관한 글을 읽어 보라.

중추신경자극성 약물과 비자극성 약물이 성인 ADHD 환자들을 치료하는 데 효과적이지만 이 장애를 약물로 치료하는 데 있어서 한계가 있다. 먼저 약물 치료의 효과성은 ADHD 핵심 증상의 평가에 바탕을 두고 있다. 그러나 이 연구들은 조직화 능력 결함이나 시간 관리의 어려움같이 특정 형태의 기능 손상의 치료 효과에 관한 정보는 거의 갖고 있지 않다.

아동기에는 조직화 능력이나 시관 관리와 같은 중요한 영역에서 메타 인지 기술의 발달이 부족할 수 있기 때문에(Douglas, 1999) 임상 경험에 입각해 볼 때 약물 치료 하나로는 이러한 결함을 개선하기에 충분하지 않으며, 성인기에 이러한 능력을 훈련시킬 수 있는 치료적 개입이 꼭 필요하다. 두 번째로 의미 있는 소규모(30~50%)의 성인들은 약물 치료에 반응하지 않거나 부정적으로 반응함으로써 대안적 개입의 필요성을 일깨워주었다. 마지막으로 약리학 연구에서 '반응'은 일반적으로 증상의 30%가 감소한 사람들로 규정하지만, '약물에 반응을 하는 사람'이라고 여겨지는 이들 중 다수는 증상의 완전 경감을 이루지 못해 치료실을 떠나고 있으며, 심리사회적인 개입을 통한 개선을 필요로 한다.

ADHD의 개념화

실행 기능 장애

ADHD 환자들에게 있어 조직화와 효율적인 자기 관리의 결함은 적어도 실행 기능의 어느 한 부분에서 근본적인 결함에 기인할 수 있다(Barkley, 1997; Castellanos, Sonuga-Barke, Milham, & Tannock, 2006). 실행 기능은 작업 기억, 자기 억제, 집중 방해자극에 저항하는 것, 주의 전환, 조직화, 계획, 자기-감찰을 아우른다. 이러한 결함은 성인(Hervey, Epstein, & Curry, 2004)과 아동(Willcutt, Doyle, Nigg, Faraone, & Pennington, 2005)을 둘 다 포함하는 신경심리학적 평가에 관한 수많은 연구에서 보고되어 왔다. 이러한 개념화, 그리고 성인(Seidman, Valera, & Bush, 2004)과 아동(Seidman, Valera, & Makris, 2005)을 모두 대상으로 하는 기능적 뇌영상 연구는 ADHD에서 실행 기능을 보조하는 전전두엽 영역의 활성화에 있어서 결함을 보여주었다. 뇌영상 결과를 통해 나타난 실행 기능의 장애는 신경심리검사 결과에도 불구하고 ADHD 환자들(Doyle, 2006;Willcutt et al., 2005), 즉 성인들(Biederman et al., 2006d)과 아동들(Biedermen et al, 2004)에게 보편적이지는 않다. 검사 결과 실행 기능에 결함을 가진 것으로 나타난 이들은 그렇지 않은 사람들보다 직업적·학업적 장애를 비교적 더 많이 보였다. 더욱이 연구자들은 ADHD 아동과 성인들이 실행 기능 결함을 관습적으로 측정하는 뇌영상 사진을 반드시 찍지 않더라도 일상 생활에서 실행 기능 장애를 명백히 보여준다는 것에 대해 논쟁해 왔음을 언급하였다(Barkley & Fischer, 2010; Brown, 2008).

ADHD의 원인을 바라보는 상호보완적인 관점은 억제적 통제(inhibitory control)의 근본적인 결함을 강조한다(Barkley, Murphy, & Bush, 2001; Nigg, 2006). 억제적 통제는 억제할 수 있는 능력, 혹은 우세한 인지적이거나 행동적인 반응을 억제하거나 지연하는 능력, 진행 중인 반응을 멈추는 능력, 관련 없는 자극의 간섭을 막는 능력을 포함한다. Barkley의 모델에 따르면, 적절한 억제적 통제 결여는 핵심적인 자기 조절 실행 기능에서의 연쇄적인 결함을 야기한다. 부적절한 억제적 통제는 즉각적인 외부 혹은 내부 자극에 쉽게 반응하도록 만들며, 인지적으로는 빈약한 작업 기억, 주의산만, 과제 완성의 실패, 세부사항에 대한 부주의, 그리고 '경솔한' 실수들로 나타난다. 길거나 단계가 많고 본질적으로 도전적인 과제들은 특히 방해를 받기 쉽다. 부족한 작업 기억은 현재 행동을 감찰하고 조정하여 중요한 목표를 향해 시의적절하게 다가가는 과정에 어려움을 초래한다. 최근의 연구는 ADHD 아동들(Barkley, Koplowitz, Anderson, & McMurray, 1997)과 마찬가지로 성인들(Barkley et al., 2001)도 시간 관리 능력이 부족하므로, 그들로 하여금 과제가 얼마나 길게 이어질지, 혹은 이용 가능한 시간이 얼마나 지났는지를 추정하는 것을 더욱 어렵게 한다는 사실에 대한 보강증거를 제공한다.

강화에 둔감함

ADHD에 대한 또 다른 개념화는 강화(보상)에 대한 민감성이나 반응성이 약하기 때문에, 환자들은 불쾌하거나, 본질적으로 노력을 필요로 하지만 즉각적인 만족감을 거의 제공하지 않는 과제나 활동에서 특별한 어려움을 느낀다고 가정한다. 이 이론에 따르면, ADHD 환자들의 행동은 학습된 행동수반성(contingency)에 의해 덜 통제를 받는다. 따라서 그들은 과제와 상관이 없는 자극(주의분산자극)에 영향을 받는 경향이 있다(Luman, Oosterlanan, & Sergeant, 2004). 그러므로 Barkley(1989) 그리고 Haenlein과 Caul(1987)이 처음 기술한 바와 같이 더 자주, 더 즉각적인, 더 강력한 강화물이 ADHD에서 상승된 보상의 역치를 충족시키기 위해 필요하며, 이는 Luman 등(2004)이 개관한 연구들에서 경험적으로 검증되었다.

ADHD 환자들은 또한 가파른 지연 보상 기울기를 보일 수 있다. 지연 보상 기울기는 동물 연구들을 통해 처음 설명되었다(Ainslie, 1974). 즉 시간적으로 멀리 떨어진 미래의 강화 보상의 가치는 미래를 향한 시간의 함수로써 급격히 떨어짐을 의미한다. 연구 결과, 보상이 주어지는 시간이 멀수록 현재 행동을 동기화하는 힘은 약화되었다. 이 지연 보상 기울기가 ADHD 환자들에게 가파르기 때문에 시간 지연 기능이 작용한 결과, ADHD 환자들은 ADHD가 없는 사람들보다 강화의 가치를 보다 빨리 상실함을 시사해 준다. 이는 더 나은 학위, 직업에서의 승진, 더 비싼 것(예컨대 집이나 차)을 사기 위해 돈을 저축하는 것과 같이 지연된, 혹은 유예된 강화물이 ADHD 환자들에게 있어서는 목표를 향한 노력을 강화하고 유지하는 데 덜 효과적으로 보이는 이유를 설명해 준다.

각성과 활성화 과정

ADHD를 이해하는 또 다른 접근은 피질하부의 뇌 영역에 의해 중재되는 각성과 활성화 과정에 중점을 둔다. 전자는 지각의 입력과 관련되어 있으며 반면 후자는 출력 반응의 중재를 받는다. 이러한 개념은 Tucker와 Williamson(1984)에 의해 처음으로 설명되었으며, Sergeant(2005)에 의해 '인지-에너지 모델(cognitive-energetic model)'로 ADHD에 적용, 개념화되었다. 이 모델은 인지 자원의 각성(arousal)과 활성화(activation) 풀(pool)을 상정한다. 각성과 활성화는 모두 대단히 중요한 '노력(effort)' 풀에 의해 유지, 조절된다. 입력되는 정보에 대한 느리고 부정확한 처리 과정은 각성의 결함을 의미하는 반면, 반응할 준비의 부족과 부정확한 반응은 활성화에 있어서의 결함을 의미한다. Sergeant가 ADHD 아동을 대상으로 이러한 인지-에너지 모델을 검증한 일련의 연구들을 개관한 결과, 활성화에는 결함이 있지만 각성에는 결함이 있다는 증거를 발견하지 못했다. 유사한 연구가 아직 성인 ADHD 대상으로 이루어지지는 않았다. 이 책의 뒷부분에서 우리는 '활성화'라는 용어를 많은 성인 ADHD 환자들이 과제에 대한 자기-활성화와 개시(self-mobilization and initiation)에서 어려움을 언급하는 용어로 넓게 사용할 것이다.

다양한 경로

여기서 언급하고 싶은 것은 ADHD의 원인론에서 실행 기능 장애에 기반을 둔 모델과 변화된 동기 혹은 강화에 대한 민감성 모델, 또는 인지-에너지 요인에 기반을 둔 모델이 서로 양립할 수도 있다는 점이다. 오히려 이들은 번갈아 나타나거나 ADHD 환자 개인에 따라 복잡한 경로를 보이며, 이로 인해 ADHD 진단 분류 내에서 이질적인 특성을 보이게 된다(Sonuga-Barke, Sergeant, Nigg, & Willcutt, 2008; Sonuga-Barke, 2003).

공존하는 불안과 우울

ADHD 환자들이 자기-활성화, 조직화, 시간 관리, 지속적인 노력에서 경험하는 확연하고 집요한 어려움은 궁극적으로 장기간의 교육적, 직업적, 개인적인 목표의 성취를 방해한다. 어린 시절부터 시작해 성인기까지의 중요 발달 단계를 거치면서 겪은 수년 동안의 부진과 무능감은 부적절감과 낮은 자존감을 초래한다. 그리고 이것은 자주 성인 ADHD 환자들에게 수반되는 우울증으로 이어진다. 무능력에 대한 감정과 공포는 수행 불안, 혹은 강박적이고 완벽주의적인 '보상적' 인지와 행동을 낳는다. 또한 미래의 실패를 형상화하는 것은 혼란과 우울감을 영속시킬 것이다. 이러한 부정적인 감정은 효과적인 자기 관리에 더 큰 장애물을 형성하므로 치료에서도 반드시 다루어 주어야 한다.

프로그램의 원칙과 구성 요소

이 책에서 설명하는 치료 프로그램은 많은 일반적인 문제와 호소를 다루기 위해 설계되었다. 그것은 ADHD 성인이 결함을 보이는 영역으로, 환자들에게 고통과 좌절의 근원이 된다. 그것은 비능률과 과제 완성의 실패, 정해진 시간 내에 과제나 활동을 시작하고 끝내는 것의 어려움, 혼란, 빈약한 계획, 미루는 버릇, 지체, 건망증, 우유부단함, 우선순위 정하기의 어려움, 완벽주의를 포함한다. 이 책에서 ADHD의 치료는 매우 구조적인 개입으로 구성되는데, ADHD의 어려움에 대해 다양하게 상정된 개입을 포함한다. 위에서 언급한 바와 같이 그 어려움에는 실행 기능 장애, 강화에 대한 민감성의 감소, 활성화 결함, 비이성적이고 울적한 감정을 유발하는(dysphorogenic) 인지가 포함된다. 이러한 결함들은 ADHD 성인들마다 각기 다른 정도로 나타날 가능성이 있다. 궁극적으로 앞으로 연구를 거듭함에 따라 우리는 이러한 개인차를 설명할 수 있고 환자 개개인의 욕구를 긍정적으로 다룰 수 있는 기술과 전략의 하위 구성 요소를 사전에 파악하는 데 이러한 정보를 사용할 수 있다.

개입 방법은 표 1.2에 설명된 것처럼 범주화될 수 있다.

외현적 기술 훈련

치료의 어떤 요소들은 자기 관리를 위한 외현적 기술을 훈련하는 것으로 설명될 수 있다.

표 1.2 인지행동 치료 프로그램 동안 발전시킬 책략/기술의 범주

전략/기술	인지-행동 원칙	회기
모임에 규칙적으로 참석	긍정적인 습관	1
모임에 시간 맞추어 참석	긍정적인 습관	1
과제 완성	긍정적인 습관	1
시간 평가	외현적 기술	2
스케줄을 위한 일정관리수첩 사용	외현적 기술, 긍정적인 습관	2
과제나 계획을 감당할 수 있는 작은 단위로 나누기	보상 책략, 자기 강화	3, 7, 8, 9
행동수반적 자기 강화	수반성 관리	3, 7, 8, 9
제시간에 과제 시작하기	자기 단서 주기, 강화 보상 책략	3, 4, 5
제시간에 과제 끝내기	보상 책략	3, 4
할 일 목록을 적기 위한 일정관리수첩의 사용	외현적 기술, 보상 책략	4
우선순위를 정하기 위한 일정관리수첩의 사용	외현적 기술, 보상 책략	4
치료 계획표에 따른 날마다 정해진 항목을 따르기	자극 관리, 보상 책략	4,5,6
방해 요소/자신을 방해하는 인지, 감정을 알아내기	부정적인 자기 진술에 도전하기	5
장기간의 보상을 상상해 보기	자기 강화	6
방해 요인에 저항하기	보상 책략, 예기적인 자기 강화	6
효율성을 위한 물리적 공간 만들기	외현적 기술, 자극 관리, 보상 책략	7, 8
방해 요인을 줄이기 위한 물리적 공간 만들기	자극 관리, 보상 책략	7, 8
조직 시스템의 유지	즉각적, 예기적인 자기 강화, 자극 관리	9
계획 세우기/프로젝트 구성	외현적 기술	10, 11
장기간 프로젝트의 실행	열거한 모든 원칙들	11
격언을 통한 자기 지시	자기 지시 훈련, 자기 단서 주기, 긍정적인 습관 형성	모든 회기

즉 주의력 결핍 때문에, 또한 발달 과정에서 노출 경험이 부족했기 때문에 어떤 ADHD 성인들은 학습의 기회를 한 번도 갖지 못했을 수 있다. 이와 관련하여 스케줄과 일상 과제의 우선순위를 정하기 위해 일정관리수첩을 사용하는 방법, 효율성을 극대화하기 위

해 물리적 공간을 체계화하는 방법을 논의한다.

보상 책략의 발달

이 치료 프로그램은 실행 기능의 근본적인 결함에 직접적으로 도전하려고 하지는 않는다. 오히려 이 프로그램은 실행 기능의 결함을 보상해 줄 수 있거나 환자들이 이미 가지고 있는 실행 기술을 더욱 지속적이고 효과적으로 활용할 수 있도록 하는 인지적 · 행동적 전략을 심어주는 것에 목표를 둔다. 잠재적인 방해 요인을 최소화하고 목표와 관련된 촉진적인 요소는 극대화하는 작업 환경을 만드는 것, 그리고 과제나 활동의 완성과 다음으로의 이행을 알려주는 타이머를 설정해놓는 것을 그 예로 들 수 있다. 전자는 방해 요인에 저항하는 빈약한 능력을 보상해 주며, 후자는 시간 추적의 결함 혹은 자기 억제 능력의 부족을 보상해 준다.

강화의 사용

강화 경험은 두 가지 방법을 통해 향상된다. (1) 프로그램은 참가자들이 강화에 대한 민감성 결함을 보상받도록 돕기 위한 전략을 포함한다. 앞서 살펴본 것처럼 이 보상은 ADHD 증상과 인과 관계를 지닐 것이다. (2) 습득, 일반화, 행동과 인지의 변화를 유지하기 위한 보상의 직접적 경험은 집에서의 훈련을 통해 이루어진다(또한 집단 피드백과 함께).

보상 민감성의 결핍에 대한 보상(compensation)

ADHD 아동을 위한 효과적인 행동 개입이 원하는 목표 행동에 따른 보상의 빈도를 늘리고 뚜렷하게 즉각적으로 보상하는 것을 포함하는 것과 마찬가지로, ADHD 성인들 또한 행동의 빈도와 보상 경험의 강도를 증가시키기 위하여 활동 계획하기를 배운다. 성인들에게 있어 후자는 만족, 능숙함과 성취 경험뿐 아니라 즐거운 사건과 좀 더 강한 감정의 행동 강화물도 포함한다. 이는 ADHD 성인이 자신의 업무를 감당할 수 있는 작은 부분들로 나누고 그 후에는 휴식이나 정해진 즐거운 활동을 가지는 것으로, 또한 가능하다면 고통스럽고 노력을 요하는 활동을 즐거운 활동과 짝짓는 것으로서 이루어진다. 가파른 지연 보상 기울기를 보상하기 위해서 참여자들은 현재의 수고롭고 혹은 고통스러운 작업을 끝냈을 때 미래의 보상을 시각화하는 것을 배운다. 따라서 현재의 순간에 지연된 강화물의 동기 부여 능력을 증가시키게 된다.

일반화와 유지의 촉진

새로운 인지 및 행동 기술의 자동화를 촉진하기 위해 참가자들에게 기억하기 쉬운 주문이나 격언을 제공한다. 그것들은 관련 치료 회기에서 소개되며 프로그램 전반에 걸쳐 전략적으로 반복된다. 즉 "일정관리수첩에 써 있지 않다면 그것은 존재하지 않는 것이다." 또한 "일을 시작하기가 어렵다면 첫 번째 단계가 너무 큰 것이다."를 그 예로 들 수 있다. 이러한 자기 교육적인 인지는 긍정적인 습관을 형성하기 위해 설계되었다. 이것은 단서(문제 상황이나 자극)와 적응적 반응 사이의 관계를 강화함으로써 이루어지는데, 이를 통해 현실 세계에서 적응적 행동의 일반화와 유지가 촉진된다.

프로그램의 구조는 참가자들의 변화에 대한 노력을 강화시켜 새로운 행동을 격려받고 그것을 유지할 가능성을 높이도록 설계되었다. 이러한 목표를 달성하기 위해서 훈련의 순서는 하기 쉽고 작은 과제부터 시작하여 더욱 복잡한 것들로 진행된다. 이와 같이 훈련은 성공의 초기 경험을 극대화하고, 실패에 대한 두려움과 부정적인 자기 귀인, 그리고 기대 수준을 극복하는 것을 돕도록 설계되었다. 과제를 라운드테이블 점검시간을 통해 검토하는 것은 칭찬, 격려, 치료사와 다른 구성원들의 지지와 같은 형식을 통해 긍정적인 변화를 강화하는 사회적 강화의 기회를 충분히 갖도록 허락한다. 회기 내 연습에서는 치료자와 다른 참가자들을 모델링하는 기회를 더 많이 가진다. 프로그램을 통해 적응적 행동의 점진적인 조성, 인지 및 행동적 리허설과 과잉학습이 조장된다. 궁극적인 목표는 새로 습득한 긍정적인 행동과 인지가 자기-강화되고 그것이 자율적으로 유지되는 것이다.

활성화의 촉진

몇몇 치료 전략은 참가자들이 복잡하고 고통스러운 과제를 시작할 수 있도록 자기-활성화를 돕는 방향을 취한다. "시작이 가장 어려운 부분이다."라는 격언은 참가자들을 안심시키고 상기시키기 위해 만들어졌다. 그들이 일단 시작하기만 하면 계속해서 진행하기는 쉬워질 것이다. 특히 3회기의 전략을 비롯한 다른 전략들은 참가자들이 어려운 과제를 자신이 관리하기 쉬운 부분으로 나누도록 함으로써 활성화 과정을 촉진하도록 설계되었다.

감정적 방해 요소를 알아차리고 저항하기

환자들은 불안과 우울을 야기하는 자기 진술을 인식하고 그에 도전하는 것을 배운다. 그러한 자기 진술은 실행 기술의 효과적인 전개를 방해하고, 동기 부여와 진전을 약화시킨다. 또한 부정적인 자기 귀인과 감정 상태를 유지하게 한다. 비이성적인 사고를 다루는 인지행동 프로그램은 5회기에 소개되는데, 이는 Aaron Beck과 Albert Ellis 외 다수(Butler, Chapman, Forman, & Beck, 2006)에 의해 불안과 우울의 치료에 처음으로 소개, 적용된 이론과 방법에 근거한다. 이후 프로그램에서 이러한 인지들이 각 회기의 논의 과정에 적절하다고 여겨지면 그것은 언제든지 확인되고 다루어진다. 과제를 검토하는 동안 특히 그러하다.

긍정성의 평가절하. 어려운 과제를 완성한 후 환자는 자신에게 "나는 오래전에 이것을 할 수 있었어야 했어. 내가 한 것은 아무것도 아니야. 내가 해야 할 일들이 아직도 얼마나 많은지 봐."라고 말한다. 자신에게 집중하고 성취한 것에 대해서 자신감을 느끼는 대신, 환자는 자신이 성취한 것의 가치를 낮춘다. 이것은 빠르게 동기를 약화시켜 혼란을 야기하며 "나는 일을 해낼 수 없어, 나는 효율적이지 못해."라는 부정적인 신념을 영속시킨다.

완벽주의. 스스로에게 완벽주의적 기준을 세우는 사람은 전형적으로 자신의 수행과 자존감에 대해 염려한다. 자신의 결과물, 노력 혹은 생산물이 '최상'이 아니거나 결함이 있다면 그들은 당황해하며 자신이 실패했다고 느낀다. 또한 과제와 프로젝트를 완성하거나 제출하기를 꺼린다. 여기서 전형적인 역기능적인 기저 신념은 "완벽하지 않으면 아무것도 아니며, 나는 실패한 것이다."이다. 이러한 사고의 결과 환자들은 대처할 수 없는 도전을 하고 있다고 여기기 때문에 과제를 피하거나 미룬다.

프로그램의 반응에 주는 영향. 실패를 예상하는 것과 그에 대한 두려움이 강조된다. 그것들은 환자들의 어려움을 다루고자 하는 바로 그 치료 프로그램으로부터 이익을 얻는 것을 방해할 수 있기 때문이다. 실패를 예상하는 환자는 참여하는 것에 있어서 무계획적이고 지지적이지 못한데, 특히 과제와 관련하여 그러하다. 실패를 두려워하는 환자는 또한 과제를 회피하거나 지나칠 정도로 완벽하게 수행한다(예컨대 응답을 몇 장이나 타이핑하는 것). 흔하진 않지만, 불안한 환자들은 하루를 마무리할 때 그들이 성취하지 못한 일들의 목록을 보는 것을 걱정하기 때문에 할 일의 목록과 일정관리수첩을 사용하는 것에 실패한다고 생각한다. 지나치게 비현실적으로 높은 자신에 대한 기대를 완화하도록 돕는 것은 치료 프로그램에 대한 긍정적인 반응을 촉진하는 첫 번째 단계이다.

불안과 우울을 치료하는 인지행동 치료적 개입의 적용은 제4장에 기술된 도전적인 치료 사례에서 더 깊게 다루어진다. 성인 ADHD에서 불안함을 유발하는 조건을 강조하는 인지행동 치료의 적용에 대한 더 자세한 논의는 *Cognitive-Behavioral Therapy for Adult*

ADHD: An Integrative Psychosocial and Medical Approach(Ramsay & Rostain, 2007)에서 찾아볼 수 있다. 그것은 치료자와 환자의 대화에 도움이 될 만한 사례도 포함하고 있다.

기술과 전략 표

표 1.2는 프로그램 진행 동안 발전을 보일 전략과 기술에 대해 자세히 기술하고 있다. 각 회기에서 사용되는 각 전략이나 기술이 처음이거나 이미 언급된 것이라도 표에 기술하였다. 그러나 이전에 제시된 기술과 전력이 각 회기와 과제 연습의 검토를 통해 계속해서 새로운 행동 맥락에 적용되기 위해 프로그램은 누적되거나 중복되며, 이는 일반화와 유지를 촉진시킨다는 사실이 중요하다.

요약

ADHD 아동들 중 상당 비율이 성인기까지 ADHD가 지속되며, 성인으로서 기능하는 거의 모든 영역에서 큰 결함이 동반된다. 약물은 핵심 증상을 효과적으로 완화시키지만, 이러한 기능적 어려움을 다루기에는 흔히 불충분하다. 본 프로그램은 시간 관리나 조직화, 계획하기 등 일상 생활에서 보이는 자기 관리의 심각한 결함을 다루기 위해 개발되었다.

좋은 치료는 좋은 평가와 함께 시작된다. 다음 장에서는 ADHD의 종합적인 평가 요소를 살펴보고, 기본적 증상, 공존병리 상태, 그리고 관련 장애에 따르는 체계를 설명할 것이다. 제2장에서는 ADHD 혼합형, 그리고 대부분 주의를 기울이지 못하는 부주의형에 대한 모범적인 임상 사례를 제시한다.

제 2 장

ADHD 성인의 진단적 평가

MARY V. SOLANTO, DAVID J. MARKS, JEANETTE WASSERSTEIN

적절한 진단은 매우 중요하다. 만일 환자가 ADHD보다는 불안, 우울, 경계선 성격 장애를 더 경험하고 있다면(이러한 장애는 모두 주의력의 문제를 보일 수 있다), 그러한 장애를 특별히 다루는 치료적 개입이 필요할 것이다. 이전 장에서 언급한 바와 같이 물론 불안과 우울은 종종 ADHD의 근본 증상에 기인된 결함에 비하면 부차적이다. 이 경우에 ADHD와 관련된 결함의 완화는 부차적으로 내면화된 증상들의 완화도 가져올 것이다.

평가 목표

ADHD 성인을 평가하는 것은 도전이 될 수 있다. 진단적 평가의 목표는 여러 가지이다. (1) ADHD 증상의 범위, 빈도, 심각성이 진단 준거를 만족시킬 만큼 현재 충분히 존재하는지를 확인하는 것, (2) DSM-IV-TR과 이 질환에 대한 현재의 이해에 근거한 증상이 어린 시절에 있었는지를 확인하는 것, (3) 공존병리 혹은 ADHD 증상들에 대한 대안적 설명을 제공할 다른 조건들이 있는지를 알아내는 것 등이다. 후자의 조건들로 불안, 우울, 양극성 장애, 경계선 성격 장애, 학습 장애가 있다. 이전 장에서 언급한 바와 같이, 기대한 것보다 훨씬 더 자주 이 모든 조건들이 ADHD와 함께 발생한다고 알려져 있기 때문에 장애의 평가는 상당히 복잡하다. 또한 평가를 통해 현재 증상과 장애의 상대적인 긴급함과 우선순위, 그리고 이것들이 적절한 치료와 시기에 미치는 영향을 밝히고자 한다. 공존병리의 존재는 ADHD 치료를 선택하는 데 직접적으로 영향을 미친다. 예를 들어 물질 남용이 공존병리일 경우에는 중추신경자극제의 사용을 금할 것이며, 물질 남용의 치료가 우선시될 것이다. 또한 우울과 심한 불안이 있다면 ADHD에 대한 약물 치료와 더불어 이에 대한 약물 치료가 필요할 것이다.

평가 과정의 개요

종합적 평가는 대개 두 번 이상의 면담을 요한다. 첫 번째 면담은 보통 현재의 증상과 장애에 중점을 두고, 병력을 살피는 것으로 시작한다. 두 번째 면담은 잠재적인 진단 및 관련된 결함을 파악하기 위해 현재 및 아동기 시절의 증상을 탐색하기 위한 것으로 일생에 걸친 행동, 인지, 감정, 사회, 가족 기능에 대한 질문을 이어서 완성한다. 세 번째 회기는 치료적 대안을 논하고 ADHD 및 현재의 다른 기타 진단에 대한 심리교육을 제공하기 위해 치료자가 진단의 근거를 제시하고 설명하도록 되어 있다.

평가 초기에 환자는 우울증을 포함한 가능한 공존병리 조건과 ADHD 증상의 빈도와 심각성을 평가하기 위해 잘 표준화된 질문지에 응답하게 된다. 유사한 평가를 완성하기 위해, 환자의 동의하에 적절하다면 가까운 관계(부모, 형제자매, 친구, 배우자)에 대해 질문할 수 있다. 임상 면담 결과가 모호하거나 학습 장애 혹은 치매와 같은 기타 인지적 장애가 의심될 때에는 신경심리평가가 유용할 수 있다. 구조화된 진단적 면담은 보통 연구 목적을 위해서 엄격한 방식으로 진단을 입증하기 위해 사용된다. 면담 내에서 환자는 ADHD 증상이나 기타 DSM-IV-TR의 증상에 대해 종합적이고 표준화된 질문을 받게 된다. 그러나 증상이 모호할 때는 코너스 성인용 DSM-IV-TR 진단면접(CAADID)(Epstein, Johnson, & Conners, 2001)과 같은 구조화된 면담이 일상적인 임상적 적용에 유용할 것이다.

임상 면담의 구성 요소

효과적인 임상 면담을 위한 질문의 영역은 표 2.1과 이하 세부사항에 제시되어 있다.

표 2.1 임상 면담의 구성 요소

• 의뢰 • 현재의 문제 • 이전에 심리학적 · 정신과적 평가나 치료를 받은 경력 • 발달적 · 교육적 과거력 • 직장 생활 과거력 • 가족력 • 사회적 과거력	• 병력 • 물질 혹은 알코올 사용 • 기타 증상 • 개인 면담(회기에서의 행동 및 태도, 정신적 상태도 포함) • 질문지 • 심리검사

의뢰와 정보 확인

의뢰가 어떻게 시작되었고 진행되었는지를 정확히 하는 것은 중요한 정보를 제공해 줄 것이다. 예를 들어 배우자가 의뢰를 한 경우, 결혼 생활에 역기능이 있을 가능성에 주목해야 한다.

현재의 문제

현재의 주된 문제들은 진단의 중요한 단서이다. ADHD 성인이 현재 전형적으로 호소하는 것은 아래 기술되어 있다. 진술한 주된 문제가 우울이나 불안과 관련되었을 때 ADHD로 진단할 가능성은 낮아진다.

이전에 심리학적 · 정신과적 평가나 치료를 받은 경력

이전의 심리 혹은 신경심리검사 결과는 현재의 평가에 도움이 될 수 있다. 또한 과거에 치료받은 경험이 ADHD와 그에 수반된 공존병리의 심각성, 지속기간, 그리고 영향에 대해 알려줄 수 있다. 이와 함께 어린 시절의 성적이나 과제에 대한 교사의 기록을 포함하여, 그 시절의 심리 평가 또는 치료 보고서는 어린 시절의 ADHD나 학습 장애, 기타 상태들을 확인하거나 배제하는 데 도움이 된다.

발달적 · 교육적 과거력

임상가는 개인의 감정적, 사회적, 행동적, 인지적 성숙과 발달에 대해 체계적으로 질문해야 한다. 이 질문은 원가족 내의 관계, 시기, 가족 스트레스원에 반응하는 것을 포함하는데, 이는 어린 시절의 감정, 행동 증상의 원인을 이해하는 데 중요하다. 교육적 과거력은 초등학교, 고등학교, 대학에 이르기까지의 학업 수행, 표준화된 시험 성적, 학업 기술, 행실을 포함한다. 이 발달 단계에서의 전형적인 징후는 다음에 기술되어 있다.

직장 생활 과거력

직장에서 수행의 질은 성인기 증상의 본질과 영향에 대한 중요한 정보를 제공해 줄 수 있다. 면담을 할 때에는 과거나 현재의 직업적 요구사항과 수행에 대해 면밀히 질문해야 한다. 이 질문은 자기 평정으로도 이루어지고 환자들에 대한 다른 직원들의 피드백에 의해 이루어지기도 한다. 직장에서의 수행(예를 들어 시간을 잘 지킴, 정확성, 과제나 프로젝트를 철저하게 완성하는 것)과 직장 내 대인관계의 구분은 그 자체로, 부주의 우세형 대 과잉행동-충동 우세형의 존재를 암시한다. 이들에 관해서는 각각 밑에 더 자세히 기술하겠다. 본인이 그만둔 것이든 해고의 결과이든 직업을 바꾼 이유가 종종 드러난다. 전자는 지루함과 흥미의 상실, 장기 목표의 부족과 관련되어 있으며, 이는 ADHD 성인들에게서 전형적으로 경험되는 것이다. 반면 후자는 주된 증상으로 인해 장애가 심각하다는 지표가 될 수 있다.

가족력

가족에게 정신병적 과거력이 있다면 이는 환자가 더 위험에 놓여 있다는 것을 시사한다. 면담자는 환자의 생물학적 친척들(부모, 자녀, 형제자매, 조카를 포함)이 지닌 잠재적인 ADHD, 학습 장애, 우울, 불안, 물질과 알코올 남용에 대해 체계적으로 질문해야 한다.

사회적 과거력

어린 시절, 고등학교, 대학 시절 이후의 사회적 기능과 대인관계 패턴은 감별 진단과 치료 계획에서 중요하다. ADHD 혼합형은 자의식이 별로 없고 외향적이기 때문에 보통 친구를 사귀는 것에 어려움을 겪지 않는다. 그러나 그들의 예측할 수 없고 거슬리는 성향, 공격적인 행동이 친구들과 멀어지게 만듦으로써 친구 관계를 유지하는 데 어려움을 경험한다. 주의력 결핍이 우세한 아동들은 반대로 친구 관계를 맺는 데 어려움을 느낄 가능성이 더 많고 따라서 외톨이가 될 위험이 커진다. 앞 장에서 언급한 바와 같이, ADHD는 성인들의 대인관계와 상호작용에 종종 부정적인 영향을 준다.

성인에게 있어 과거 사회 불안의 경험은 현재 사회적 관계에서 만족을 얻기 어려운 부차적 또는 추가적 이유가 될 수 있다. 사회적 관계의 결함은 아스퍼거 증후군이나 정신분열성 성격 장애에서도 일치한다. 그리고 사회적 관계의 현저한 어려움이 현재 징후의 한 부분이라면 이러한 대안적 진단들을 고려해 보아야 한다.

어린 시절의 지속적인 반사회적 행동 패턴(거짓말, 절도, 속임수, 공격성)은 반항 장애, 더 심각하게는 품행 장애를 나타낼 수 있다. 아동 인구 전체에서 이 두 장애의 공존병리가 일어날 가능성보다 ADHD에서 공존병리가 일어날 확률이 더욱 높다. 성인이 되어서도 유사한 행동이 계속되는 것은 반사회적 성격 장애를 갖고 있음을 나타낼 수 있다.

물질/알코올 사용

성인 ADHD 환자들이 정상인들보다 약물이나 알코올을 남용할 위험이 2.8배나 더 높다는 점을 고려해 볼 때 과거와 현재의 알코올 사용 및 합법, 혹은 불법적 약물 사용에 대해 질문하는 것은 중요하다.

기타 증상

평가 시에는 현재의 문제를 제외한 증상에 대해 체계적으로 질문해야 한다. 불안과 우울, 성격 장애 등이 포함된다. 예를 들어 조직화 결함, 짧은 주의 집중 폭, 직장에서의 노력 감소와 동시에, 혹은 그보다 앞서 우울증이 발생한다면 이러한 인지적 · 행동적 증상은 ADHD 증상이라기보다는 우울증의 징후일 가능성이 더 높다. 그러나 ADHD 성인들이 학업 혹은 직업의 영역에서 ADHD와 관련된 어려움 때문에 반복적으로 실패를 경험한 결과 우울증으로 발전하는 경우는 흔한 일이다. 이는 불안에도 동일하게 유효하게 적용된다. 불안은 그 자체로 집중하는 것과 과제를 시작하는 것, 주의를 기울이는 것, 정확하게 일을 처리하는 것에 어려움을 초래한다. 또한 ADHD 성인들에게 있어 종종 이차적으로 불안 장애가 공존병리로 발전한다. 그것은 그들의 경험이 자기 의심과 부적절감 혹은 거절에 대한 생각과 두려움을 초래하기 때문이다.

개인 면담

여기에서는 정신 상태의 평가에 전형적으로 포함되는 특징에 주목한다. ADHD와 특히 관련이 있는 것은 면담 장소에 도착했을 때의 복장의 꼼꼼함(깔끔함, 차림새), 들어와서 인사하는 행동이 사회적으로 적절한지 여부와 말의 속도, 높낮이, 크기, 억양, 그리고 언어의 조직화이다(지엽적인지, 조리 있게 잘 구성되어 있는지, 장황한지, 불필요한 세부 설명을 늘어놓는지). 또한 개인 면담은 신체적인 안절부절 못함, 부주의, 빈약한 작업 기억, 그리고 언어적 충동성(예컨대 끼어들기)을 주목할 수 있는 기회가 된다. 그리고 기분과 불안 수준을 관찰하는 것도 중요하다. 눈맞춤과 사회적 관계는 ADHD와 아스퍼거 증후군, 그리고 사회 공포증의 감별 진단에 적절하다.

아동기의 임상력

성인의 아동기 학교 경험과 가정 경험에 관한 자료를 수집하는 것이 중요하다. 이 정보는 ADHD와 공존하거나 부수적인 다른 장애의 존재와 근원을 파악하는 것뿐만 아니라 해당 성인이 ADHD를 가지고 있는지를 결정하는 데 중요하다. 하위 유형이 무엇이든 ADHD가 있는 아동의 부모와 교사가 전형적으로 기술하는 바는 다음과 같다. 수업 시간 및 숙제를 할 때 부주의하고 쉽게 산만해짐, 능력 수준에 미치지 못하는 수행을 보이거나 수행상의 편차가 심함, 충분한 노력을 기울이지 않음, 경청하지 못함, 구두 지시든 지필 지시든 잘 따르지 못함, 부주의한 실수를 저지름, 무질서함, 숙제나 교과서 혹은 다른 수업 준비물을 챙기는 것을 잊어버림, 할 일, 특히 기말 보고서 같은 것을 완수하지 못하거나 늦게 제출함 등이다. 성인의 경우와 마찬가지로 ADHD가 있는 아동도 특별히 재미있거나 즐거운 활동에는 꽤 오랫동안 집중할 수 있는 것처럼 보인다. 그러나 일반 아동과는 달리 ADHD 아동은 즉각적인 만족을 주지 못하거나 아주 재미있거나 자극적이지 못한 과제들(예를 들어 악기 연주 연습이나 운동 연습)과 학업에는 집중해서 노력을 기울이기가 어렵다.

더구나 ADHD 혼합형이 있는 아동은 주로 과잉행동-충동성과 관계있는 일련의 문제들, 즉 파괴적이거나 소란스럽거나 공격적인 행동, 학교 규칙 및 규정의 위반, 안절부절못하거나 가만히 있지 못하거나 과잉활동하는 행동 등을 보인다. 이런 아동들의 약 반수는 의도적으로 못되게 굴거나 반항하거나 화를 내는 행동 패턴도 보이기 때문에 적대적 반항 장애 진단을 추가로 받게 된다.

ADHD의 부주의 우세형과 혼합형 아동들은 더 낮은 성적을 받거나 정학당하거나 퇴학당할 확률이 더 높으며 특수교육적인 개입을 필요로 한다(Faraone, Biederman, Weber, & Russell, 1998; Wolraich, Hannah, Pinnock, Baumgaertel, & Brown, 1996). 학교생활사를 살펴볼 때 부주의와 학업수행 부진이 ADHD 때문인지, 학습 장애 때문인지, 혹은 둘 다 때문인지를 확실하게 구분하는 것이 중요하다. 만약 ADHD 때문이라면 증상이 다양한 학습 영역과 사회적 맥락에서 드러날 가능성이 더 큰 반면에 특정한 학습 장애의 징후는 읽기나 계산하기 혹은 해당 학습 기술이 필요한 다른 과목이나 활동 등 주로 그 장애 영역과 연관되어 나타날 가능성이 더 크다. 증상이 무엇 때문인지를 감별하는 것이 어려운 이유는 두 장애들 간의 공존병리 때문이다. ADHD가 있는 아동의 약 25%가 학습 장애를 함께 가지고 있다(Semrud-Clikeman et al., 1992). 다음에서 더 상세하게 다루고 있듯이 주의집중, 조직화, 기억, 읽기 속도와 독해 등에서 보이는 문제가 ADHD

때문인지 아니면 학습 장애 때문인지를 구별하기 위해서는 표준화된 심리검사와 신경심리검사가 필수적이다. 만약 회고적인 자료에 근거해서 환자의 어린 시절 학업 문제가 ADHD보다는 학습 장애 때문이었다는 결론을 내릴 경우에는 DSM-IV-TR의 진단준거에 따라서 해당 성인 환자는 ADHD가 아닌 것으로 봐야 한다.

ADHD의 증상, 특히 노력이나 동기의 감소와 부주의는 외상 후 스트레스 장애(PTSD) 증상인 불안이나 우울과 유사하게 보이며, 가족 역기능이나 부모의 학대 혹은 방임에 대한 아동의 반응과도 비슷해 보일 수 있다. 이러한 가능성을 감별하기 위해서는 일련의 발현된 증상들을 평가하고, 그러한 증상들을 발달적 맥락 속에서 원가족의 기능과 특징, 사건들과 연관지어 고려할 필요가 있다. 이러한 맥락에서 매우 중요한 점은 부모 자신의 정신병리와 기능, 특히 유전 가능성이 높은 ADHD의 존재와 관련해서 이러한 점들을 고려하는 것이다. ADHD가 있는 아동의 40%가 부모 중 적어도 한 명이 ADHD를 가지고 있다(Barkley, 2006). 부모 자신이 ADHD가 있는 경우 자녀들을 일관성 있게 그리고 효율적으로 다루는 것이 더 어려우며, 정서와 행동의 적절한 표현을 위한 긍정적인 역할 모델을 제공하는 것이 더 어려운 경우가 종종 있다. *Attention-Deficit Hyperactivity Disorder : A Handbook for Diagnosis and Treatment* 3판(Barkley, 2006)은 아동이 보이는 ADHD의 진단과 치료에 관심을 가지고 있는 전문가들에게 아주 유용한 종합적인 정보를 제공하고 있다.

고등학교 및 대학 시절의 학업 기능

머리가 좋은 아동들은 ADHD가 있더라도 초등학교에서는 공부를 잘할 수 있기 때문에 눈에 띄지 않을 수 있다. 자녀들의 학업을 면밀하게 감독하고 개입을 많이 하는 부모들 같은 경우에는 자녀를 위한 '대리 실행자'의 역할을 수행하면서 자녀가 어려움을 경험하기 쉬운 자기-구조화, 자기-감찰, 그리고 조직화 과제들의 상당 부분을 대신해 준다. 부주의 증상들은 별로 눈에 띄지 않고 부모와 교사들을 별로 성가시게 하지 않기 때문에 혼합형보다 늦게 탐지되는 경향이 있다(McBurnett et al., 1999). 어쨌든 이러한 사례들에서 ADHD의 파악이 늦어진다. 그러나 고등교육 수준으로 진행하는 과정에서 독립적인 작업, 자가-진도, 계획 및 조직화에 대한 요구가 증가할수록 ADHD 관련 증상이 더 뚜렷하게 드러나고 지장을 많이 주게 된다. 고등학교와 대학교에서 ADHD가 있는 학생들은 수업시간 지키기, 강의에 집중하기, 필기하기, 학기말 보고서, 특히 조사가 필요한 큰 프로젝트의 완수 등을 제대로 해내지 못한다. 고등학교 때까지 집에서 받을 수 있었던 지지와 구조가 대학 다닐 때는 없어지기 때문에 늦잠 자고 수업에 빠지고 공부해야 할 시간에 친구를 만나고 밤늦게까지 자지 않고 술이나 약물을 하고 싶은 충동에 빠져버릴 수 있다. Barkley의 종단 추적연구는 ADHD가 있는 청소년들이 고등학교를 졸업하지 못하고 고등학교를 졸업하더라도 대학에 가지를 못하고 또 대학에 가더라도 졸업을 하지 못할 가능성이 ADHD가 없는 또래보다 더 크다는 것을 보여준다(Barkley et al., 2006). 많은 청소년들이 한두 학기를 낙제한 후에 집으로 되돌아가는 처지가 되어버리는 것이다.

표준화된 질문지

표준화된 자기보고질문지를 실시하는 것이 평가의 필수적인 구성 요소이다. 이 측정치들은 임상가가 일반 모집단의 다른 성인들과 비교해서 현재 증상의 존재 유무와 심각도를 재빠르게 그리고 손쉽게 확인할 수 있게 해 준다. 부주의, 충동성, 과잉행동/안절부절을 포함해서 ADHD 증상들은 코너스의 성인 ADHD 평정척도로도 평가할 수 있다(CAARS; Conners, Erhardt, & Sparrow, 1999). 기억과 조직화, 그리고 다른 실행 기능과 연관된 ADHD의 부수적인 양상은 Brown ADD 척도(BADDS; Brown, 1996), 성인용 실행 기능 행동평정척도(BRIEF-A; Roth, Isquith, & Gioia, 2005), 그리고 최근 출판된 Barkley 실행 기능 결함 척도(BDEFS; Barkley, 2011)로 평가할 수 있다.

CAARS의 이점은 환자의 자가보고 평가 결과를 전체 성인 집단이 아니라 동일한 성과 연령 범위에 있는 성인들의 규준 자료와 비교할 수 있다는 것이다. 또한 CAARS는 ADHD의 DSM-IV-TR 부주의 증상과 과잉행동-충동성 증상의 하위 척도들을 포함하고 있다. 더구나 CAARS에는 환자의 일부 결함, 특히 대인관계 기능에 영향을 미치는 증상에 대해서 환자 자신보다 더 민감하게 알아차리는 배우자나 가족 구성원 혹은 친한 친구가 평정할 수 있는 관찰자용 척도도 있다. BADDS, BRIEF, BDEFS 질문지는 상황 특정적인 증상의 존재를 확인하는데, 특히 실행 기능과 관련된 것들이다. 실행 기능을 평가하는 신경심리검사 결과보다 BDEFS가 ADHD 성인들에게서 보이는 결함과 더 밀접한 상관을 보이는 것으로 확인되었다(Barkley & Fisher, 2010). 또한 환자가 보고하는 아동기 ADHD 증상을 평가하는 척도도 있는데, 환자가 직접 응답(아동기 증상 척도-자기보고형)할 수도 있고 어린 시절의 환자를 알고 있는 다른 성인들이 응답(아동기 증상 척도-타인보고형)할 수도 있다(Barkley & Murphy, 1998).

ADHD 질문지들이 부주의, 충동성, 과잉행동, 조직화 결함, 실행 기능 장애 등의 영역에서 현재 겪고 있는 어려움에 대한 환자의 자각 정도를 규준 집단의 성인들이 경험하는 정도와 비교해서 확인하는 것에 불과하다는 점을 잘 인식해야 한다. 질문지들은 이러한 문제들의 기원에 대해서는 아무런 정보도 제공하지 않는다. 사실상 한 연구에서는 불안과 우울은 있지만 ADHD 진단은 받지 않았던 환자들이 CAARS의 부주의 척도 상에서 ADHD로 진단받은 성인들만큼 높거나 오히려 더 높은 점수를 받기도 했다(Solanto, Etefia, & Marks, 2004). 이러한 결과는 내현화 장애가 있을 경우 ADHD를 겪고 있는 성인들이 경험하는 것과 같은 정도의 부주의, 조직화 결함, 그리고 빈약한 시간 관리 문제를 나타낼 수 있다는 것을 보여준다. 그 증상들이 ADHD를 시사하는 것인지 아니면 다른 장애를 시사하는 것인지를 결정하려면 임상가는 이러한 증상들의 발병 시기와 경과, 그리고 특히 내현화 증상들과의 연관성을 반드시 파악해야 한다. Beck 우울증 척도 2판(BDI-II; Beck, Steer, & Brown, 1996)과 같은 질문지들도 공존 장애의 가능성을 평가하는 데 매우 유용하다.

신경심리검사

신경심리검사는 부주의 및 충동성 문제들에 부수적이거나 원인이 되는 인지적 결함이나 학습 결함을 배제시키거나 포함시키는 데 도움이 된다. 이러한 결함에는 학습 장애, 난독증, 치매가 있다. 더불어 신경심리검사는 진단이 애매모호한 사례에서 도움이 될 수 있다. 그런 사례에서는 점수 패턴(늘 그런 것은 아니지만)이 흔히 ADHD 사례에서 관찰되는 주의/경계, 작업 기억, 처리 속도, 그리고 연합 쌍, 이야기 세부 내용, 단어 목록에 대한 단기기억에서 보이는 결함을 입증하는 데 도움이 된다. 성인용 웩슬러 지능검사 4판(WAIS-IV)은 언어적 이해 및 지각적 추론과 더불어 작업기억과 처리속도 지표를 제공한다. 언어적 이해와 처리 속도(느린) 간의 불일치가 아동을 대상으로 한 연구(Solanto et al., 2007)에서 ADHD와 관련 있는 것으로 밝혀졌으며, 이러한 수행 특성은 성인에게서도 흔히 발견된다(Brownm Reichel, & Quinlan, 2009). 지능과 비교한 단기기억의 결함은 웩슬러 기억척도(WMS; Quinlan & Brown, 2003)의 언어적 검사와 비언어적 검사를 사용해서 파악할 수 있다. 연속수행검사(Continuous performance test, CPT)로는 충동성과 더불어 주의력(경계)에 대한 표준화된 평가를 할 수 있다. 상용화된 성인용 규준이 있는 연속수행검사에는 Conner의 연속수행검사(Conners, 1994), 시청각 통합 연속수행검사 플러스(IVA+Plus; Sanford & Turner, 2004), 시각주의력 검사(TOVA; Leark, Greenberg, Kindschi, Dupuy, & Hughes, 2007)가 있다. 이러한 연속수행검사들은 부주의 오류와 충동성 오류에 대한 상대적 민감성에서 차이가 나고 검사가 시각 양식과 더불어 청각 양식도 포함하는지에서 차이가 있다. ADHD 성인을 대상으로 사용하는 연속수행검사들의 강점과 약점에 대한 포괄적인 검토는 Riccio와 Reynolds(2001)의 고찰에서 찾아볼 수 있다. Hervey와 Epstein(2004)은 성인 ADHD 사례를 확인하는 신경심리학적 도구로 흔히 사용되는 측정치들과 연속수행검사의 특이성과 민감성에 대해서 포괄적으로 고찰하고 메타분석을 했다. 이를 비롯하여 최근의 연구 결과들에 대한 심층적인 논의는 다른 자료(Wasserstein, Wolf, Solanto, Marks, & Simkowitz, 2008)를 참고하기 바란다.

검사를 수행하면서 보이는 반응 스타일은 일차적 진단 혹은 공존 진단을 내리는 데 도움이 되는 부수적인 정보를 제공할 수 있다. 정확성보다 속도를 중시하거나 세부사항을 간과하는 경향이 있는 충동적인 반응 스타일은 ADHD를 시사할 것이다. 대조적으로 검사 영역 전반에 걸쳐서 최적에 미치지 못하는 노력을 보이는 반응 스타일은 우울증을 시사한다. 수행에 관한 과도한 염려, 반응에 대한 자신감의 결여, 세부사항에 대한 강박적인 염려는 전형적으로 불안을 나타낸다. 불안은 계산 및 기억 과제, 시간제한이 있는 동작성 과제처럼 초점화된 주의력과 집중력을 요하는 과제의 수행에 특히 방해가 된다. 따라서 주의력 결함에 관한 대안적인 기전, 혹은 일부 사례에서는 부가적인 기전을 제공할 수 있다.

학습 장애(LD) 혹은 ADHD가 있는지에 관한 질문지는 기존에 진단받지 않았던 성인들의 평가를 위한 촉발제가 되곤 한다(Wasserstein & Denckla, 2009 참조). ADHD가 있는 아동에 관한 연구들은 일반적으로 난독증과 산술 장애의 기저율이 상승되어 있음을 보여준다(Semrud-Clikeman et al., 1992). 그러나 비언어적 LD와 실행 기능 장애를 포함해서 다른 유형의 LD를 인정하는 것이 적절한지에 관해서는 의견의 불일치가 있는데, 두 가지 모두 ADHD에서는 아주 흔한 편이다(Wasserstein & Denckla, 2009 참조). ADHD 성인들에서 학습 장애 유병률을 살펴본 연구는 아직까지 없다. 그럼에도 불구하고 ADHD가 있는 아동과 성인에 관한 현존하는 자료들에서 LD가 매우 높은 공존율을 보이므로 임상적인 양상이 LD의 가능성을 시사한다면 정식 신경심리학적 평가를 해야 할 것이다. 이런 점에서 과거 학업 실패에 관한 질문, 진학지도를 위한 요구, 그리고 수업시간 및 표준화된 검사 실시 동안에 조정이 필요한지가 특히 중요한 관심의 대상이 된다.

더 나이 든 환자들의 경우에는 인지적 결함 및 주의력 결함을 보일 경우 전전두엽 실행 기능에 영향을 미치는 알츠하이머 증상으로부터 ADHD의 가능성을 구별할 필요가 있다. 대개 증상 발병 연령이 중요한 단서를 제공한다.

전형적인 ADHD 사례

여기서 우리는 사례 개념화와 진단을 목적으로 하는 임상자료의 수집 및 통합 과정을 예시하기 위해서 임상 사례 자료를 제시하고자 한다.

다음 사례들을 '전형적'이라고 할 수 있는 이유는 (1) 일차적 호소와 증상들이 ADHD에 전형적이고, (2) 문제가 되는 ADHD 증상들의 증거가 아동기에도 뚜렷하게 있었고, (3) 현재 증상들의 빈도 및 심각도가 표준화된 ADHD 평가에서 확인되었고, (4) 임상 양상을 모호하게 만드는 공존병리도 거의 없고, (5) ADHD 가족력과 같은 다른 전형적인 부수적 증상들도 존재하기 때문이다.

혼합형 : 베스

의뢰 사유 및 현재 문제

베스는 26세의 미혼 여성이며 DJ와 파티 플래너로서 자영업을 하고 있다. 그녀는 친구의 중추신경자극제 약을 먹어봤다가 프로젝트를 계획할 때 아주 도움이 된다는 사실을 깨닫게 되었고 스스로 평가를 받으러 왔다.

베스는 자신의 사업을 조직화하는 데 어려움이 있다고 보고하였다. 예를 들어 자신에게 해당되는 세금이나 법률을 고려하지 않은 채 세부적인 사업 계획 없이 사업을 운영하는 식이다. 그녀는 수입과 지출을 제대로 챙기지 못하고 당좌수표집이나 영수증을 보관하지도 않고 청구서도 제때 처리하지 못한다. 그녀는 사업에 필요한 상세한 계획을 세우고 감찰하고 추후 실행하는 데 어려움이 있다. 그녀는 자신의 일정을 파악하기 위한 전략(예 : 일정관리수첩/조직화 도구)을 사용하지 않으며, 약속에 늦거나 때로는 완전히 약속을 잊기도 한다. 그녀는 고객의 말을 주의 깊게 경청하기 힘들 때가 자주 있고 무슨 말을 들었는지도 잊어버린다. 대화 중에는 쉽게 주의가 산만해지고 발표가 길어지면 멍해지기도 한다. 그녀는 단기기억 문제(예 : 가게에 갔는데 무엇을 사러 갔는지 기억하지 못한다)를 보고하며 간단한 순서를 계획하는 데(예 : 심부름)도 문제가 있다고 하였다.

또한 충동통제 어려움과 안절부절하는 문제도 있다. 베스는 늦어지면(예 : 교통체증) 화가 나는 경향이 있고 긴 영화나 콘서트, 강연 동안에 안절부절 못하고 지루해하며 다른 사람들의 이야기를 듣는 도중에 참지 못하고 끼어들곤 한다. 화가 나면 마음에도 없는 소리를 해대기도 한다. 분노 폭발은 일주일에 3번 정도 있는데 주로 남자 친구나 제일 친한 친구가 대상이고 나중에 심하게 후회한다.

기존의 평가 및 치료력

베스는 이전에 평가를 받거나 치료를 받은 적이 없다.

발달력 및 학력

초등학교 때 베스는 전반적으로 평균 점수를 받았지만 교사들은 그녀를 '잠재력을 충분히 발휘하지 못하고' '매우 총명하지만 게으르다'라고 묘사했다. 그녀는 1학년 때 도시락 통으로 다른 아이를 쳐서 일주일 동안 정학을 당했었다고 하며, 어렸을 때 비슷한 공격적인 에피소드 때문에 교장실에 자주 불려갔었다고 한다. 그녀에게는 빈번하게 '부주의'한 사고가 있었는데 주로 서두르다가 넘어지는 바람에 그랬다고 한다. 고등학교 때는 수업에 집중하기가 어려웠고 과제가 쉬워도 제대로 마무리하지 못하곤 했다. 그녀는 친구들과 어울리느라고 수업을 빼먹기 일쑤였다. 대학 다닐 때는 강의 시간을 잘 지키지 못했고 기말 보고서나 프로젝트를 가장 늦게 끝냈다. 그녀는 좋아하는 과목에서는 아주 좋은 성적(A)을 받았지만 '지루한' 과목에서는 C 이하를 받았다. 그녀는 수학을 잘한 적이 한 번도 없었으며, 그것이 지금은 사업 운영의 재정 관리에 악영향을 미치고 있다고 한다.

취업 경력

대학을 졸업한 후에 베스는 '정말 하고 싶어 하는 일'을 찾는 동안 먹고살기 위해서 웨이트리스, 접수담당자, 비서 등 단기 계약직 일을 계속 했다. 그녀는 만성적인 지각 문제와 마감기한에 맞추어 작업을 완수하지 못하는 문제 때문에 비서직에서 해고당했다.

가족력

베스에게는 매우 지지적이고 화목한 가족이 있다. 어머니와 남동생이 ADHD 가능성이 있다. 다른 정신병리는 보고된 바 없다.

사회력

베스는 위에서 기술했던 것처럼 자신이 약속에 늦기 때문에 친구들을 짜증나게 할 수 있다고 말한다. 그녀의 증상이 미치는 사회적 영향에도 불구하고 학창 시절 베스는 좋은 교우관계를 가졌던 것으로 보이는데 이는 현재까지도 지속되고 있다.

의학적 병력

베스는 현재에도 과거에도 뚜렷한 병력이 없다.

약물/알코올 사용

현재까지 베스가 약물이나 알코올을 과도하게 사용하거나 부적절하게 사용한 적은 없다.

기타 증상

베스는 임상 면접 동안 현재의 우울증을 부인했지만 Beck 우울척도에서 28점(중등도)을 받았는데, 이는 자기 비판, 우유부단함, 무가치감, 에너지 부족, 아침에 일찍 일어나기 어려움, 스스로에 대한 실망감을 중간 수준('2')으로 평정했기 때문이다. 슬픔과 관련된 문항은 체크되지 않았다. 일부 체크된 증상(예 : 집중 곤란, 흥미 상실)은 ADHD 증상과 연관된 것일 수 있다.

베스는 불안에 압도당해서 해야 하는 모든 일에 대해서 '파국화시키는' 경향이 있다고 한다. 그녀는 세금을 내지 못해서 사업을 접게 될까 봐 걱정한다.

개인 면접

베스는 눈을 잘 맞추는 매력적이고 활기 넘치는 여성으로 보였다. 그녀는 솔직했고 표현을 잘했으며 관심 있는 태도를 보였다. 기분은 약간 좋은 상태였고 다양한 범위의 정서를 경험하는 데 문제는 없어 보였다. 피드백 회기 동안에 ADHD 증상이 야기하는 손상과 불편감에 대해서 이야기하면서 눈물을 글썽이기도 했다.

심리검사 결과

자기보고형의 심리 검사(BADDS와 CAARS) 결과는 실행 기능 장애 및 부주의와 과잉행동-충동성 증상을 측정하는 척도들을 포함해서 모든 척도에서 상승(평균보다 2 표준편차 초과)을 보였다. BADDS의 T점수 총점은 86('ADD 가능성이 매우 높음')이었다.

요약 및 사례 개념화

현재 증상, 발달력, 그리고 질문지 결과는 모두 분명하게 ADHD 혼합형의 진단을 가리키고 있다. 지속적인 주의력, 실행 기능, 지연을 참는 능력과 관련된 어려움이 뚜렷하며 이러한 어려움은 만연되어 있는 것으로 보인다. 베스의 ADHD 증상은 학업 기능에 손상을 가져왔고 현재 사업 운영과 대인관계 기능에서도 손상과 불편감을 야기하고 있다. 최근에는 압도당하는 느낌과 부적절감에서 비롯된 불안과 우울을 경험하고 있다. 베스의 강점에는 친구들 및 가족과 유지하고 있는 친밀하고 지지적인 관계가 포함된다.

제언

1. ADHD 증상의 관리를 위한 중추신경자극제 약물 시도가 권장된다.
2. 상기한 바처럼 ADHD에 관한 심리교육과 지지를 제공하고 시간 관리, 계획 세우기, 분노 관리(인지행동적 방법의 사용 선호)의 문제를 다루고 불안과 우울을 감소시키기 위해서 개인 심리 치료가 권장된다.
3. 계산 영역에서 보이는 학습 장애의 가능성을 평가하기 위한 신경심리검사가 요망된다

해설

베스 사례는 ADHD 혼합형의 전형적인 사례이다. 예전에 진단을 받은 적이 한 번도 없었지만 이 젊은 여성의 발달력을 살펴보면 부주의, 과잉행동 및 충동성이라는 전형적인 증상이 초등학교 때부터 시작해서 현재까지도 지속되고 있다는 것을 알 수 있다. 부주의와 조직화 결함은 현재 베스의 사업 운영의 효율성을 크게 저해하고 있다. 과잉행동-충동성은 지연에 대한 낮은 참을성, 정적인 활동에서 보이는 좌불안석, 그리고 분노 폭발에서 나타난다. 강한 사회적 지지망에도 불구하고 베스는 해야 할 모든 일을 완수할 수 없을까 봐 불안해하는 것과 더불어서 자기 비난과 무가치감을 보고하는데, 이는 ADHD가 있는 성인들이 흔히 경험하는 특성이다. 선행 연구들은 ADHD가 있는 여성들에게서 ADHD 가족력이 더 강하게 나타난다고 밝히고 있다(Smalley et al., 2000). 사실상 베스의 원가족에는 ADHD가 의심되는 구성원이 2명 더 있다.

부주의 우세형 : 찰스

부주의 우세형의 전형적 특징은 주요 문제가 주의 영역에 있다는 점인데, 여기에는 초점화되고 지속적인 주의, 시간 관리, 조직화, 그리고 작업기억이 포함된다. 따라서 경청하기, 제시간에 작업 완수하기, 세부적인 작업에 집중하기 같은 영역에서 문제들이 나타난다. 혼합형과는 대조적으로 분노 관리 문제, 약물이나 알코올의 과다 사용, 과식, 무분별한 성적 활동, 과소비나 재정적 위험 감수, 충동적인 의사결정, 스포츠에서 신체적 위험 감수와 같이 빈약한 충동통제를 반영하는 문제들은 상대적으로 적다.

성인의 경우 ADHD 부주의 우세형의 사례를 평가할 때 우울과 불안을 배제하는 것이 매우 중요한데, 이는 불안이나 우울 장애가 ADHD 부주의형에서 전형적으로 보이는 증상들과 유사한 증상을 야기할 수 있기 때문이다. 최소한 일부 ADHD 유사 증상이 아동기에 존재했었다는 것을 확인하는 것이 주진단을 내리는 데 매우 중요하다. 부주의형은

혼합형보다 발병 시기가 더 늦는 것이 전형적이며(Applegate et al., 1997), 11세 이전까지는 유의한 결함을 경험하지 않는 사례들도 많다(McBurnett et al., 1999). 그러나 상당 비율의 아동기 ADHD 혼합형 사례들이 성인기에 이르면서 부주의형으로 전환한다는 최근 자료(Biederman, Mick, & Faraone, 2000)가 시사하듯이, 현재 임상 양상에서 현저하지 않더라도 과거 아동기에 과잉행동–충동성 증상이 존재했을 수도 있다. 성인기에 ADHD 유사 증상과 내현화 증상이 모두 나타난다면, 그들의 인과관계를 확인함으로써 정확한 주진단과 부가진단을 내리고 적절하고 포괄적인 치료 계획을 세우기 위해서는 그들의 상대적인 발병 시기를 확인하는 것이 아주 중요하다. ADHD와 학습 장애의 감별 진단은 과잉행동과 좌불안석이라는 뚜렷한 증상이 없다면 더 어려울 것이다. 이때는 정식 검사를 통해 이 대안적인 혹은 부가적인 진단을 평가할 필요가 있다.

의뢰 사유 및 현재 문제

찰스는 40세의 변호사로 아내와 두 어린 자녀들과 함께 살고 있다. 그는 일을 미루지 않기, 과제 완수하기, 우선순위 정하기, 산만하지 않기 등과 관련된 문제들 때문에 도움을 받기 위해서 왔다. 그는 하나의 과제를 다른 과제로 전환하는 데 어려움이 있다. 더 급한 과제가 있는데도 불구하고 다른 과제에 '고착'된 채로 너무 많은 시간을 써버린다. 그는 또한 대화 도중에 초점을 잃고 회의 중에는 그저 '멍한' 채로 앉아 있기 일쑤다. 그는 만약 ADHD로 인한 어려움들을 겪지 않았다면 전문가로서 훨씬 더 창창한 경력을 쌓았을 것 같다는 지속적인 느낌과 더불어서 이러한 어려움들이 직무에 미치는 영향에 대해서 상당한 불편감을 토로했다.

가정에서는 예산 수립, 의사결정, 청구서 제때 처리하기 등 개인적인 재정을 관리하는 데 어려움이 있다. 그의 재정 상태에 대한 현재의 불안이 이 작업을 시작하는 것조차 '고통스럽게' 만들기 때문에 이러한 문제들은 더 악화되고 있다. 이 과제들 중 일부(예 : 청구서 처리하기)는 아내에게 돌아가는데, 그녀 또한 이러한 부가적인 요구들 때문에 부담감을 느끼고 있다. 그는 또한 아내에게 성질을 부려서 문제가 되었던 일들을 얘기했는데 그러한 문제는 약을 복용하면서 줄어들고 있는 것처럼 보인다.

기존의 심리학적/정신과적 평가 및 치료력

대학 시절로 거슬러 올라가 보면, 찰스에게는 구역질과 '완전한 단절감'이 수반된 예측 불가능한 불안발작이 있었다. 대학에 다니는 동안에는 관해 상태였지만 30세에 다시 시작되었는데, 그 당시 그는 우울증과 강박 장애 진단을 받고 약물 치료를 받으면서 차도를 보이고 있었다. 3년 전부터 선택적 세로토닌 재흡수 억제제(SSRI)를 복용하기 시작한 후로는 불안발작이 한 번도 없었다.

발달력 및 학력

찰스의 아버지는 내과의사였고 어머니는 간호사였다. 그는 초등학교 5학년 때까지는 학교에서 문제가 없었다고 회상했다. 10세에 그는 더 산만해지고 잘 잊어버렸으며 경청과 지속적 주의력, 시작한 일의 완수, 그리고 조직화에서 어려움을 보였다. 아버지가 다녔던 사립고등학교에 다니면서 그는 힘겹게 수업을 들었고 겨우 평균 수준의 성적을 받았으며 "잠재력을 충분히 발휘하고 있지 않다."라는 말을 들으면서 부모에게 많은 실망과 유감을 안겨주었다. 그의 문제들은 읽기, 쓰기, 계산하기에 영향을 미쳤다. 하지만 조사한 바에 따르면 그는 이 영역들에서 일차적인 독해 문제나 처리 문제가 있지는 않았다. 그는 학업 곤란과 그에 따른 불편감 및 불안으로 인해 17세 때 "최악의 상태에 빠졌다."고 말했다.

고등학교를 졸업한 후에 찰스는 소규모의 인문계 단과대학에 입학했는데, 거기서도 작업을 완수하지 못하고 기대하는 수준의 학업 성취를 이루지 못하는 어려움이 계속되었다. 하지만 4년 내에 학사 학위를 받기는 했다. 처음에는 사업을 하고 싶어서 MBA를 마쳤지만 경영 컨설팅 분야에서 가졌던 첫 번째 두 직장은 그에게 '영감을 주지 못했고' 도전이 되지도 못했다. 그는 법학으로 전공을 바꾸기로 마음먹었고 학위를 받기 위해서 야간학교를 다녔다.

가족력

찰스의 아들(6세)도 ADHD 진단을 받았다. 찰스의 아버지에게도 ADHD가 있었던 것으로 짐작되지만 평가를 받거나 치료를 받은 적은 없다.

사회력

어린 시절 찰스는 다소 수줍음이 많고 말수가 적은 편이었다. 그러나 그는 고등학교와 대학교에서 친한 친구들을 몇몇 사귀었는데 현재까지도 친분을 유지하고 있다.

의학적 병력

찰스는 과거와 현재 모두 뚜렷한 병력이 없다.

약물/알코올 사용

현재까지 찰스는 약물이나 알코올을 과도하게 사용하거나 부적절하게 사용한 적이 없다.

기타 증상

찰스는 제대로 일을 해낼 수 있을지 거의 매일 걱정하며, 자녀들의 교육을 감당할 만큼 충분한 수입을 벌어들일 수 있을지에 대해서 상당히 염려하고 있다고 한다. 상황이 상황인 만큼 그는 자신의 걱정이 당연하다고 느끼고 있다.

개인 면접

찰스는 잘 차려입은 예의바른 남성이었다. 그는 서글서글한 태도를 보였고 치료 회기에도 잘 참여했으며, 자신의 어려움에 대해서 솔직하고 명확하게 표현하였다. 기분은 약간 우울한 것으로 보였다.

심리검사 결과

심리검사 결과 찰스는 CAARS의 '부주의/기억' 및 DSM-IV-TR '부주의' 척도에서 상승된 점수(평균보다 2 표준편차 초과)를 보였지만 과잉행동이나 충동성 증상을 측정하는 척도들에서는 정상 범위였다. BADDS 상에서 '활성화'와 '노력'을 측정하는 척도들은 평균보다 적어도 1.5 표준편차를 벗어나서 상승했지만 주의, 정서, 그리고 기억을 측정하는 척도들은 그렇지 않았다. WAIS-IV의 점수들을 검토한 결과, 언어성 소검사들과 비언어성 소검사들 모두 최우수 범위에 해당하는 것으로 확인되었으며 전체 지능지수는 140이었다.

요약 및 사례 개념화

찰스는 (직무와 대화 모두에서) 일을 시작하고 주의를 유지하는 데 어려움이 있으며, 시간을 효율적으로 관리하고 우선순위를 정하고 계획을 세우는 데도 어려움이 있다. 이러한 어려움들은 오랫동안 지속되어 왔고(발병 연령 10세), 그의 학업 수행을 손상시켰으며 직업적 기능과 승진에도 악영향을 끼치고 있다. 이는 상당한 불안과 우울(지금은 약물치료로 어느 정도 호전됨)을 야기했으며, 특히 가정의 재정 상태에 심각한 문제를 가져왔다. 그리고 이는 다시 찰스로 하여금 청구서 처리하기와 같은 과제를 수행하는 데서 겪는 어려움을 악화시켰다. 그렇게 제대로 처리하지 못한 과제들의 '여파'를 아내가 떠안게 되면서 부부 사이에도 긴장감이 커지고 있다.

제언

1. 중추신경자극제 약물 치료 시도. 만약 메틸페니데이트와 디-암페타민이 효율성이나 부작용 측면에서 최적에 미치지 못한다면 비자극성 약물인 스트라테라(아토목세틴)을

고려해야 할 것이다.

2. 개인 치료, 다음과 같은 이유로 인지행동적 기법을 사용한다.

a. 시간 관리 및 조직화에서 효과적인 자기 관리 전략들을 개발한다.

b. 부분적으로는 ADHD에 기인된 결함에 부수적인 것으로 보이는 불안과 우울을 다루기 위한 인지행동적 개입과 지지를 제공한다.

해설

찰스의 사례는 ADHD 부주의형의 전형적인 사례이다. 이는 그의 어려움들이 현재에도 과거에도 본질적으로 부주의가 우세할 뿐만 아니라 혼합형의 프로파일에서 흔히 현저하게 나타나는 행동적인 문제가 없다는 점에서 그렇다. 그럼에도 불구하고 아내에게 성질을 부리지 않도록 조절을 하는 데 어려움이 있다는 점은 이 유형의 환자들에게 과잉행동-충동성 영역의 증상이 전혀 없다는 의미는 아니라는 점을 상기시킨다. 찰스의 학업상의 곤란이 상당히 현저해서 학습 장애의 가능성을 시사할 정도였다. 하지만 계산이나 읽기에서 특정한 문제가 없고 언어성 영역과 비언어성 영역 모두에서 최우수 수준인 WAIS-IV 결과는 이 가설을 지지하지 않는다. 이 사례의 현저한 특징은 부모와 교사가 기대하는 수준에 미치는 수행을 하지 못했기 때문에 고등학교 시절부터 찰스가 힘들게 경험했던 상당한 불안과 자존감의 손상이다.

요약

성인의 경우 ADHD를 포괄적으로 평가하려면 가족력 및 표준화된 자기보고 질문지의 작성뿐만 아니라 성인기는 물론 아동기 모든 영역에서의 증상과 기능적 손상에 대한 체계적인 검토가 이루어져야 한다.

다음 장은 치료자가 치료 매뉴얼에 기술된 치료를 실시하기 위한 '방법'을 상세하게 소개하고 있다.

제3장

성공적인 치료자 되기

치료자의 본질과 유형에 관한 가이드

MARY V. SOLANTO, DAVID J. MARKS, JEANETTE WASSERSTEIN

치료 매뉴얼의 구조와 구성

본 내용은 치료 매뉴얼 도입부에도 수록해 놓았듯이 사용자의 편의를 위한 것이다. 따라서 본 치료 매뉴얼은 ADHD 성인 환자를 대상으로 계획 및 조직화 기술과 시간 관리 기술의 발달을 촉진하기 위한 12회기 치료 프로그램의 회기별 가이드를 구성되어 있다. 대부분의 회기는 치료자 노트뿐 아니라 집단원들에게 나누어주는 과제 노트 및 과제 연습을 포함한다.

치료자 노트는 각 회기에서 논의되고 준비도 어야 할 전략과 원리를 강조하기 위한 것이다. 이는 엄격한 프로그램 대본을 전달하기 의한 것이 아니라 집단원들에게 최대한 명확하고 영향력을 극대화시킬 수 있는 표현어구를 제시하며, 다루어져야 할 소재에 대한 개요를 제공하는 데 그 목적이 있다. 치료자가 구체적으로 설명해야 하는 부분은 고딕으로 진하게 표시되었으며, 축어로 제시되었다. 그러나 일반적으로 집단으로 진행될 때는 설명 형식의 내용 소개 및 과제 검토 시간을 갖기보다는 상호작용에 중점을 두어 진행해야 한다. 즉 집단원들은 설명 시간에 질문을 하거나 논의점을 제기할 수 있고, 치료자는 이에 대한 대답을 해 주고 회기 내에 설명되어야 할 개념 및 전략들을 소개해 주는 기회로 삼을 수 있다.

과제 노트는 해당 회기의 내용을 재강조하며, 간결하면서도 함축적인 요약을 제시하고 있다. 더불어 일부에서는 해당 회기에서 다루지 않은 추가적인 내용을 제시하였다. 과제 노트는 회기 내에서 주의를 기울이기 어려운 부분을 보충하고, 과제를 하기 위한 시간을 마련하기 위한 것이다. 과제 노트는 회기 내용에 대한 검토 및 참고를 위한 수단이 되므로 회기에 참석하지 못한 집단원에게도 제공해야 한다. 선택사항이긴 하지만 이에 유용한 전략으로는 모든 집단원의 과제 연습을 격려해 주고 동기를 북돋아 주는 메일을 회기와 회기 사이에 발송해 주는 것이다.

CBT 집단 회기의 형태

본 CBT 프로그램은 성인 6~8명을 대상으로, 한 주에 2시간씩 12주간 진행되도록 고안되었다. 시간은 저녁 6:30~8:30으로 계획되었고, 집단원들이 하루 일과를 마치고 저녁식사 후 회기에 참석할 수 있도록 하였다. 각 집단 회기는 다음과 같은 형태로 되어 있다.

1. 과제 연습 검토(1시간 이내)
2. 새로운 내용 소개 및 논의(45분, 회기 연습 포함)
3. 회기 연습
4. 다음번 과제 연습 제안 및 논의(15분)

5회기 앞부분에도 설명한 바와 같이, 본 프로그램은 불안과 우울을 극복하기 위한 인지행동적 방법에 관한 추가 회기를 포함하였다. 또한 본 치료 매뉴얼 마지막 부분에는 선택사항인 '제시간에 취침, 기상하고 출근하기'를 추가하였다.

집단 CBT 프로그램을 위한 집단원 선정

우리는 정신건강전문가로부터 사전에 ADHD 진단을 받은 사람들만 등록시키기를 권장한다. 만일 진단을 받지 않았다면 전문가에게 진단 적합성 보고 혹은 전화 회의를 요청한다. 또한 집단 참가자로서의 적절성 여부를 확인하기 위하여 모든 잠재적 집단원들과 개인 면담을 잡는다.

제5장에서 논의하겠지만, 일반적으로 집단 CBT 개입은 경계선 성격 장애를 가진 환자

또는 자살 경향이 있거나 극심한 우울증이 있는 환자에게는 적절하지 않은데, 이러한 정신병리의 동반은 집단 내에서의 회기내용 검토 혹은 감찰에 많은 어려움이 따르기 때문이다. 그리고 알코올 중독이나 약물 남용 환자들도 적합하지 않은데, 그들은 효과적인 수행을 힘들어할 가능성이 있고, 궁극적으로 집단 회기 밖에서 인지 전략을 소화하기 어려울 수 있기 때문이다. 그 밖에도 분노 관리에 극심한 어려움이 있는 환자들에게도 본 집단 프로그램이 부적합하다는 것을 발견하였는데, 그들의 행동이 다른 집단원들과 멀어지거나 적대감을 불러일으키기 때문이다. 그럼에도 불구하고 우리는 자기 관리에 어려움을 보이는 ADHD 환자들이 집단 CBT를 실시하기에 좋은 후보자라는 것을 발견하였다. 개인 치료를 위한 프로그램 채택에 관한 것은 제5장에 제시하였다.

치료자 유형

집단 치료 회기는 다음과 같이 진행되어야 한다. 첫째, 주의집중에 어려움이 있는 집단원들의 흥미를 유발시키고 유지시킬 수 있어야 한다. 둘째, 회기 내에서 집단원들에게 배움의 기회를 제공하고, 이를 경험하고 연습하게 함으로써 궁극적으로는 습득한 자기 관리 전략 실행을 완전히 이해하고 소화할 수 있도록 해야 한다. 마지막으로 치료자 및 집단원들 간에 상호 학습이 일어나야 하며, 서로 나누고 지지하도록 이끌어야 한다.

가장 효과적인 치료를 위해 치료자는 다음과 같은 경험이 있어야 한다. 첫째, ADHD 성인들이 경험하는 일상 생활에서의 어려움에는 어떤 것들이 있는지를 세부적으로 알고 있어야 하며, 이러한 문제들이 어떤 신경심리학적 결함으로부터 나타난 것인지 이해하고 있어야 한다. 그들은 ADHD 때문에 나타나는 삶의 문제와 더불어 우울, 불안, 읽기 및 다른 학습의 어려움과 같은 공존병리로 나타나는 문제를 구별할 수 있어야 한다. 그리고 행동 및 인지행동적 원리에 입각하여, 본 프로그램의 구성이 이러한 문제들을 어떻게 다루고, 어떻게 새롭고 보다 적응적인 습관 형성을 유도하는지 이해하고 있어야 한다. 치료자의 역할은 다음과 같다.

- **치료자는 열렬한 치어리더가 되어야 한다.** 치료자는 환자가 변화 가능성에 대한 희망을 가질 수 있도록 해야 하며, 변화가 일어났을 때 긍정적 변화에 대해 강화를 주고, 좌절이 되더라도 향상에 대한 지속적인 희망을 갖도록 해야 한다. 단순한 성공이 아닌 노력에 대해 강화를 주는 것이 중요하며, 치료자와 환자 모두가 '연속적인 접근'을 통해

바람직한 결과를 향한 향상이 일어난다는 것을 인지하는 것이 중요하다.

- **치료자는 좋은 교사가 되어야 한다.** 치료자는 명확하고 생동감 있으며 흥미를 유발하는 설명 방식을 가지고 있어야 한다. 쇼맨십이 포함된 편안함은 부분적으로 치료자가 환자에게 직접적 혹은 간접적으로 확신을 주고, 그들이 변화할 수 있도록 하며, 과제 연습에서 습득한 전략들을 훈련함으로써 일상 활동에 매우 큰 편안함과 만족을 가져다 줄 수 있다. 유도질문을 통해 집단원들을 이끌고 참여시키는 소크라테스식 방법을 사용하는 세미나 방식이 가장 효과적이다. 가능하다면 집단원들이 가진 문제와 경험과 관련된 예시 및 사례를 사용할 수 있다. 또한 참가자들의 관심을 모으고 주의를 유지시키기 위해 개념 간의 관계를 칠판에 기록하고 강조하거나 도표를 자유롭게 사용할 수도 있다.
- **좋은 치료자여야 한다.** 당연히 치료자에게는 임상적 전문지식과 민감성이 요구되지만, 특히 이러한 면은 집단 장면에서 ADHD 성인들과 작업할 때 중요하다. 치료자들은 개인 치료에 대한 충분한 임상적 경험이 있어야 한다. 즉 집단원의 방어에 언제 개입해야 할지, 기다려야 하는 때가 언제인지, 언제 집단원에게 문제를 넘기고 언제 다른 집단원들에게 관찰을 권할 것인지에 대해 잘 연마된 치료적 직관력을 가져야 한다. 집단원들이 학습한 전략들을 적용하여 책임감을 가지고 최선을 다하여 과제를 완료할 수 있도록 부드럽지만 단호하게 대해야 한다.

결국 치료자는 성인을 대상으로 한 집단 또는 개인 치료 경험뿐만 아니라 우울이나 불안을 가진 성인을 대상으로 하는 전통적인 인지행동 치료 경험을 가지고 있어야 한다. ADHD 성인을 진단적으로 평가하는 경험과 그 상태에 대한 신경심리적 지식을 사용하는 것은 필수적이다. ADHD 아동을 진단하고 치료한 임상적 경험이 도움이 될 수 있는데, 이를 통해 ADHD가 아동 및 가족에게 영향을 미치는 방식에 대한 추가적 통찰을 가질 수 있을 것이다.

모토 사용하기

ADHD 성인들과 여러 작업을 시도하는 데 있어 그들의 일상 생활과 관련된 전략들을 동원하여 활용하도록 하는 것이 필요하다. 이를 돕기 위해 본 치료 매뉴얼에서는 모토 또는 행동원리를 줄표(대시) 사이에 제시하였는데, 다음과 같은 것들이 있다. '일정관리수첩에 없는 것은 존재하지 않는다.'(일정관리수첩 사용을 위한 암시), '모든 것에는 제자리가 있다.'(조직적인 체계 유지 및 정리정돈 전략을 위한 암시). 이러한 것들을 집단에서 자유롭게 반복하도록 하는 것이 중요한데, 이는 서슬된 습관들이 제2의 천성이 되도록 하기 위한 것이다. 이러한 이유로 성인과의 작업 시에는 어느 정도 교훈적일 필요가 있다는 것을 유념해야 한다. 이러한 많은 기술과 습관들은 대체로 '절충 가능'하며, 특히 ADHD를 가진 개인에게는 행동으로 명확히 적용하도록 돕는 명료한 진술이 필요하다. 모토 목록은 표 3.1을 참조하라.

일상 생활에서 전략 사용을 권장하기 위해 환자의 전략 사용을 상기시켜 줄 인지적 신호 혹은 단서와 모토를 통합시켰다. 일부 모트는 "만일 시작에 어려움이 있다면, 계획이 매우 과한 것이다."에서와 같이 그 안에 단서를 가지고 있다. 모토의 첫 부분은 (활성화하기 힘든)문제 상황을 정의하고, 두 번째 부분에서는 해결책을 제공해 준다(다룰 수 있는 부분으로 과제 나누기). 이와 유사하게 과제를 통해서도 이 전략들을 일상 생활에 쉽게 통합할 수 있도록 구성하였다. 예를 들어 5회기 '자동적 사고'에서는 집단원들에게 과제 회피 행동이 느껴지는 상황이나 당면한 과제에 대해 우울 또는 불안을 느끼는 상황을 식별하도록 요청한다. 그리고 집단원들에게 그들이 경험할 만한 자동적 사고에 초점을 맞추도록 하여 그것이 비합리적임을 인식하도록 한다. 이 연습이 성공적으로 이루어졌다면, 집단원들이 불안이나 우울을 느끼거나 미루는 상황을 자각할 때 스스로 이것을 점검할 수 있도록 격려할 수 있다.

과제 연습 검토하기

각 회기의 절반은 과제 연습 검토에 사용하는데, 이를 통해 지속적인 행동변화 달성의 중

표 3.1 프로그램에 적용된 모토 목록

1. "일정관리수첩에 없다면 그것은 존재하지 않는 것이다."
2. "과제를 시작하기가 어렵다면, 첫 번째 단계가 너무 과한 것이다."
3. "모든 일은 우선순위에 따라 행한다."
4. "시작이 가장 어렵다."
5. "모든 것에는 제자리가 있다."
6. "눈에서 멀어지면 마음에서도 멀어진다."
7. "오늘 하지 않은 일은 어디로 사라지지 않는다. 내열이 되면 그 일은 훨씬 어려워질 것이다."

요성을 입증할 수 있기 때문이다. 이것은 또한 치료자에게 환자가 가진 변화에 대한 걸림돌을 식별하고 다룰 수 있는 기회를 제공하는데, 그 걸림돌은 과제 연습 완료의 어려움에 대한 가장 첫 번째 징후일 수 있다. 따라서 치료자는 각 회기별로 개인이 과제 연습을 완전하게 완료하였는지, 부분적으로 완료하였는지, 아니면 전혀 하지 않았는지를 잘 살피고 기록해야 한다.

치료자는 과제 연습 확인 과정에서 소개한 새로운 전략에 대해 집단원이 이해하였는지 확인해야 하며, 집단원이 그 전략들을 개인의 행동 레퍼토리로 만들고 계속해서 사용할 수 있도록 해야 한다. 이를 통해 회기에서 소개되고 과제 연습을 통해 연습한 전략들이 누적될 수 있다.

라운드테이블 점검시간 동안 각 집단원들은 돌아가면서 과제 연습을 위해 시도했던 경험들을 나누도록 요청받게 된다. 만약 연습이 성공적으로 이루어졌다면, 치료자는 진심어린 칭찬으로 성공을 강화시키며 다음 과정을 통해 이를 강조하고 확고히 하는 것이 중요하다. (1) 해당 집단원에게 과제를 완료하면서 어떤 느낌이 들었는지 질문하기, (2) (성공하지 못했던 지난 시간과 달리)이 시간에 무엇이 과제를 성공적으로 완료할 수 있게 해 주었는지 질문하기, (3) 미래에 비슷한 과제나 문제에 직면했을 때 무엇이 이를 다시 시도할 수 있게 하는지에 관해 질문하기.

집단원이 과제를 수행하는 데 어려움이 있다면, 치료자는 문제의 근원을 파악하고 적절한 접근을 제시하기 위해 해당 집단원에게 조직화된 질문을 해야 한다. 치료자는 관련 전략들을 다시 끌어내어(프로그램에서 지금까지 다룬 전략들), 이 상황에서 그것들을 어떻게 적용시킬지 논의해야 한다. 적절한 질문은 다음과 같다. “당신의 계획 중에 과제하기가 포함되어 있었나요?”, “당신은 과제를 하기 위해 많은 노력을 했나요?” “과제를 부분 부분으로 작게 나누어서 했나요?” “과제 후 스스로에게 줄 보상도 계획했나요?” “주의산만한 장소에서 하려고 하지는 않았나요?” 가끔 집단원들은 과제 연습 미완성의 이유를 해당 과제에 대해서는 어려움이 없기 때문이라고 이야기할 것이다. 경우에 따라서 이것이 사실일 수 있다. 예를 들어 조직화의 문제가 아닌 시간 관리에 어려움을 가지고 있는 개인의 경우이다. 반면 이러한 부인은 과제를 하지 않은 변명으로, 가령 실패에 대한 두려움이나 불안으로 인해 나타날 수도 있다. 이 경우 치료자는 해당 개인에게 본 프로그램에 참여하는 개인의 목표를 다시 상기시키거나 재초점화하도록 함으로써 도울 수 있다. 그리고 이것들을 고려하여 내담자의 특정 요구나 문제를 위한 과제 연습으로 맞추어 주거나 수정해 줄 수 있다.

만약 과제를 완료하려는 시도가 없다면 치료자는 반드시 그 이유를 질문해야 한다. 그 이유가 위기 상황, 질병, 이례적인 걱정거리, 혹은 기타 그 주 동안의 삶에 지장을 주는 상황이라면 치료자는 당연히 그것에 대해 공감해 주어야 하며, 참가자가 그 연습을 다음 주까지 완료할 수 있도록 격려해야 하고, 언제 이것이 실현 가능할 수 있을지 규명하도록 도와야 한다. 치료자는 과제 연습 미완성 패턴에 대해 인식하고 있어야만 한다. 정상참작이 가능한 상황 없이 연속적으로 2주간 과제가 이행되지 않았을 때는 종종 저항이나 부인, 불안 또는 우울이 있음을 암시하는 것이며, 이에 대해서는 다음 장에서 사례 제시와 함께 자세히 설명하고 있다. 이 프로그램의 전반적 효과성에 있어서 과제 연습의 중요성에 대해 설명한 바와 같이(제6장), 이러한 문제들을 가능한 빨리 알아채고 다루는 것이 중요하다.

저항 혹은 어려움을 부인하는 집단원들은 아마 연습의 유용성이나 관련성에 대해 솔직하게 물어볼 것이다. 이러한 상황에서는 과제와의 관련성에 대해 설명하면서 본 집단에 들어오게 된 초기 목표를 집단원과 함께 검토하는 것이 도움이 될 것이다. 또 다른 유용한 방법은 집단원들에게 그들의 전형적 행동 대 과제에 제시된 새로운 접근법에 대한 '비용-이익' 분석을 하도록 하는 것이다. 예를 들어 약속을 기억에 의존하는 것 대 정기적으로 일정관리수첩을 사용하고 체크하는 것에 대한 간단한 '비용-이익' 분석을 해 볼 수 있다.

불안이 있는 집단원들은 두려움에 압도되거나 과거 실패 경험으로 과제를 완료할 수 없을 수 있다. 예를 들어 흔히 불안을 가지고 있는 집단원들은 계획상에 있는 과제들에 대해 두려움을 느끼기도 하는데, 이러한 약속이 과제를 완료하는 것에 대한 차후의 실패를 더욱 분명하게 하기 때문이다. 이때는 참가자들에게 행동 변화를 시도할 때 흔히 불안이 나타나는 것임을 상기시켜 주는 것이 도움이 된다. 그러나 궁극적으로는 그들이 계속 새로운 전략을 학습함으로써 불안을 줄어들게 하고, 이것이 성공적인 과제 완료 경험을 하도록 도와줄 것임을 재확신시켜 줌으로써 그 불안을 '뚫고 나가는' 노력을 해야 한다.

우울한 집단원들은 사기가 저하되어 있고, Martin Seligman이 말한 '학습된 무기력'을 가지고 있다(Seligman, 1975). 자신의 경험을 통해 자신이 노력해도 소용없고 자기 자신이 절대로 충분히 잘하지 못할 것임을 학습했다는 것이다. 그들은 과제에 대한 자신의 경험을 묘사할 때 전형적으로 그들이 성취한 것에 대한 강화보다는 그들이 완료하지 못한 것에 대해 비난할 것이다. 치료자는 환자의 이러한 경향성을 강조하면서, 이것이 어떻게 노력과 동기를 빠르게 저하시킬 수 있는지 설명해 줄 수 있다.

치료자는 본 프로그램의 후반부 회기 동안(자동적 사고에 대한 소개 이후), 집단원의 사고, 말, 행동이 어떻게 '자동적 사고'를 반영하며, 인지적 왜곡을 반영하는지에 대해 강조하는 것이 필요하다. 그리고 환자가 피드백을 받을 준비가 되어 있는지 환자의 기분에 대해 민감해지는 것도 중요하다. 종종 집단원들 간에 친밀감이 생기면 집단원이 피드백 제공의 주도권을 갖는 경우가 있다. 치료자는 집단원들에게 '먼저 이야기를 하도록' 하는 것이 바람직하며, 이는 참가자들이 대개 치료자보다 집단 내 동료로부터 피드백을 받는 것에 덜 방어적이기 때문이다.

집단원이 과제 수행하기를 회피할 경우 치료자는 집단 전체를 대상으로 반복적이고 적절하게 본 치료프로그램의 과정 중 과제의 중요성에 대해 이야기해 주는 것이 좋다. 치료자는 집단원의 최소한의 시도나 부분만 완료한 것에 대해서도 격려해 주어야 하며, 아무리 적은 부분만 완료했더라도 전혀 하지 않은 것보다는 '천 배는 더 잘한 것'이라는 전제를 가지고 있어야 한다. 또한 치료자는 집단원이 유혹에 굴복하거나 그들이 과제를 완료하지 못했을 때 부끄러워하고 회기를 건너뛰지 않도록 격려해야 한다.

치료자가 마지막으로 주의할 점은 회기 내에서 새로운 내용 논의 및 소개를 위한 충분한 시간을 사용하기 위해 과제 연습에 대한 논의 시간을 첫 1시간으로 엄격히 제한하는 것이 중요하다. 많은 경우 ADHD 성인들은 둘러앉아서 이야기하는 것을 매우 좋아하며 말을 제한하는 데 어려움을 가지고 있다. 따라서 모든 집단원이 발표할 수 있도록 치료자는 처음에 개인당 8~9분 정도 발표할 수 있다고 언급하고, 필요에 따라 해당 집단원에게 이를 부드럽게 상기시켜 주는 것이 도움이 될 것이다. 몇몇 매우 수다스러운 집단원들의 경우에는 타이머 사용이 필요할 수도 있다.

다음 과제 연습 제안

유인물에 설명된 대로 회기 끝에 다음 과제 연습에 요구되는 것을 검토하기 위해 집단원들에게 어떻게 이 연습에 접근할 것인지, 문제 상황은 무엇인지, 과제를 완료하려고 할 때 어떤 문제가 예상되는지 미리 생각할 수 있게 하는 것은 중요하다.

CBT와 약물의 동시 사용

CBT에 참가하는 환자들은 ADHD 약물을 함께 복용하고 있을 수도 있고 그렇지 않을 수도 있다. 평균적으로 집단에 참여하는 환자의 절반 정도는 약물을 복용하고 있다. 임상적으로 보았을 때 참가자들이 중추신경자극제 또는 아토목세틴을 함께 복용하며 치료를 받는 경우 내용에 더 주의를 잘 기울이고 집에서도 배운 전략들을 더 꾸준히 적용할 수 있다는 것을 확인할 수 있었지만, 이 주제에 대한 우리의 예비연구에서는 이를 지지하지 못했다(제6장 참조).

요약

지금까지 CBT 집단 치료자의 본질과 유형에 관한 문제에 대한 가이드를 제공했다. 임상 작업에서 사례 예시는 학습을 위한 중요한 수단을 제공한다. 따라서 다음 장에서 우리는 사례 연구들을 통해 집단 치료에 쉽게 잘 반응하는 환자들과 치료적으로 다양한 유형의 어려움을 제기하는 환자들에 대해 살펴볼 것이다.

제4장

치료에 대한 환자의 반응 프로파일

맞춤형 개인 치료 사례

MARY V. SOLANTO, DAVID J. MARKS, JEANETTE WASSERSTEIN, KATHERINE J. MITCHELL

여기 제시된 접근법의 장점 중 하나는 구조화된 치료에서 환자의 진전을 방해할 수 있는 정서적 또는 인지적 방해자극을 치료자가 빠르게 확인할 수 있다는 것이다. CBT 집단 회기가 진행되면서 우리는 집단 과정의 초기(보통 첫 회기 또는 초기 몇 회기 이후에)에 확인할 수 있는 환자의 프로파일 또는 일부 '유형'을 찾아내었다. 이러한 프로파일의 초기 발견은 치료자가 환자의 필요에 따라 개인에게 적합한 개입을 할 수 있게 해준다.

환자의 반응에 대한 초기 증거들은 환자가 치료 착수에 있어 어떠한 어려움을 묘사하는지(노골적인지, 부인하는지 혹은 최소화시키는지), 치료가 도움이 될 것이라는 확신의 정도, 집단 내 참여 범위(수줍어하는지 철회하는지 혹은 개방적인지), 다른 집단원이나 치료자로부터의 피드백에 대한 반응들에서 찾을 수 있다. 아마도 대부분은 과제에 대한 환자의 반응을 통해 얼마나 규칙적으로, 완벽하게, 효과적으로 과제를 수행하였는지 드러날 것이다. 이미 언급하였지만 우리 연구 결과에서 명백하게 드러났듯이 과제를 완수한 횟수는 본 프로그램이 개개인에게 얼마나 유익할지를 가장 강력하게 예측하는 변인이다. 치료자가 프로그램에 대한 집단원의 저항을 빨리 발견할수록 더 빨리 개입할 수 있다. 앞서 제안하였듯이 집에서 과제를 수행하는 데 실패한 이유에 대해 질문하는 것은 모든 환자들에게 중요하다.

우리는 여기에 집단 치료 프로그램에 참여했던 몇몇 환자의 실제 사례를 예시하였고, 비밀 유지를 위해 신원에 대한 세부사항은 변경하였다. 각 사례에서 해당 환자의 주요 문제들에 대한 이해를 위해 필수적인 관련 배경만을 제시하였으며, 다른 광범위한 평가자료들은 포함하지 않았다. 단 해당 환자의 집단 치료 과정과 CBT 프로그램의 목표가 되는 제안된 개입들은 제시하였다. 우리는 성공적인 환자로 시작하여, ADHD 의구심(ADHD 진단을 부인하는) 환자, 반항적인 환자, 의기소침한 환자, 주지화를 방어기제로 사용하는 강박 환자의 프로파일을 제시한다.

성공적인 환자

경험적 연구에서 아직 증명되지는 않았지만 우리의 임상적 관찰 검토 결과, 가장 성공적인 환자가 공통적으로 갖는 몇 가지 특징이 있었다. 그들은 집단에 대해 높은 수준의 헌신과 참여를 보였으며, 이는 회기 내에서의 의견 활성화 및 성실한 과제 수행과 관련이 있었다. 그들은 사회적으로 반응적이며 다른 참여자를 지지하면서 쉽게 집단 내 상호작용에 참여할 수 있었고, 또한 집단에 대한 자신의 개인적 책임을 통해 이득을 얻을 수도 있었다. 성공적인 환자들은 집단 밖에서도 좋은 사회적 지지 체계를 더 많이 가지고 있었다. 이들이 반드시 불안 또는 우울 공존병리를 더 적게 가지고 있지는 않지만, 그들은 행동 변화에 대한 위험을 감내할 만한 충분한 자아 강도와 동기를 가지고 있었다. 즉 그들은 '변화할 준비가 되어 있는' 단계에 있었다(Prochaska & Norcross, 2001). 성공적인 환자들은 학습 장애를 동반하지 않은 ADHD인 경우가 더 많았으며, 따라서 일상 생활에서 전략들을 수행하는 데 있어서도 인지적 어려움을 보다 적게 경험하였다.

사례 연구 : 론

주요 문제

론은 38세 기혼 남성인 컴퓨터 판매원으로, 주의집중 문제(대화 중 잠이 듦), 일관성 없는 노력(프로젝트에서 성과를 내기 어려움), 건망증(자주 물건을 잃어버리고 약속을 잊어버림), 지각 문제(자주 직장에 늦음), 즉 대인관계 및 직업적 기능의 많은 측면에 전체적으로 피해를 끼치고 있어 이에 대한 평가 및 치료를 받았다. 접수면접에서 치료자를 반복적으로 방해하고 차분하지 못한 특성이 기록되었다.

배경/과거력

발병 연령은 초등학교 저학년으로, 많은 부분에 있어서 문제의 심한 정도와 범위가 계속 지속되었다. 론은 선생님으로부터 "집중해!"라는 소리를 반복적으로 들었던 것과 과제에 대해 충분한 노력을 기울이지 않았고 그의 잠재력을 발휘하여 수행하지 않았다던 선생님의 말씀을 기억해내었다. 그는 자신에게 쉽게 느껴졌던 수학과 과학은 잘하였지만, 사회과학과 영어를 '싫어했고,' 특히 작문을 싫어했다. 그는 교실에서 자주 '말썽 부리는 것' 때문에 지적을 받았었다. 그는 말썽꾸러기였지만 수학 선생님은 '매력적인' 아이로 바라봐 주었고, 이로 인해 심각한 문제들은 피할 수 있었다. 그의 부모, 특히 아버지는 수학 교수였는데, 론의 성적이 A는 거의 없고 대부분 B와 C로 가득함에 경악을 하며, 론이 항상 모든 과목에서 A를 받아야만 한다고 느꼈다. 고등학생 때 론은 달리기를 잘했고 그나마 그것이 자신을 '살렸다'고 느끼고 있었다. 이렇게 달리기 코치와 수학 선생님의 관심과 지지 덕분에 그는 '자기 자신에 대해 계속 신뢰할 수 있었고' 결과적으로는 GPA 3.0으로 고등학교를 마칠 수 있었다.

대학교에서 론은 곧 '압도되는 것'을 느꼈다. 이에 부모님의 지시와 감독으로부터 자유를 한껏 즐기면서 공부를 하기보다 많은 시간 파티를 즐겼고 약물과 술을 시작하였다. 학점은 좋지 않았고 첫 학기 말에는 학사경고까지 받게 되었다. 그는 계속해서 미루는 버릇, 출석 및 과제 완료의 어려움 혹은 부당한 방법으로 과제를 제출했음에도 불구하고, 학점을 평균 C로 끌어올리려고 애를 썼고 경영학 전공으로 졸업을 할 수 있었다. 대학 이후에 론은 1년간 외국에 거주하며 여행을 하였고, 돌아온 이후에는 1년 정도 경영관리에 관한 일련의 입문 수준의 직업을 걸쳐 현재는 그의 삼촌이 운영하는 컴퓨터 판매 회사에서 일하고 있다.

심리학적 평가 시 론은 의기소침과 실패감(Beck 25점)을 보고하였다. 그는 종종 그의 대학 친구와 만날 때 부끄러움을 느꼈는데, 그 이유는 "그들은 자신들의 삶에서 모두 무언가를 성취했지만 나는 그러지 못하였다."라는 것 때문이었다.

20대 초반에 론은 우울 및 불안에 대한 간헐적인 치료로, 선택적 세로토닌 재흡수 억제제(SSRIs) 및 심리 치료를 받았었다. 또한 그와 그의 아내는 8년간 부부치료를 계속 받고 있었으며, 그 치료는 아내가 그의 외도를 알게 되면서 떠나겠다고 위협한 이후부터 시작된 것이었다. 아내는 또한 그의 계속되는 과음과 그로 인한 분노 폭발로 힘들어하고 있었다. 치료를 통해 그는 음주가 궁지에 몰린 것 같은 고통감을 지속시킨다는 것을 인식하면서, 지난 6개월간 음주를 절제할 수 있었다.

진단

론은 ADHD, 혼합형, 기분부전 장애, 범불안 장애로 진단받았고, 과거에 알코올 의존이 있었다. 그는 집단 치료 시작 전에 6개월간 OROS ADHD 약물과 리탈린 치료를 시작하였다. 본인 보고에 의하면, 약물 섭취 동안에는 오랜 시간 신문과 비즈니스 서류를 읽을 수 있다고 하였다. 또한 덜 충동적이고 덜 초조하다고 보고하였다. 운전 중에 속도를 내는 경향이 줄었고, 아내에 대해 이성을 잃고 화를 내는 일이 줄었다. 하지만 그는 여전히 회사에 지각을 자주 하였고, 개인 소지품 및 시간 관리에서 정리를 못하고 무질서하였다.

집단 치료 과정

첫 회기 동안 론은 집단 내에서 자신의 '발전성 없는' 직업에 대해 흥미도 없고 매우 지루하다는 마음을 토로하였다. 그는 MBA 대학원을 다니고 싶다고 말하면서도 자신이 대학 때 경험했던 동일한 어려움을 가지게 될까 봐 두렵다고 하였다. 결론적으로 '그의 직업과 결혼생활에 수반되는 문제들을 찾길' 원했다. 구체적인 치료 목표에 대한 질문에서 론은 '집중하고 싶다고' 말했고, 저항했던 문제들에 보다 순조롭게 다가갔다. 두 번째 회기에서 론은 치료 관련 유인물을 정리할 바인더를 요구했으며, 초기 과제는 비교적 쉽고 특별한 노력이 필요하지 않았기 때문에 별 무리 없이 완수할 수 있었다. 시간을 평가하고 관리하는 과정은 나중에 다루게 되었음에도 불구하고, 그는 이미 시간 관리의 가치와 이점에 대해 알고 있었다. 론은 고객의 보험평가를 하는 그의 일정을 상기하며 과제를 수행해야 했던 두 번째 과제 연습에서도 나타나듯이, 과제에 1.5시간을 할당하였다. 결국 그는 걸려오는 전화와 같은 예상 밖의 방해자극으로 과제가 지연되었지만 그럼에도 불구하고 계속해서 모든 과제를 완료하였다. 집단 지도자는 론이 자신의 '맡은 책무'를 고려하며 점차 편안한 수행을 할 수 있도록 장려하면서 과제가 쌓여 다음으로 미뤄지는 것에 대한 염려를 다루어 주었다.

성공적으로 우선순위 정하기 연습에서, 론은 불안(기한이 지난 과제와 관련한 것)이 실질적인 관련이 있으며, 이것이 지연행동을 더 악화시키는 데 기여함을 발견했다. 론은 관련된 자동적 사고("나는 금요일까지도 이 과제를 하지 못했고, 시작도 못했어… 나는 절대 이걸 다 하지 못할 거야.")를 확인하였으나 이미 자신의 비논리적인 사고가 맞다는 어떤 증거도 찾을 수 없음을 알고 있었다. 긍정적 시각화 기법을 적용해보도록 요청함으로써 론은 성공적으로 항공, 호텔, 렌트카, 기차표 예매하는 것을 사전에 잘 수행하였고, 성공적인 수행에 중요한 구체적인 단서들(예 : 여행 종착지에 관한 사진들)을 알게 되었다.

물리적 공간에 대한 조직화 기술을 적용해 보도록 구체적으로 제안되었을 때 론은 집에 있는 수년간 정리하지 않은 사무용 책상을 선택하였다. 론은 과제를 완료하기 위해 아내에게 도움을 요청하였고, 아내의 도움으로 통제하기 어려운 엉망인 상태에서 순서를 정하였다. 그가 공간을 나누고 왼쪽에서부터 오른쪽으로 정리해나가기로 계획을 짰음에도 불구하고, 시작하자마자 그는 책상 전체를 깨끗이 해야 된다는 압박감을 느껴 수많은 파일 폴더들을 만들고 이름을 붙였다. 하지만 2시간 30분이 지나면서, 론은 굉장한 만족감을 느꼈고 이 책상이 정리되고 유지될 수 있을 것이라는 확신을 갖게 되었다.

두 번째 물리적 공간(파일 서랍)도 성공적으로 정리한 후에, 론은 쌓아두는 것을 막기 위해 일주일에 한 번씩 박스를 비우기로 계획하였다. 그는 다양한 영역에서 성공적으로 깔끔함을 유지할 수 있었고, 다양한 조직화 과제의 수행 결과가 그에게 성취감을 가져다 준다는 것을 알게 되었다.

프로그램 후반부에는 오랫동안 지체했었던 계획인 CD 수집한 것을 정리하는 것에 관한 세부요소 순서도를 그렸다. 결과적으로 그가 의도했던 계획에서는 약간 벗어났지만, 그는 자신이 보인 진전에 만족감을 느꼈고 분명한 진전의 증거로서 CD 정리한 것의 사진을 가지고 왔다.

추후 회기에서 론은 그가 꾸준히 진전되고 있다고 보고하였다. 그는 업무에 거의 늦지 않았으며, 지난 한 달 동안 핸드폰 또는 열쇠를 잃어버리지도 않았다. 그리고 그의 차고를 정리하는 장기 프로젝트를 완료하여 아내를 기쁘게 하였다. 그는 지역 고등학교에서 주관하는 오랫동안 하고 싶어 했었던 저녁시간 외국어 과정에도 등록하였다. 스스로 점차 더 능숙해지고 효율적이라고 느끼며, 그는 MBA 프로그램을 탐색하기 시작했고, 이번 가을에 지원을 희망하게 되었다.

사례 개념화

론은 비교적 심각한 ADHD 증상들과 장기간의 장애, 알코올 중독, 불안, 우울과 같은 공존병리 내력이 있었음에도 불구하고, 변화하고자 하는 충분한 동기가 있었고, ADHD와 싸우는 과정에 온 에너지를 쏟았다. 그에게는 고등학교 시절 그를 지지했던 선생님과 코치가 있었기 때문에 치료자와 다른 집단원의 지지를 활용할 수 있었고, 과제에 도전의식이 요구됨에도 그 노력이 유지될 수 있었다. 그리고 회기에서 다룬 부정적인 자동적 사고에 관한 것이 그로 하여금 부정적 자기 귀인을 하지 않도록 도와주었다. 또한 성취 경험으로부터 느낀 기쁨과 자신감이 그동안 얻은 것을 견고하게 하고, 노력을 계속 유지할 수 있도록 돕게 되었다.

ADHD에 대한 의구심(환자가 진단을 부인하는 경우)

ADHD에 대해 의구심을 가진다는 것은 자신이 ADHD 문제가 있거나 경우에 따라서는 ADHD가 존재한다는 것조차 그대로 받아들이지 않는 것이다. 우울경향성으로 인해 취약한 자존감을 보호하려고 더 부인할 수도 있다. 어떤 환자는 진단에 대해 양가적이지만 집단 치료에 참여한다. 많은 경우 ADHD에 대한 심리교육을 받고 다른 집단원들을 통해 자신의 상태를 명확하게 알게 되고 지지를 받게 되면서 부인하는 태도를 버리고 자신의 어려움에 효과적으로 대처하게 된다. 다음에 기술한 사례와 같은 환자들은 첫 치료 시간에는 변화를 보이지 않지만 시간이 지나면서 변화에 대한 준비가 더 잘 갖추어지는 어느 시점이 되면 변화가 일어나게 된다.

사례 연구 : 레지나

주요 문제

레지나는 28세 된 미혼 대학원생으로 미술을 전공했다. 초조하고 안절부절 못하고(예 : 하루에도 15~25번씩 일어나지 않으면 컴퓨터로 작업을 할 수 없다), 주의집중이 어려우며(예 : 책 읽는 동안 주의 유지가 어렵다) 시간 관리가 어렵다(예 : 업무를 완수하도록 하기 위해서는 그 일을 제대로 하지 않으면 끔찍한 일이 일어날 것이라는 식으로 겁을 주어야만 한다)는 등의 문제로 프로그램에 참여했다. 또한 지나치게 정리정돈을 하다가 완전히 엉망진창으로 해 놓기도 하고 물건을 제자리에 두지 않는 일이 자주 있었다.

이러한 문제 외에도 레지나는 충동적이고 단정적인 성격을 가지고 있어 너무 성급하게 중요한 정보를 노출해 버려서 공격의 빌미를 주게 되는 상황이 있다고 하였다. 마지막에 레지나는 주제를 벗어난 대화를 하고 있다는 점을 인정하였는데 이는 임상 면담 동안 자주 관찰되는 패턴이었다.

레지나의 사적인 일과 직업과 관련된 일의 수행에 영향을 미치는 것은 '매우 우울하거나 우울한 상태에 있다는 것'임이 밝혀졌다. 이전에도 우울하기는 했지만 자살사고까지 포함하는 현재만큼은 아니었다. 그녀는 자신을 '기이하고 특이하며 속이 다 보이는 사람'이라고 하였다.

배경/과거력

레지나는 아동기에 처음 ADHD로 진단을 받았다. 그러나 정규간호사로 일하는 그녀의 어머니는 단호하게 정신과 약물 치료를 반대하였고 수년 동안 그 장애의 적법성에 의문을 제기하고 약물 치료가 미치는 영향을 강조한 글들을 딸에게 보여주었다.

23세 때 레지나는 남자 친구와 헤어진 후에 임상 사회복지사에게 개인 상담을 받았다. 그러나 치료는 4~5회기 만에 중단되었다. 최근 평가를 받기 직전까지 레지나는 우울증에 대한 정신과 약물 치료를 4개월 동안 받았다. 이 밖에도 스트라테라와 웰부트린을 시도해 보았는데 두 가지 약물 모두에서 부작용이 나타났고 치료적으로 도움이 되지 않았다. 최근 평가에서 레지나는 매우 소량의 리탈린(5mg) 치료를 받았다. 이 약물은 그녀가 보다 '정보를 더 잘 사용하는데'는 도움이 되었지만 심장을 너무 빨리 뛰게 하고 협심증을 유발시켰다.

진단

평가 결과 레지나는 ADHD 혼합형, 주요 우울 장애, 부분 관해, 기타 불안 장애(현재)로 진단을 받았다.

집단 치료 과정

집단 회기 처음에 레지나는 ADHD 진단이 과연 맞는지에 대한 의구심을 느꼈다. 자신의 문제는 누구나 어느 정도는 경험하는 것이고 자신의 경우에는 일상적이고 그렇게 중요하지 않은 일에만 국한되어 있다고 하였다. 의구심에도 불구하고 레지나는 집단에서의 지지적인 경험에 개방적인 태도를 견지하였고 시간 관리, 조직화와 계획하기의 어려움을 다루는 기술을 습득하려고 하였다. 집단에서 매력적이었고 유머감각도 드러내었다.

두 번째 회기에 들어와서 레지나는 원래 계획보다 하루 더 먼저 과제를 끝냈다고 하면서 '별것 아니라며' 일축하였다. 그렇지만 지속적으로 ADHD 진단에 대한 의구심을 제기하였고 엄격한 일정이나 제출 시기에 맞추어 과제를 완수하는 자신의 능력을 언급하였다. 두 번째 과제를 할 때 처음에는 계획만 세우고 실행은 하지 못했다가 자기 강화 수반성 기법을 통해서 과제를 완수하게 되었다는 사실에 대해서는 무시하였다. 어린아이같이 보상이 필요하다고 여겼고 많은 다른 사람처럼 자신도 기한이 되기 전에 과제를 완성할 수 있다고 주장하였다. 이 지점에서 치료자는 그녀로 하여금 과제 수행 기한 직전까지 활동이 지연되는 곤란한 상황을 상상해 보도록 하였다(예 : 예상치 못한 방해나 상황이 발생, 과제 수행에 필요한 것들을 부정확하게 추정, 압력 하에서 과제를 수행하는 스트레스). 집단 치료가 진행되어 가면서 레지나는 구체적인 기한이 없는 상황에서 특정 활동을 시작하지 못하는 자기 문제의 중요성을 경시하는 태도를 여전히 반복하였다. 프로그램 후반에 자신의 오래된 습관에 영향을 미치는 요인을 고려하면서 레지나는 특정 자동적 사고(예 : '해야만 한다'는 명제, 흑백논리)가 과제를 시작하는 데 치명적인 장애가 되는 것 같다는 이야기를 하였다.

시간 관리 연습에 대한 그녀의 접근과는 상반되게 레지나는 조직화된 구조를 만들어 내고 유지시키는 것을 아주 잘하였다. 열 번째 회기가 되기 전에 레지나는 집단 치료자에게 연락하여 직업상 업무/책임감으로 인해 지속적인 참여가 어려워 더 이상 회기에 참여하지 않겠다고 하였다.

사례 개념화

레지나가 진단이 합당하다고 받아들이지 못하는 태도는 집단 치료 과정 참여에 걸림돌이 되었다(예 : 그녀는 동료들에게 어떤 건설적인 말을 해 주거나 피드백을 제공하지 못하였다). 때때로 레지나는 과제를 완수하려는 노력을 했지만 자주 자신의 성취를 일축하였으며, 건조하고 내키지 않는 듯한 태도로 자신의 경험을 이야기하였다. 중요한 것은 레지나의 몇 가지 인지적 왜곡이 밝혀지면서 그녀가 보이는 꾸물대는 지연행동과 과제 회피에 영향을 미치는 정서적 요인의 역할이 드러났다는 사실이었다. 집단 프로그램의 실패가 시간 관리와 몇 가지 사항의 어려움이라고 할 수 있겠지만 레지나는 자신의 진단 상태에 대해 전적으로 인정하지 못했으며, 그에 따라 프로그램의 치료적 개입에 우선순위를 두지 않았다.

치료적 개입에 대한 제언

레지나와 같은 내담자들에게는 프로그램 초기에 회의적인 신념과 태도에 직면하게 하는 초점화된 노력이 변화 준비도를 높여 줄 수 있다. 특히 이런 사람들이 지속적으로 저항할 것인지 순응할 것인지의 상대적인 가치에 대해 프로그램에서 일찌감치 질문하게 할 수도 있다. 다른 내담자들의 경우 이 과정이 집단 치료를 받기 전에 개인 치료에서 다루어져야 할 수도 있다. 상세한 사항은 제5장에 기술되어 있다.

반항적인 환자

반항적인 환자는 자신이 ADHD라는 것에 대해서 저항하고 동시에 달라지거나 좋아질

가능성이 있다는 점에 대해서도 저항한다. ADHD에 비판적인 태도를 보이면서 강한 방어를 구축한다. 지속적으로 진단을 의심하던서 자신이 업무를 완수하고 집중하며 조직화 등을 잘할 수 있어야 한다는 신념을 가지고 있다. 이러한 신념은 전통적으로 매우 도덕적이거나 비판적인 부모 밑에서 자랐거나 어린 시절 아동이 부모와의 관계에서 통제감을 전혀 가지지 못했던 것과 깊이 관련되어 있다. 성인기까지 이러한 신념이 지속되면서 환자는 완벽하게 자기 통제를 해야 하고 완벽해야 한다는 생각을 계속 가지게 된다. 이러한 신념은 종종 마음속에 자리 잡고 있는 무능감과 실패에 대한 두려움을 감추고 있는 것일 수 있으며, 이로 인해 변화하려고 시도는 하지만 성공하지 못하게 된다. 반항적인 환자는 프로그램 초반에 치료나 치료자를 깎아내리려 하고 대개 자신이 왜 프로그램이 효과가 없다고 생각하는지에 대해 상세하게 설명한다. 과제를 하지 않음으로써 또 다른 실패할 가능성을 회피하여 결국에는 치료가 효과가 없다는 원래 생각을 확고히 한다. 반항적인 환자는 다음의 사례처럼 심각한 성격 문제를 방어하기 위해 ADHD 증상에 '매달려 있는' 것일 수도 있다.

사례 연구 : 크랙

주요 문제

크랙은 40세 된 기혼 남성으로 엔지니어이다. 자신의 '개인적 삶은 엉망진창이라'고 하였고 현재 정리정돈이 안 되는 문제를 보이고 있다. 그는 가사 업무, 재정 문제와 직장에서 보고서나 다른 서류 작업을 완성하는 등의 일상적인 일에 완전히 '짓눌려' 있다.

배경/과거력

과제 완성과 정리정돈과 관련된 크랙의 문제는 초등학교 3학년 때부터 시작되었는데, 그 당시 특히 에세이 쓰기와 기억력에 어려움이 있었다고 회상하였다. 이 문제는 고등학교까지 지속되었다. 대학교 1학년 때 읽어 가야 할 분량에 '짓눌려' 있었다고 기억하였다. 대학생활 내내 시험 준비하는 데 커다란 불안을 느꼈고 이로 인해 학기 말에 2~3주 동안 항불안제를 복용하였다. 시간에 맞추어야 하는 기말 프로젝트를 완성하지 못하여 '낙제'를 여러 번 받아 졸업이 1년 반 지체되었다.

진단

평가 결과 크랙은 ADHD, 부주의형으로 진단되었다.

집단 치료 과정

시작부터 크랙은 대놓고 치료가 자신에게는 효과가 없을 것이라고 직접적으로 이야기를 하거나 그런 암시를 주었다. 예를 들어 과제를 내주면 ADHD가 있기 때문에 잘할 수 없을 것이라고 하면서 거부하였다. 그러면서 ADHD가 있는 사람이 과제 수행에 어려움을 가지는 이유를 과장하여 이야기하였고 치료자로서 우리가 ADHD의 속성을 이해하지 못하고 능력이 부족하다는 암시를 주었다 그는 과거 몇십 년 동안 자신에게 효과가 없는 것으로 판명 난 다른 접근들의 예를 들었다. 그의 입장은 '과거에 나에게 효과가 있었던 것이 없었기 때문에 앞으로 어떤 것도 효과가 없을 것이다'였다.

회기가 지속되면서 크랙은 자신이 고장난 것을 수리하고 세금을 내는 등의 집안일을 완수하는 데 어려움이 있는데, 특히 세금을 내기가 힘들고 불안이 생겨 기한이 넘도록 꾸물댄다는 이야기를 하였다. 자신은 필요한 도구들이 없으면 잘할 수 없기 때문에 다른 사람들보다 몇 배 더 시간이 걸린다고 하였다. 그는 이러한 장애가 자신을 좌절시키고 동기를 저하시켜서 아예 잊어버리거나 중간에 실패하게 되는 것을 알게 되었다. 그러나 정확한 시간에 일을 완수한다면 다음에 무엇을 해야 되는지 의아해하면서 '목적 없이 표류하는' 느낌을 가지게 될 것이라고 생각하고 있었다. 적극적으로 자신을 독려하려 하지 않고 그보다는 스스로에게 '어떻게든 일을 해낼 수 있어야 했는데'라고 말하는 편이라고 하였다. 치료자는 크랙이 스스로를 독려하지 못하고 스스로에게 욕을 퍼붓는 기제와 지속적으로 사기를 저하시키는 성향이 있음을 분명히 해 주었다.

프로그램 중간에 크랙은 과제가 '요점이 없다'는 의견을 강하게 주장했는데, 예를 들면 ADHD가 있는 사람으로서 자신은 언제나 자극과 변화를 줄 수 있는 새로운 계획표를 찾아내야 하기 때문에 한 가지 계획표를 사용하는 것이 불가능하다고 하였다. 치료자와 집단원들이 그가 하는 말속에 부정적이고 자기 패배적인 사고가 내재되어 있다고 강조했고 그도 이 견해를 견지하는 듯하였다. 목록 적기, 우선순위 정하기, 주 단위로 할 일을 계획하기 과제에서 부분적으로만 성공하였다. 다음 회기에 해야 할 과제 목록만을 작성했다고 말했고 그것들의 스케줄을 잡으려고 했을 때 압도되고 혼란감을 느꼈음을 집단원들에게 인정하였다. 집단원들은 부분적으로나마 해 온 것에 지지와 격려를 보냈다. 일곱 번째 회기를 마치고 크랙은 '너무 부담이 되고' '시간 낭비'가 된다며 과제 해오기를 아예 포기하였다. 이 시점부터 회기에 늦기 시작했고 참석하는 횟수가 줄었으며 머리를 숙이고 쓸데없는 낙서를 하는 모습이 자주 관찰되었다. 한 회기에서는 집단원들에게 우선순위 정하기와 의사결정이 어렵다고 털어놓았다. 그는 자신이 그렇게 하고 나면 그다음에 무엇을 해야 될지 헤매게 되기 때문에 결정을 지체한다고 하였다. 이 말은 이전에 스스로를 독려하기가 망설여진다는 이야기를 할 때처럼 자신 내면에 우울감이 깔려 있으며, 스스로에 대해 부적절감을 가지고 정돈되지 않는 어수선한 활동들을 지속하면서 스스로 회피하고 있다는 점을 의미하는 것이었다. 조금도 변화하지 않고 새로운 방법을 해 보려 하지 않는 크랙의 강한 저항은 자신의 증상을 유지시키는 강한 전의식적 노력이 있다는 것을 의미하였다. 프로그램이 끝날 때 크랙은 '이미 여러 번 해 보았으나' 실패하였고 결국 어떤 진전도 할 수 없다고 좌절하였다.

사례 개념화

과제를 완성하지 못하고 분명히 실패할 것이라고 생각하는 크랙의 문제는 변화에 대한 강력한 저항이 있을 것이라는 것을 초기에 알려주는 단서가 되었다. 그의 취약한 자아는 자신이나 다른 사람의 기대에 부응하지 못하게 될 때 너무 쉽게 상처를 받아서 처음부터 이러한 기대를 드러내자 훨씬 덜 고통스러워하였다. 집단 내에서 자기-패배적이고 사기를 저하시키는 크랙의 기대와 예측을 강조함으로써 그의 문제들이 다루어졌다. 치료자와 집단원들이 먼저 제시한 이러한 개입 형태가 종종 참가자의 실패에 대한 두려움과 변화에 대한 저항을 극복하는 데 도움이 되기는 하지만 크랙의 경우에는 충분하지 않았다. 이 사례에서 추가적인 도전은 치료자가 크랙이 다른 사람들(치료자를 포함해서)과 자신의 어려움을 나눌 수 있도록 해 주는 것이었는데, 크랙이 보기에는 불가능한 일을 하기를 기대하는 것이고 궁극적으로 자기 보호적인 방어를 파괴하려는 것이었다.

크랙은 표면적으로는 자기 관리 기술에서 그다지 진전이 없는 것 같았지만 그의 지속적인 조직화 결함 문제를 덮고 있었던 내면의 우울의 일부와 접촉하는 것 같았다. 어느 정도 수준에서는 자신이 이 문제를 해결한다면 내적인 공허감과 부적절감에 직면할 수 있을 것이라는 사실을 알고 있었다. 이러한 문제들은 크랙이 자신의 인지적 · 행동적 ADHD 양상에 대처하는 데 실제적인 진전을 하기 전에 개인 심리 치료에서 분명히 언급되었을 것이다.

크랙과 같은 환자들은 그들이 하는 말이 두려하고 도움을 거절하면서 — 예를 들어 치료자가 능력이 없다는 뉘앙스를 풍기면서 — 치료자가 하는 최선의 노력을 빗나가게 하기 때문에 치료자에게 좌절감과 분노 감정을 일으킨다. 이러한 환자들을 지지하면서 유지하는 것은 매우 어려운 일이 될 수 있다.

치료적 개입에 대한 제언

집단 환경에서 치료자는 먼저 환자가 과제를 하지 못하는 이유를 찾아낼 수 있는데, 반항적인 환자의 경우 '하지 않을 거야'라는 신념 같은 것이 있을 수 있다. 집단 과정에서 적절한 시점에 치료자는 인지적 왜곡(예 : '점쟁이 오류')에 초점을 맞출 수 있으며, 다음의 예들과 같은 사고가 깔려 있을 수 있다.

"과거에 어떤 것도 해내지 못했기 때문에 앞으로도 못한다고 말하고 있는 것 같네요."
"이제까지 해 왔던 것이 이것이고 언제나 그렇게 될 것이라고 말하는 것 같네요."
"실제로 해보지 않은 채 되지 않을 것이라고 가정하고 있는 것 같네요."

환자가 집단 환경에 보다 더 익숙해지고 안정감을 가지면, 치료자는 환자가 가지고 있는 변화에 대한 두려움을 드러낼 기회를 가지게 되는데 – 그 사람이 가리려고 하는 것이 무엇인지 알아내는 것 – 이 경우 "이 문제가 없다면 당신의 삶이 어떻게 달라질지 궁금하다."와 같은 개방형 질문을 사용한다. 그렇지만 이러한 어려움은 개별 심리 치료에서 드러날 수도 있다.

의기소침한 환자

의기소침하거나 우울한 환자는 '꽉 막혀 있다.' 이러한 환자는 개인적 목표에 거의 도달하지 못하며, 그렇게 했다고 해도 좌절한다. 이들은 성급하고 스스로에 대해 좌절스러워한다. 성취한 것은 경시하고 자주 부적절감과 자기 비판을 한다. 우울하거나 의기소침한 환자는 피상적인 수준에서 치료 프로그램에 참여하는 것 같다. 다음 사례에서 제시되는 것처럼 이들은 과제는 성실하게 수행하는 반면에, 매우 중요하지만 자아에 위협적인 주제, 문제나 과제는 피하면서 성취감에 도움이 되는 쉬운 과제를 선택한다.

사례 연구 : 로라

주요 문제

로라는 40세 된 미혼의 프리랜서 기자이다. 초점화된 주의, '시간과 문서 관리', 계획과 조직화의 어려움과 관련된 문제를 가지고 있다. 30세에 언론학 석사 학위를 받은 후 신문사에 정규직으로 취직이 되었지만 과거 3년 동안 안정된 직장을 가지지 못하였다. 프리랜서 수입은 충분하지 않았다. 집안이 엉망진창으로 정리가 되지 않아 집에서 사람 만나기를 꺼려 하였다. 사교 생활에 더 많은 어려움을 겪었는데 효율성이 떨어져서 의미 있는 관계를 맺는 데 사용할 시간이 그리 남지 않았다. 외로움을 자주 느꼈고 미래에 대해 걱정하였으며 만성적으로 자신의 삶에서 진전이 없다는 것에 대해 좌절스러워하였다.

배경/과거력

로라는 외동으로 자랐다. 아버지는 성공한 변호사였고 어머니는 전업주부였다. 그녀가 반에서 일등을 못하면 부모는 종종 비판을 하곤 했다. 경쟁이 심한 사립학교에 다녔으며, 성적은 평균 혹은 평균 이상이었다. 2학년이 되면서 수업을 듣는 데 어려움을 보였고 교실 주변을 어슬렁거리며 답변을 불쑥 내뱉고 지나치게 말을 많이 하였다. 새로운 정보를 학습할 때 쉽게 피곤해하였고 물건을 잃어버리고 부주의로 인해 실수를 많이 하였다. 부모 도움으로 얻은 학교 성적으로 인해 아동기 문제는 과소평가되었다.

언론학을 전공하면서 로라는 강의를 수강하고 노트 필기하는 데 어려움이 있었다. 모든 강의를 다 녹음하여 보충하였다. 원고 기일을 맞추지 못하고 제대로 편집하지 못하여 신문 기자직에서 두 번 해고당하였다. 자기 분야에서 안정된 위치를 얻기 위해 어느 정도는 노력하였지만 실패하였고, 이로 인해 자신의 능력과 장기적 전망에 대해 점점 더 실망하게 되었다.

진단

평가 결과 로라는 ADHD 혼합형과 기분부전 장애 진단이 내려졌다. ADHD와 우울증 치료를 위해 약물 치료와 상담을 받으라는 권유를 받았으나 자신은 약물 치료에 반대한다면서 거부하였다.

치료 과정

첫 회기에 로라는 신체적으로 피곤해 보였고 스스로 자신의 삶과 경력이 '침체되어' 있는 것 같다고 표현하였다. 3년 전과 동일하게 여전히 실직 상태에 있다는 것에 대해 하소연하였다. 집단에서는 적절하게 그녀의 문제에 대해 공감해 주었고 다른 관련된 일을 찾아 보도록 격려하였다. 치료 프로그램에서 그녀가 세운 목표는 집안을 정리하여 혼란을 줄이고 구직과 같은 복잡한 일들을 좀 더 관리할 수 있을 만한 크기로 나누는 것이었다.

집단 프로그램의 첫 사분기 동안 로라는 성공하지 못하여 좌절하고 짜증스러워 하였다. 그녀가 호소한 문제는 자신이 성취한 것이 거의 없다는 점보다 몇 달 동안 해야 할 일의 목록이 있는데 대부분 수행하지 못하고 다른 날로 넘겨지면서 자신이 무능하게 느껴진다는 것이었다. 보다 더 탐색한 결과 로라는 과제를 수행하는 데 걸리는 시간을 과소평가하고 하루에 너무 많은 일을 하려고 한다는 점이 드러났다. 실망을 경험하면서 더욱 느리게 일하게 되고 쉬운 일에도 훨씬 많은 시간을 들이게 되었다. 이메일에 바로 답변하는 것과 같은 과제는 즉각적인 보상(예 : 완성감)을 주지만 시간이 너무 많이 들어서 장기 계획을 하여 구직에 필요한 일들을 할 시간을 거의 남기지 않았다.

자동적 사고를 기록하는 과제에서 '나는 너무 멍청하다' '나는 전혀 이해할 수 없다'와 같은 사고들이 드러났다. 로라는 상대가 자신의 이메일에 반응하지 않을 때 자신이 상대를 화나게 했거나 자신은 상대의 시간과 관심을 받을 가치가 없다고 생각한다고 하였다. 자신의 사고가 왜곡되었을 수 있다는 점과 '긍정적인 것을 평가절하하기'나 '독심술' 같은 왜곡이 있음을 받아들였다. 그러나 이러한 사고에 대해 재빠르게 논박을 하였는데 이는 피상적인 수준에서 이루어졌으며, 살짝 미소를 지으며 시종일관 만들어진 표정을 유지하였다. 자신이 기록한 것을 보면서 자신의 부정적 평가가 타당하다고 주장하였는데, 다른 집단원들이 이러한 생각에 도전하면 그저 미소를 지으며 고개만 끄덕였다. 느리게 일하는 것과 자기 규율 결핍과 같은 스스로 지각하는 부적절감을 강조하면서 동시에 자신의 성취를 최소화하는 태도를 유지하였다.

프로그램 후반 동안 로라는 자신의 사무실을 정리정돈하는 데 약간의 진전을 보였다. 세 군데를 정하여 체계적으로 정리하였다. 그러나 구직은 가장 큰 장애였고 논의한 결과 자신이 얻어야 하는 정규직 기자 역할을 자신이 잘할 가능성에 대해 심각한 불안감을 가지고 있었다. 최종 계획 프로젝트는 더 이상 구직활동을 하지 않아도 되도록 취직하는 것이었다. 여기에는 그녀가 가장 효과적으로 일할 수 있고 지속적으로 하고 싶어 하는 언론학 영역을 탐색하는 것이 포함되었다. 이 계획을 실행하는 것에 대해 매우 양가적이었는데 그녀는 '정서적으로 부담이 된다'고 하였다. 프로그램이 끝날 때까지도 로라의 마지막 프로젝트는 거의 진전이 없었다. 과제를 회피하였고 현재 하는 업무가 남아 있어서 그 일을 할 시간과 에너지가 거의 없다고 호소하였다.

사례 개념화

로라는 자신의 ADHD와 우울 진단에 대해 추상적으로 인식하고는 있었지만 집단을 통해서 부정적 감정을 경험하고 아동기 학교 성적과 행동에 대한 부모의 충족되지 못한 기대에서 부분적으로 비롯된 이상적 자기의 상실감을 애도하지는 못하였다. 쉽게 할 수 있는 과제를 선택해서 자신의 완벽주의와 자신에 대한 신뢰를 유지하려고 하였다. 그녀가 약물 치료를 거부하는 이유도 이와 관련되어 있는 것 같다. 집단 속에서 그녀는 자신의 부적절감에 대한 감정과 두려움을 인식할 수 있었지만 슬픔을 표현하기는 주저하였다. 더욱이 그녀와 집단 구성원이 그녀의 인지적 왜곡으로부터 현실적인 지각을 끌어내도록 하는 것은 어려웠다.

로라와 같은 환자들은 처음에는 진전 없이 치료자에게 좌절과 짜증스러운 감정을 촉발시킨다. 치료자와 집단원들은 무망감과 우울감을 지각하기보다는 실제적인 목표 달성(구직과 같은)의 어려움을 표현하는 책략에 휘갈리게 된다. 치료자는 환자가 자신의 감정을 보다 잘 조절하게 하면서 잃어버린 시간 및 기회와 관련된 슬픔과 불안을 강조하고 자신의 불안전함을 받아들이게 한다.

치료적 개입에 대한 제언

로라와 같은 환자에게는 서로 엉킨 우울과 ADHD를 충분히 탐색하고 표출할 수 있으며, 특히 인지적 왜곡을 정확한 지각에서 분리해낼 수 있는 개인 치료가 필요하다. 집단 치료 맥락에서 이러한 환자들의 결함 영역과 의미 있게 관련된 단 · 장기 목표 및 이와 연관된 과제를 선택하도록 하는 것이 중요하다. 집단에서 안전감을 느끼는 만큼 자기 노출이 격려될 수 있으며, 회피 행동이 일어날 때 이를 명백히 하고 부드럽게 도전하게 한다.

주지화하는 강박적인 환자

심리학 용어로 사고하고 적극적으로 관찰하고 해석하려고 애쓰는 주지화 환자는 처음에는 이상적인 환자처럼 보인다. 이러한 유형의 환자는 치료자로 하여금 자신이 매우 성공적으로 의사소통하고 있으며, 환자에게 새로운 통찰을 이끌어내고 있다고 믿게 할 수 있다. 그러나 시간이 흐르면서 환자의 지속적인 자기 분석이 실제로는 변화로부터 보호하면서 그에 대한 저항을 감추는 주지화 방어라는 것이 드러나게 된다.

사례 연구 : 막스

주요 문제

막스는 스스로 찾아온 37세 독신 남성인 법학 전문대학원 2학년 학생이었다. 제시간에 과제를 수행하는 데 어려움이 있다고 호소하였다. 그는 이러한 지연을 시간 추정과 생각에 대한 조직화 문제로 귀인하였다. 그는 유사한 문제가 자신의 삶 속에도 있다고 하였는

데 청구서 지불이나 다른 집안일, 시간 관리, 계획하기, 개인 소지품 관리를 잘 못 한다고 하였다. 동시에 막스는 완벽주의와 시험 불안이 있고 과거에 통찰 지향 우울 치료를 받았다고 하였다.

배경/과거력

막스는 초점 주의력과 과제 완성을 하는 데 평생 동안 어려움을 겪었다. 전문직 부모 사이의 외동아들로 매우 똑똑하고 조숙하였고 과활동적인 아동이었으며, 고등학교 졸업반이 되기 전까지는 학업에 전혀 어려움을 겪지 않았다. 그 당시 졸업 논문을 완성하는 데 '한 단계, 한 단계'에 모두 어려움을 겪었다. 그럼에도 불구하고 우수상을 받고 졸업하였고 아이비리그대학에 들어갔다. 대학에서 찾게 된 자유를 맘껏 즐겼고 즉각적으로 몇 군데 캠퍼스 정치 모임과 운동 모임에 가입하였고 종종 학업에서 앞서나가기도 하였다. 수업에 자주 빠졌고 과제와 기말 보고서를 밤을 세운 후에야 늦게 제출하거나 낙제를 하기도 하였다. 전공을 그 시점에서 관심이 가는 영역들 – 정치, 철학, 동양 종교 – 로 여러 번 바꾸었다. 4년 내 졸업할 수 있었고 A학점도 몇 개 있었지만 전반적으로 낮거나 보통 정도의 성적으로, 그가 느끼기에 보다 열심히 했으면 할 수 있을 것이라고 생각한 수준에 훨씬 못 미쳤다. 대학을 졸업한 후 직업을 가질 것인지 대학원에 갈 것인지에 대해 계획이 없는 상태에서 막스는 몇 군데 비영리 사회 정의 및 환경단체에서 일하였고 후에는 유럽과 아시아를 여행하면서 프리랜서 작가로 일하였다. 30대 중반이 되어서 법학 전문대학원에 들어갔지만 대학에서 경험했던 학습 조직화의 어려움을 다시 경험하였다. 집단 치료에 참여했을 당시에 그는 학업 중단 상태였다. 기분, 불안과 학습 장애의 가족력이 있었다.

진단

막스는 ADHD 혼합형, 달리 세분되지 않는 불안 장애, 달리 세분되지 않는 우울 장애, 관해 상태 진단이 내려졌다. 평가받고 집단에 참여할 당시 부프로피온, SSRI와 혼합 암페타민(아데롤)을 복용하고 있었다.

집단 치료 과정

막스는 처음에는 매우 순종적이고 협조적인 것 같았다. 모든 회기에 참여하였고 대부분 정각에 도착하였고 새로운 과제들의 의미와 그것들을 어떻게 삶에 적용할 것인지에 대해 자주 이야기하였다. 자발적으로 토론에 참여하였고 자신의 갈등을 탐색하였고 다른 사람의 문제에 공감해 주었다. 막스는 매우 통찰력이 있어 보였다. 지적인 논평을 하였고 개념, 원칙과 회기 기법을 쉽고 적절하게 적용하여 토론하였다. 예를 들면 집단 치료자가 집단원들이 뭔가를 작성하는 동안 전화 받으러 나가면, 치료자가 '자투리 시간'을 잘 활용한다며 우스갯소리를 하였다. 또 다른 경우에 자신의 자동적 사고, 가능한 인지적 왜곡과 논쟁거리에 대한 사려 깊은 통찰을 나누었다.

그러나 회기가 진행되는 동안 막스가 기껏해야 과제를 부분적으로만 완료하였다는 것이 드러났다. 과제 연습을 검토하는 동안 막스는 전반적인 것에 대해서든 과제에 대해서든 자신이 왜 그렇게 하였는지에 대해 분석하고 설명하는 데 아주 달변이었다. 자신의 기질, 성격 특성과 과제 형식이 서로 달라 양립되는 것에 대해 자신이 염려하는 바를 나누었다. (치료자는) 실존적인 방식으로 과제를 완성하기를 진심으로 원했는지 공간을 잘 정리하였는지 등의 여부에 대해 질문하였다. 하루 일과를 조직하는 방식을 바꾸는 데 분명한 저항을 보였으며 '자신이 저항하는 외적 차원'으로 시간 측정을 언급하였다.

치료자와 집단에서 주는 피드백과 일치되게 프로그램 중간에 막스는 점점 과제 자체를 수행하는 것보다 자신이 저항하고 저항을 합리화하는 데 더 많은 에너지를 쓴다는 것을 깨닫게 되었고, 과제를 완성하기 위해 더 열심히 하기 시작하였다. 그는 자신이 매사 99%는 완성하면서 어느 것도 완벽하게 마치지 못하는 이유를 찾아내려 하였다. 집단에서 논의한 인지행동 치료 원리를 적용해서 과제를 두루 살피고 평가하여 수행 불안을 야기하고 교사와 사장에 대해 적대적인 입장을 취하게 하는 '자신의 머릿속에 있는 위원회'를 찾아내었다. 또한 자신은 정리정돈을 제대로 할 수가 없으며, 그 때문에 자신은 정리정돈을 못하는 것이 의미하는 '성공을 할 자격이 없다'는 의미 있는 발견을 했다고 하였다.

사례 개념화

막스가 자주 보이는 지루할 만큼 길고 얼핏 보기에 통찰력 있어 보이는 논평과 관찰이 처음에는 그가 집단 회기 밖에서 실제로 한 수행이 얼마나 보잘 것 없는지를 감추어 주었다. 과제를 하지 못하는 것이 초기에는 잘 합리화되었으며, 치료자로 하여금 그가 프로그램에 협조하기 위해 최선을 다하고 있는 것으로 여기도록 하였다. 그러나 책략을 수행하는 것에 대한 저항이 보다 표면화되었고 주지화의 방어적 속성도 또한 표면화되었다. 회기 중에 막스는 궁극적으로 스스로나 다른 사람이 자신에게 기대하는 만큼 성공하지 못할 경우에 변명하려는 의도에서 자신의 ADHD 증상을 포기하기를 주저한다는 점을 보다 더 자각하게 되었다. 과제의 99%만을 수행하게 만드는 부정적 평가, 거부 혹은 비판에 대한 두려움이 그로 하여금 실제로 자신이 한 것에 대한 통제를 왜곡하게 하고 마지막 순간에 지연하게 하고 있었다. 그가 언급하였듯이 한 과제를 완성하는 것은 다른 것이 진행된다는 것을 의미하였다.

막스의 흥미롭고 정교한 자기 분석은 그 자신이나 타인으로 하여금 보다 핵심적인 자각을 가리는 '안개막' 역할을 하였다. 그의 주지화 방어는 그가 비판을 받아들이고 자신이나 타인을 실망시키는 것에서 보호하는 역할을 하였다. 동시에 그것들은 치료자로 하여금 환자들이 치료에서 가지는 효과를 잘못 파악하게 하였다.

치료적 개입에 대한 제언

이 사례는 과제 완성을 상세하게 살펴보는 것의 중요성과 집단상황에서 당혹감을 유발함이 없이 참가자에게 가하는 적절한 압력의 정도를 파악해내는 치료자의 딜레마를 보여주고 있다. 집단 프로그램 초기에 치료자는 환자의 비순응 행동과 이와 더불어 나타나는 언어 패턴에 직면하고 탐색하는 것을 고려해 볼 수 있다. 집단 치료가 진행되어 가면서 더욱 많은 개인사가 공유되고 치료자는 환자가 만성적으로 다른 사람을 실망시키는 개인사를 가지고 있음을 확실히 알 수 있게 되며, 이를 집단 토론 주제로 일반화할 수 있다. 모든 환자들에게 과제를 완수하려는 노력에 대해 지지하고 강화하는 것은 특히 중요하다.

요약

앞의 사례들을 통해 공존병리, 성격, 방어 양식에서의 개인차가 집단 맥락에서 어떻게 인식되고 표현되는지 기술하였다. 일부 사례에서 앞에 기술된 환자들은 집단 치료와 동시에 혹은 후에 받는 개인 치료에서 도움을 받았다. 개인 치료에 대한 집단 CBT 적용이 다음 장에 기술되어 있다.

제5장

개인 치료에 사용하기 위해 치료 양식 변형하기

JEANETTE WASSERSTEIN, MARY V. SOLANTO, DAVID J. MARKS

인지행동적 접근은 개인 치료에 쉽게 적용될 수 있다. 이 접근은 치료자들로 하여금 특정 기술의 부족, 치료와 관련된 환경, 치료 목표, 치료의 속도, 혹은 정서적 장애 등 환자 개인의 욕구에 따라 치료를 개인화하는 것을 가능하게 해 준다. 더 나아가서 집단 치료가 적절하지 않은 공존병리를 가진 환자들도 개인 치료로부터 도움을 받을 수 있을 것이다.

개인 치료가 더 나은 선택인 경우는 언제인가

개인 치료에서는 개인의 욕구에 따라 치료를 변형하는 것이 가능하다. 예를 들어 ADHD를 가진 대부분의 성인들이 시간 관리와 조직화에 있어서 어려움을 겪지만, 때로는 조직화에 어려움을 거의 겪지 않는 사람들도 있는데, 이런 사람들은 치료의 초점을 시간의 효율적 사용에 맞추도록 변형함으로써 더 많은 도움을 받을 수 있다.

개인 치료 형식은 또한 서로 다른 직종이나 전문직에서 필요로 하는 특별한 요구나 직장 환경에 치료 전략을 맞출 수 있게 해 준다. 예를 들어 작가는 종이에 자신의 생각을 조직화할 수 있어야 하고, 적절한 시간만큼 한 가지 프로젝트에 방해받지 않고 집중해서 일할 수 있어야 한다. 다른 한편 법률가는 다양한 사건들의 과정을 동시에 추적할 수 있어야 하며, 각각의 변화하는 요구에 적절한 시간 내에 대응할 수 있어야 한다. 한편 작가에게는 주의집중을 지속하고 이를 방해하는 자극에 저항하는 전략이 중요한 반면 법률가에게는 일을 시작하고 사건을 추적하면서 다른 사건으로 주의를 전환할 수 있는 작업기억을 지원할 수 있도록 돕는 것이 더 중요할 것이다.

개인 치료의 두 번째 장점은 치료의 속도를 개인에 맞추어서 변형할 수 있다는 것이다. 어떤 환자들은 집단 치료 일정표가 예정한 것보다 더 빨리 학습하고 진보할 수 있을지도 모른다. 한편 예를 들어 학습 장애가 있는 사람들의 경우 작업하고, 연습하고, 궁극적으로 어느 정도의 혹은 대부분의 전략들을 자신의 것으로 동화시키는 데 다른 사람들보다 더 많은 시간을 필요로 한다. 이러한 사례들의 경우 보다 더 강한 지지와 정교화와 연습을 위해 집단 프로그램과 동시에 개인 치료 회기를 진행하는 것이 적절한 대안일지도 모른다.

세 번째 장점은 ADHD를 지닌 환자들 중 변화에 대해 강한 정서적 저항을 경험하는 일부 환자들에게 개인 치료가 도움이 될 수 있다는 것이다. 앞의 장에서도 이야기한 바 있지만 개인에 따라, 예를 들어 자신의 ADHD를 부인하는 사람들, 심하게 반항적인 사람들 우울한 사람들, 도덕심이 없는 사람들, 완벽주의자들, 혹은 실패를 두려워하는 사람들은 비록 이러한 주제들이 집단 치료에서도 다루어지기는 하지만, 이 문제들이 좀 더 잘 다루어질 수 있도록 개인 치료를 필요로 할 수도 있다.

마지막으로 어떤 사람들에게는 환경적 요인 때문에 개인 치료가 더 나은 선택인 경우가 있는데, 예를 들어 지역사회에서 자신이 노출되는 것을 꺼려 하거나, 집단 치료 회기 시간을 자신의 스케줄과 맞출 수 없는 사람들의 경우가 그러하다.

집단 치료가 바람직하지 않을 때는 언제인가

자기 관리 기술을 발전시키기 위해 인지적인 개입을 필요로 하는 사람들 중에서 집단 형식이 적절하지 않은 사람들은, 문제가 될 수 있는 공존병리를 가진 사람들이거나 보다 독특한 치료적 욕구를 가진 사람들이다. 환자들 중 이런 하위 그룹은 (1) 집단 과정을 망가뜨리는 사람들, 예를 들어 공격적 성향을 가지고 있어서 다른 집단원들을 소외시키는 사람, (2) 심각한 사회 공포증을 가지고 있어서 사회적 상황에서 극단적으로 불편한 사람, (3) 집단 상황에서 적절하게 다루어지거나 관리가 가능하지 않은 정신병리를 가지고 있거나, 혹은 보다 즉각적인 주의를 요하는 중요한 임상적인 문제를 가진 사람들, 예를 들어 경계선 성격 장애, 자살사고나 의도, 그리고 약물 남용이나 의존의 문제를 가진 사람들이다.

개인 치료를 위한 평가와 계획

ADHD를 가진 대부분의 사람들은 예측 가능한 패턴으로 분류할 수 없는 다양한 실행 기능상의 장애를 가지고 있다. 예를 들어 어떤 사람들은 우선순위를 정하는 것을 못하고, 어떤 사람들은 일을 시작하는 것을 못하고, 어떤 사람들은 작업에 소요되는 시간을 추정하지 못하고, 어떤 사람들은 공간을 조직화된 방식으로 정리하는 일을 하지 못한다. 그러므로 치료가 효과적이기 위해서는 치료자들이 개인의 결함과 장점을 전반적으로 평가해야만 한다. 인지행동 치료 프로그램은 고도로 구조화되어 있기 때문에 집단 프로그램에서 내담자의 욕구에 따라서 개인 치료를 위한 회기들을 선택할 수 있는데, 일반적으로 집단 치료에서 2~6회기에서는 시간 관리에 대한 것을 다루고 7~9회기는 조직화하는 것을 다루며, 10~12회기는 계획을 세우는 것을 다룬다(91쪽의 치료 매뉴얼 참조).

이 장의 끝에 있는 환자의 기술에 대한 구조화된 질문지를 통해 치료자는 개인 환자의 수행 기능과 자기 관리 기술에 대한 체계적인 질문을 할 수 있다. 환자가 처해 있는 맥락을 이해하기 위해 환자의 장점, 단기 목표, 개인적 강화인자들, 부적인 수반성뿐만 아니라 집에서나 직장에서의 의무와 책임에 대한 질문에서부터 조사를 시작한다. 표 5.1의 내용은 치료자가 환자의 취약한 기술(예 : 소요 시간을 추정하는 것, 분류 체계를 확립하는 것)에 대해 체계적으로 질문할 수 있도록 안내해 준다. 그리고 실행 기능(예 : 일의 시작, 억제, 주의 유지, 계획), 잠재적 어려움을 가진 특정 과제 영역(예 : 우편물의 분류, 청구서 지불하기)뿐만 아니라 정서적 어려움(예를 들어 부도덕, 완벽주의)도 다룬다. 그러나 이러한 것들에 대한 훨씬 더 많은 정보들이 치료에 앞선 광범위한 진단 과정으로부터 얻어진다.

표의 중간 칸에 나열되어 있는 회기 내에서 습득해야 하는 중요한 기술들은, 왼쪽 칸에 표기된 각각의 역기능이나 결함을 다루기 위해 필요한 전략이나 기술들이다. 또한 그것을 다루는 회기 번호는 오른쪽 칸에 명시되어 있다. 각각의 회기에는 집에서 할 수 있는 과제와 이를 반복하고 확장하고 변형할 수 있는 과제들이 제시되어 있다. 예를 들어 시간 지각과 관련된 어려움이 있는 환자는 여러 가지 시간 – 추정 혹은 시간 – 일지 연

표 5.1 회기별로 지정된 기술 위계

기술 위계	전략	회기
1. 매일 시계 착용하기	• 이점을 논의한다.	2
2. 일정관리수첩	• 수첩 사용의 방법과 이점	2
	• 우선순위 정하기	4
3. 적절한 시간에 잠자리에 들고 일어나기	• 저녁과 다음 날에 대한 적절한 계획	4, 선택적임
	• 알람과 인센티브의 사용	
	• 현재 활동의 중단/억제	
4. 직장, 약속, 혹은 다른 일에 제시간에 가기	• 소요 시간 추정과 계획 • 현재 활동의 중단/억제	2
5. 일상적 과제 완수		
a. 하루의 계획 세우기 b. 일주일 계획 세우기	• 우선순위를 정하기 위해 과제 목록을 검토하고 일일과 주간의 계획 세우기	4
c. 제시간에 과제 시작하기	• 적절한 소요 시간 추정	2
	• 과제를 관리 가능한 크기로 작게 만들기	
	• 자기 보상 수반성	3
	• 불안으로 인한 회피를 극복하기	5
d. 방해자극을 피하거나 극복하기	• 물리적 자극, 사람들로 인한 주의 분산을 피하기 위해 일터를 정리하기	7, 8
e. 제시간에 과제 완수하기	• 적절한 소요 시간 추정	2
	• 과제를 다룰 수 있을 만한 수준으로 나누기	3
	• 자기-보상 수반성	3
f. 과제를 적절한 때 멈추기(억제하기)	• 자기 알림(알람)	
	• 지나치게 몰두하는 것을 피하기	
6. 장기 프로젝트		
a. 계획하기	• 순서도의 사용	10
b. 완수	• 보상을 시각화하기	6
7. 조직화	• 구체화(준비작업), 실시, 그리고 조직적 체계를 유지하기	7, 8, 9
8. 정서적 문제	• 회기 중이나 집에서 하는 과제로 '자동적 사고'를 식별하고 다루기	5
	• 필요한 만큼 사고 일지 반복하기	

습을 할 필요가 있지만, 반면에 공간을 조직화하는 일이나, 운동을 시작하는 일이나, 혹

은 자동적 사고를 논박하는 것에는 시간을 덜 쓸 것이다. 또 어떤 사람은 일의 우선선위를 정하거나 짧은 일간, 주간 계획표나, 보다 긴 복잡한 프로젝트를 계획하는 것에 더 초점을 맞춰야 할 필요가 있을 것이다. 또 어떤 사람은 목표 기술 습득과 더불어 부적 귀인이 어떻게 고정화되었는지에 초점을 맞추어, 브다 전형적인 심리 치료 회기로의 길을 열어줄 수도 있다. 궁극적으로 개인화된 치료적 접근은 프로그램 형태를 유지하면서도 보다 융통성 있고 목표 지향적이라고 할 수 있다.

또한 목표하는 수행 기능이나 프로그램이 가르치는 기술에 대한 보다 거시적 안목을 가질 수 있다는 점에서 치료자와 환자에게 이것은 유용하다. 이런 종류의 이해를 통해 치료자는 환자가 가장 원하는 치료의 지점을 알아낼 수 있다. 치료의 범주는 다음과 같다.

- **자기 관리 기술 :** 과제들을 작은 부분으로 쪼개기, 자기 강화 수반성, 보상/결과에 대한 시각화, 자동적 사고를 인지하고 논박하기, 반복적인 행동들의 리듬 만들기(예 : 식료품 사는 날이나 세탁하는 날 정하기), 그리고 환경적인 조정(예 : 방해자극의 감소, 구조화를 증진시키기, 종이나 컴퓨터상의 계획표에 자신과의 약속 적기)
- **시간 관리 기술** : 과제 목록 만들기, 시간 추정, 우선순위 정하기, 순서도 만들기, 서면이나 컴퓨터로 계획표 작성하기
- **공간 관리 기술** : 소지품의 위치 정하기(예 : 모든 물건에 '자기자리' 정하기), 물건들을 사용자 편의에 맞게 배치하기(예 : 출입구에 열쇠 두기), 축적되는 물건들(예 : 옷, 책, 문서 등)을 분류하기 위한 '보관할 것 – 당장 쓰는 것 – 버리는 것' 체계 만들기

개인 치료 실시하기

주제를 정하고 고수하기

일반적인 행동 치료와 인지행동 치료, 그리고 특별히 ADHD를 위한 인지행동 치료에서는 치료의 목표를 달성하기 위해 치료자가 특정한 주제와 절차를 고수하는 것이 요구된다. 집단 치료 형태에서는 치료 회기가 구조화된 교육과 토론으로 구성된 반면, 개인 CBT의 경우 치료자가 환자의 요구에 적합한 그날 그날의 주제, 위기, 문제들을 논의로 끌어들이기가 쉽다. 그렇게 되면 치료자는 아마도 자신이 환자의 문제를 치료하고 기술을 증진시키기 위해 체계적으로 일한다기보다는 '급한 불 끄기'를 하고 있는 것을 발견할 것이다. 이러한 위험성은 치료의 시작지점에서 프로그램의 전체적 개관을 제시하고 각

회기의 일반적인 형식을 정해 놓음으로써 줄어들 수 있다.

각각의 회기에서 치료자는 한편으로는 그 회기의 주제를 고수하고, 다른 한편으로는 환자와의 라포를 유지하면서 정서적 위기를 다루는 것 사이에서 균형을 유지하기 위해 노력해야 한다. 그러한 목적을 위해서 각각의 회기를 시작할 때 치료자는 환자가 회기 내에서 하는 말이나 걱정거리에 대해 잘 경청해야만 한다. 만일 그것이 현재 논의하고 있는 과제 연습이나 전략과 관련이 없다면, 치료자는 그 내용이 정말로 중요한 정서적 문제인지 혹은 내면의 저항을 보여주는 조직화된 치료 작업에 대한 장애물인지를 판단해야 한다. 더 나아가서 치료자는 그 문제가 즉각적으로 다루어져야 할 만큼 충분히 중요한 것인지, 혹은 회기의 후반부로 미루어도 될 문제인지를 결정해야 한다. 만일 후자라면 치료자는 "이 문제가 당신을 힘들게 하고 있는 것 같군요. 그러나 우리는 초점을 잃지 않고 지난주 과제 연습에 대해 논의하는 데 시간을 써야 할 것 같고, 그러고 나서 나머지 시간을 지금 말씀하신 문제에 할애하는 게 좋을 것 같네요."라고 이야기해야 한다. 그런데 만약에 그 문제가 너무 복잡해서(예 : 가까운 관계에서의 중요한 문제들, 대학원 응시 준비, 진로나 직업 선택 등) 한 회나 그 이상의 회기를 필요로 할 것 같으면 그런 경우에는 그 목적을 위해 새로운 회기를 계획할 수도 있을 것이다. 그렇게 함으로써 치료자는 의도적으로 환자의 주목을 끌면서 좋은 시간 관리의 모델이 될 수 있다(시간 추정, 우선순위 정하기, 계획, 일정 잡기).

개인 치료의 또 다른 문제점은 매 회기마다 집단원들에게 제시되는 자료들을 무시하고 싶은 유혹이다. 그 자료들은 아마도 대화가 치료의 가장 중요한 절차적 방법인 치료자들에게 있어서는 개인 치료 회기에서 환자에게 교육적 자료로 제시하기에는 너무 '형식적'으로 느껴질 것이다. 그러나 이런 자료들은 ADHD에 있어서 특징적인 결함을 제거하는 데 매우 중요하고, 그 회기에서 제시되는 전략에 대한 자세한 이론적 배경을 제공해 준다. 그러므로 이 전략을 환자의 일상 생활에 동화시키고 일반화하는 것을 촉진한다.

개인 치료에 있어서 과제 연습을 검토하는 데 적절한 시간 안배는 아마도 10~15분 정도일 것이고, 새로운 과제를 소개하고 논의하는 데 20분 정도, 다음 과제 연습을 설명하고 예상되는 어려움을 설명하는 데 10~15분 정도이다.

과제 연습의 검토

집단 치료에 비해 개인 치료의 중요한 이점 중 하나는 과제 연습에 나타난 환자의 경험을 보다 깊이 있게 검토할 수 있다는 것이다. 집단 프로그램에서처럼 각각의 개인 치료 회기는 특히 과제의 완수를 방해하는 정서적 · 인지적 문제들을 다룰 때 과제 연습을 검토하는 것으로 시작된다. 치료자와 환자가 함께 과제 연습의 성공과 어려움의 이유를 탐색하기 위해 연습 과정과 결과를 분석하는데, 과제를 못했거나 부분적으로만 완성한 이유을 살펴보고, 효과적으로 사용된 다른 대안적이거나 부가적 전략들을 찾아내는 것을 목표로 한다.

치료자는 반드시 꼼꼼하고 지지적인 태도로 과제에 대해 질문해야만 한다. 치료자가 치료의 시작 시점에서 미리 환자로 하여금 과제에 포함된 연습 중 일부는 상당히 완수하기 어렵다는 것을 이해할 수 있도록 돕는 것이 중요하다. 이러한 어려움을 극복해 나가는 과정이 궁극적으로 치료가 효과적이도록 하는 밑거름이 되기 때문이다. 또한 환자의 노력과 완전한 성공이 아니더라도 성공에 거의 가까운 성공 경험에 대해 환자에게 강화를 주는 것도 중요하다.

또한 개인 치료자가 환자가 과제 수행을 실패하는 원인이나 과제를 할 마음이 부족해서 피상적인 노력만을 하는 원인이 무엇인지에 대해 질문하는 것이 매우 중요하다. 물론 과제를 완수하는 것을 방해하는 명백한 외부적 환경이나 조건들이 있을 수 있지만(질병, 예상치 못했던 갈등, 혹은 다른 위기), 반복적인 변명이나 피상적인 노력은 우울이나 혼란, 불안, 실패에 대한 두려움, 저항, 혹은 진단에 대한 부인 등을 신호하는 것일 수도 있다. 실제로 치료에 대한 저항은 과제 연습에 대한 환자의 접근 방식에서 가장 빨리 드러난다. 치료자는 옛말대로 제3의 귀로 듣는 것이 중요한데, 환자의 내부에 깊숙이 자리한 갈등들이 치료에 대한 저항에 일조하기 때문이다. 예를 들어 환자에게 성공 억압(sucess inhibition) 그리고/혹은 학대의 경험이 있는 것은 경우에는 이것이 일반적인 ADHD 증상들을 더 복잡하게 만들거나 악화시킬 수 있다(Bemporad, 2001 참조). 개인 치료는 이러한 정서적 장애물들이 적절한 시간에 편안하고 개별적인 방식으로 인식되고 다루어질 수 있는 환경을 제공한다. 우리의 연구를 포함해서(제6장 참조) 인지행동적 개입의 효과성에 대한 연구 결과들이 반복적으로 과제를 잘 수행하는 것이 치료의 긍정적 결과와 유의하게 관련된 핵심 요소라는 것을 보여준다는 것을 마음에 새겨두는 것이 좋다.

마지막으로 집단 치료에서와 마찬가지로 환자들에게 각각의 새로운 과제에 소개된 전략들을 지속적으로 활용해서 그러한 전략들이 그들의 일상에서 자기관리 목록의 일부가 되어야만 한다는 사실을 환기시키는 것이 중요하다.

종결

종결에 대한 계획은 다음과 같은 때 시작된다. (1) 환자가 CBT 전략들을 완전히 습득하고 그 전략들을 일상 생활에 잘 접목시킬 때, (2) 치료의 초점이 정서적인 문제[예 : 불안, 우울, 외상 후 스트레스(PTSD) 혹은 성격 장애]로 옮겨갈 때 그리고 치료자가 자신의 기술이 더 이상 환자의 욕구와 일치하지 않는다고 생각될 때이다.

코너스 성인 ADHD 평정척도(CAARS), 시간 엄수하기, 조직화, 시간 관리 계획 척도(ON-TOP) 혹은 실행 기능 행동 평정척도(BRIEF) 같은 표준화된 척도들을 재시행하는 것이 호전의 정도나 염려되는 나머지 영역을 파악하는 데 도움이 될 수 있다. 만약 시간과 자원이 허락한다면 적절한 치료가 끝난 후에 일정기간 연장된 '유지' 치료를 하는 것도 도움이 된다. 그 기간 동안에 치료자와 환자는 일상 생활의 스트레스를 경험하는 동안에 치료 결과가 얼마나 잘 유지되고 있는지 관찰할 수 있고, 그리고/혹은 어쩔 수 없이 변화하는 상황적 요구에 맞추어서 습득한 기술들을 계속적으로 잘 사용하는 것을 강화할 수 있다. 일정 정도의 유지 치료 과정을 미리 계획할 수 있는데, 처음 3~6개월에는 한 달에 한 번, 나중에는 필요에 따라 부가적인 회기를 계획할 수 있다.

나머지 시간에는 CBT의 일반적인 종결 원칙과 과정이 적용된다. 치료자가 환자와 치료 과정에서 이루어진 진전을 검토하고 특히 변화된 습관, 새로 얻게 된 통찰들과 학습한 전략들을 인지하고, 미래에 예상되는 어려움을 검토하고 그리고 이들을 어떻게 알아내고 다룰 것인지에 대해 논의한다. 또한 관련 기술을 기록 형태로 요약하는 것이 미래에 참고하기 위해 매우 유용할 것이다. 12회기의 과제 노트는 이러한 목적에 잘 부합한다. 전국적 수준에서는 CHADD(Children and Adults with Attention Deficit/Hyperactivity Disorder)와 ADDA(Attention Deficit Disorder Association) 등이 있지만, 활용 가능한 어떤 종류의 지역 집단이든지, 환자는 필히 자신들이 지지나 정보를 구할 수 있는 지역사회 자원에 대해 잘 알고 있어야 한다. 거기에 더해서 환자로 하여금 종료후에도 "문은 언제나 열려 있다."(만약 물론 이것이 사실이라면)는 것을 알려 주어 환자를 안심시키는 것이 중요하다. ADHD가 만성적이라는 것을 감안한다면 일정 기간이 지난 후에 이들이 자신의 기술들을 새롭게 하거나 확장하기 위해 혹은 새로운 어려움에 대해 도움을 받고 싶을 때 언제나 치료실에 다시 돌아오는 것은 전혀 특별한 일이 아니다.

형식 5.1 기술에 대한 질문

이름 ________________ 날짜 ________________ 치료자 ________________

치료자에게 : 다음의 질문들을 하시오.

주요 과제/의무/책임

집에서

____

____

직장에서

____

____

개인적 목표와 우선순위

단기

____

____

장기

____

____

개인적 보상들

____

____

____

개인적 강화 수반성(예 : 노력이나 결과에 수반되는 예상되는 보상이나 결과)

____

____

____

필요하다면 뒷면에 계속

(계속)

형식 5.1

기술들의 위계	예	아니요	비고
1. 매일 시계 착용하기			
2. 일정관리수첩			
a. 적절한 수첩을 가지고 있다.			
b. 수첩에 모든 약속을 기록하기			
c. 수첩에 해야 할 일의 목록 적기			
d. 수첩에 해야 할 일들의 우선순위 정하기와 계획하기			
e. 수첩을 정기적으로 점검			
3. 적절한 시간에 잠자고 일어나기			
4. 제시간에 출근하고, 약속시간 지키기			
5. 일상적 과제 완수			
a. 하루의 계획 세우기			
b. 일주일 계획 세우기			
c. 제시간에 과제 시작하기			
d. 방해자극을 피하거나 극복하기			
e. 제시간에 과제 완수하기			
f. 과제를 적절한 때 멈추기			
6. 장기 프로젝트			
a. 적절한 프로젝트 계획하기			프로젝트명 :
집에서			
직장에서			
b. 프로젝트 완수하기			
집에서			
직장에서			
7. 시간 안배와 관리가 조직화되어 있는가			
a. 파일과 서류			
집에서			
직장에서			

형식 5.1

기술들의 위계	예	아니요	비고
b. 옷들			
c. 우편물			
d. 청구서 납부			
e. 세탁물			
f. 식사 준비			
g. 설겆이			
h. 기타(명시하기) ______________			
8. 정서적 문제			
a. ADHD 진단을 부정하는 것			
b. 변화에 대한 반항/저항			
c. 우울증/의기소침			
d. 불안/실패에 대한 공포			
e. 완벽주의			

제 6 장

인지행동 치료의 과학적 근거

DAVID J. MARKS

인지행동 연구에 대한 개관

앞 장에서 언급된 바와 같이, ADHD는 만성적인 정신과적 질환으로 상당수의 경우 성인기까지 지속되며 다양한 심리사회적 기능에 파괴적인 영향을 끼친다. 제1장에서 논의된 대로 정신과적 약물 치료는 효과적이기는 하지만, ADHD 성인에게 전형적으로 나타나는 정신과적 공존병리와, 비합리적 자동적 사고, 부적응적 행동뿐만 아니라 조직화된 시간 관리, 계획 세우기 등에서의 결함을 치료하는 데 충분하지 않다. 지난 10여 년간 중요하지만 해결되지 않은 이러한 임상적 문제들을 다루기 위해 ADHD 성인을 위한 CBT가 출현하였다. 본 장에서 다루고 있는 치료 기법의 효과를 검증한 두 가지 연구 결과를 보다 자세히 제시하고 ,이에 더해서 이 영역에서 이루어진 연구들을 개관할 것이다.

ADHD 아동에 대한 심리사회적 치료 연구에 비해, 성인 ADHD 환자에 대한 심리사회적 치료의 효과성을 검증하기 위해 수행된 연구는 매우 부족하다. 출판된 연구로는 2개의 개인적 개별연구(Goodwin& Corgiat, 1992), 5개의 치료법을 개방한(open-label) 인지행동 치료 사전 · 사후 평가연구(Hesslenger et al., 2002; Solanto, Marks, Mitchell, Wasserstein, & Koffman, 2008; Virta et al., 2008; Wiggins, Singh, Getz, & Hutchins,

1999; Wilens et al., 1999); 3개의 CBT 무작위 통제 시행 연구(Safren et al., 2005; Safren et al., 2010, Salanto et al., 2010; Stevenson, Whitmont, Bornholt, Liversey, & Stevenson, 2002), 그리고 개별 CBT 참여를 포함하는 다중형식의 치료 프로그램에 대한 연구(Rostain & Ramsay, 2006) 등이 있다.

McDermott와 Wilens(2000)는 지연과 회피를 야기하는 역기능적인 인지를 치료하기 위한 개인 CBT 프로토콜을 만들었다. 치료 목표는 인지적 왜곡에 대한 심리 교육, 사고 과정에 대한 모니터링, 재평가, 환경의 재구조화(예 : 계획 짜기와 조직화 원칙에 대한 노출) 등을 포함한다. 프로그램에 참여한 환자 26명의 차트를 체계적으로 개관한 결과에 따르면(회기들의 평균치=36), 내현화된 행동뿐 아니라 외적인 ADHD 증상에서도 호전이 있었다(Wilens et al., 1999). 그러나 내담자의 대다수(85%)가 약물 치료를 동반하고 있었다는 것은 이 결과를 약물 치료를 받지 않는 성인들에게 어느 정도까지 일반화할 수 있는지 의문을 갖게 한다.

Wiggins와 동료들(1999)은 단기(4회기) 집단 심리 교육 프로그램을 9명의 참가자에게 실시하고, 대기자 명단에 있는 성인 ADHD 집단(n=8)과 비교해 보았다. 조직화(효과 크기=1.7), 주의력(효과 크기=1.9), 그리고 정서적 안정성(효과 크기=1.3)의 영역에서 호전이 있었다. 자존감에서도 약간 향상되었는데, 이는 참가자들이 자신이 스스로 지각한 결함에 대한 통찰의 증가에 기인된 것이다.

CBT 개념에 기반한 방법들을 사용해서 Hesslinger와 동료들(2002)은 13주 집단 변증법적 행동 치료(DBT)의 효과성을 검증하였는데, 여기서 이들은 심리 교육(ADHD와 우울증 모두에 대한 교육)에 더해서 다음과 같은 것들을 강조하였다. 마음챙김 기법, 정서 조절 책략(예 : 정서 기록, 일지 카드), 충동성 억제(통제하지 못했을 때의 결과에 대한 인식), 스트레스 관리(문제해결과 불안을 감소시키기 위한 절차), 그리고 대인관계에 미치는 ADHD의 영향 등이다. 비록 치료를 완수한 사람(n=8)이 대기자 명단에 있던 참가자(n=7)보다 유의하게 우울증, ADHD 증상과 결함에서 개선되었음을 보고하였으나, 이 연구는 표본 크기가 작아서 이전 연구와 마찬가지로 효과성과 일반화에 관해서 단정정인 결론을 내릴 수 없게 만든다.

Stevenson과 동료들(2002)은 ADHD 성인 환자 22명에게 한 주에 2시간 동안 동기유발, 주의집중, 경청, 충동성, 조직화, 분노 조절, 그리고 자존감에 초점을 맞춘 8회기의 인지 치료 교육 프로그램을 실시하였다. 그 개입은 치료기법 실시와 설명력, 그리고 개개인의 적합성을 확보하기 위해 개별 코칭뿐만 아니라 집단 치료(동료들의 지지에 노출될 수 있도록)를 병합해서 실시하였다. 대기자 명단에 있던 통제 집단($n=21$)에 비해 인지 치료 교육 프로그램에 참가했던 사람들은 ADHD 심각도에서 유의한 감소를 보고하였다(효과 크기 1.4). 거기에 더해서 조직화 능력(효과 크기 1.2)에 있어서도 개선을 보였다. 그들의 ADHD 증상의 감소를 살펴보면, 36%의 사람들이 치료 직후 즉각적인 반응을 보였는데, 치료 종료 두 달 후에는 55%로 증가하였다. 그러나 자존감과 분노 관리에 있어서의 초기 개선은 시간이 지난 후 감소한 것으로 보고되었다. 잠재적 치료 요인에 대한 검토 결과, 약물 치료나 내현화된 장애(불안 혹은 우울)는 치료 결과에 영향을 미치지 않는 것으로 나타났다.

Safren과 동료들(2005)은 CBT 프로그램을 시행하였는데, 이 프로그램은 개인 치료 형식으로 실시되었고, 조직화와 계획 세우기, 그리고 인지적 재구조화를 목표로 하는 구성요소로 이루어졌고, 과도한 염려, 분노 관리, 자기 주장 훈련, 그리고 의사소통 기술 등이 선택적 구성단위로 포함되었고, 최대 15주로 구성되었다. 참가자들은 이미 ADHD에 대한 약물 치료를 받고 있는 사람들인데, 그들은 약물 치료에 더해서 CBT를 추가로 받는 집단($n=16$), 혹은 약물 치료만 계속 받는 집단($n=15$)에 무작위로 배치되었다. 그리고 두 집단 모두 독립적인 평가자의 평가와 ADHD의 심한 정도, 불안, 우울, 그리고 전반적인 기능 등에 대한 자기보고측정을 통해 기저선 자료를 측정하였고, 치료 후 이를 재측정하였다. 그 결과, CBT 집단에 할당된 사람들은 평가자의 독립적 보고와 자기보고 ADHD 증상에서 유의하게 큰 감소를 보였다. 또한 자기보고우울 점수에서 경미한 수준의 유의한 변화와 더불어, 평가자에 의해 독립적으로 평가된 우울 증상에서도 유의한 변화가 있었다. 치료 반응의 범주적 평가치를 사용한 경우, 약물 치료 단독 집단에 배정된 사람들의 13%에 비해 약물 + CBT 병합 치료에 참가한 사람들은 56%가 치료에 반응한 것으로 나타났다.

Rostain과 Ramsay(2006)은 다양한 형태의 연구 설계를 적용하여 ADHD 성인 43명의 약물 치료와 인지행동 치료의 연합된 효과성을 검증한 바 있다. 각각의 참가자는 최적의 복용량을 유지하기 위해 아데롤을 20mg까지 하루에 두 번 처방받았는데, 적절하다고 간주되면 메틸페니데이트 대체제가 제공되었다. CBT 프로그램은 50분짜리 개인 치료 16회기로 구성되었고, 여기에는 심리 교육, 강점의 활용, 지지 자원, ADHD 증상에 대해 보다 적응적으로 대응하는 방법의 학습, 그리고 부적응적인 대처와 정서적 불편감(예 : 불안과 우울)에 기저하는 역기능적 사고를 식별하고 변화시키는 것 등이 포함되었다. 그 결과, 개인이 스스로 보고한 것과 임상가가 평가한 ADHD 증상[Clinical Global

Impression for ADHD(GGI-A)]에서 모두 유의한 감소가 관찰되었다. 70%의 사람들이 자기보고 측정치에서 중등도에서 상당한 정도의 변화를 보고하였다. 반면에 임상가들은 56%의 사람들이 매우 많이 향상되었다고 보고하였다. 거기에 더해서 우울과 불안척도에서도 자기보고와 임상가의 보고 모두에서 유의한 개선이 나타났다. 그러나 치료의 명백한 이점에도 불구하고 통제 집단이 없어서 치료적 이득의 원인을 분명히 식별해 내기는 어렵다(예 : 약물 치료 대 심리 치료적 개입).

보다 최근에 Virta 등(2008)이 10~11회기의 집단 인지행동 재활 프로그램의 효과성을 29명의 ADHD 성인(하위 유형은 명시되지 않음)를 대상으로 평가하였는데, 치료 시작 세 달 전(T1), 치료 시작 시점(T2), 치료 끝시점(T3)에 자기보고와 병행 평가(ADHD Checklist, BDI-II, Symtom Checklist-90(SCL-90), BADDS를 실시하였다. 참가자들의 연령은 18~45세까지였고(연령 중앙치=31세), 여성과 남성의 수는 비슷하였다. 이 중 19명(66%)은 ADHD 치료를 위한 중추신경자극제를 복용하고 있었다. 9명(31%)은 정신과 질환의 공존병리 진단 기준에 부합하였다. 각각의 회기는 한 시간 반이나 두 시간에 걸쳐 구조화된 순서에 따라 진행되었다(예 : 이전 과제 연습 검토, 새로운 주제 영역 소개, 그리고 새로운 과제 연습 소개). 그리고 Brown(2008)이 ADHD 치료에 꼭 필요하다고 기술한 주제를 다루었다(예 : 활동에 대한 동기와 시작, 조직화, 주의집중, 정서 조절, 기억력, 충동성, 정신과적 공존병리, 자존감). 자기보고평가에 대한 비교 결과, T1과 T2 사이에 유의한 차이가 없었다. 대조적으로 활성화, 정서, the BADDS의 모든 하위척도들, 특히 ADHD 증상과 관련이 있는 SCL-90의 문항들에 대한 자기보고에서 유의한 치료 효과(예 : T2 대 T3)가 관찰되었다. 치료에 대한 반응을 범주적으로 분류하였을 때 자기보고 측정에 근거한 경우 30% 이상의 사람들이 치료로부터 도움을 받았다고 대답하였다(20% 증상의 감소). 그러나 통제 집단이나 비교 집단의 부재는 이 프로그램의 효과성을 측정하는 것을 어렵게 한다.

마지막으로 Safren과 동료들(Safren et al., 2010)은 최근에 ADHD로 약물 치료를 받고 있으며, 지속적으로 임상 증상을 보이는 성인을 위한 개인 CBT의 효과성을 검증하기 위해 무작위 통제 실험을 실시하였다. CBT는 이들의 이전 연구에서 실시되었던 것과 동일한 핵심 요소들로 구성되었다(Safren ea al., 2005). 87명의 성인이 무작위로 CBT를 받거나 심리 치료 교육과 더불어 이완훈련으로 구성된 비교 치료를 받도록 할당되었다. 결과는 CBT에 할당된 사람들이 Clinical Global Index(CGI), ADHD Rating Scale(ADHD-RS)(CGI : 53% 대 23%; ADHD-RS : 67% 대 33%)에 입각한 임상가의 평가에서 훨씬 더 많은 비율로(비교 집단 대비) 치료에 대한 반응이 있는 것으로 분류되었다. 그리고 자기보고식 평가에서도 유사한 결과가 관찰되었다.

ADHD를 위한 마운트시나이 CBT 프로그램에 대한 연구*

우리는 ADHD 성인에게서 흔히 나타나는 시간 관리, 조직화, 계획하기 기술에서의 결함에 기초를 두고 CBT 프로그램을 개발하였다. 이 프로그램은 주로 행동적 원리와 인지행동적 원리에 기반을 두었고, 특정한 기술을 훈련하고 긍정적인 행동을 강화하고 조성하며, 보다 적응적인 인지로 대체하여 부적응적인 자기 기술에 도전하도록 고안되었다. 이전에 언급된 것처럼 회기는 전형적으로 6~8명의 집단으로 이루어지며, 교육적 기법, 회기 내 메타인지적 책략의 모델링과 시연, 성공적인 실행을 막는 방해물(예 : 인지적 왜곡) 확인과 조정, 주요 개념을 강화하기 위해 집에서 하는 과제 연습 부여하기를 포함하고 있다.

공개 시행

예비조사로 ADHD 성인 38명(남자 16명, 여자 22명)이 8주 혹은 12주의 매뉴얼화된 집단 프로그램(Solanto et al., 2008)에 참가하였다. 참가자들은 23~65세로(평균 나이가 41.82, 표준편차 9.98) ADHD, 혼합형(14명, 36.8%)이거나 ADHD, 부주의형(24명, 63.2%)이었다. ADHD에 대한 진단은 개별적인 코너스 성인 ADHD 평정척도-자기보고형 : 확장형(CAARS-S:L; Conners et al., 1999)을 가지고 종합적인 임상면접을 실시하여 이루어졌다. DSM-IV 부주의 증상 척도에서 T점수 65 이상의 임상적 범위에 있고 DSM-IV 과잉행동-충동성 증상 척도에서 65점 이하인 사람들은 ADHD, 부주의형으로 분류되었으며, 두 하위척도에서 모두 T점수 65점 이상인 사람들은 ADHD, 혼합형으로 분류되었다. 참가자들은 고등교육을 받고 중상위의 사회경제적 지위를 지닌 사람들이었다. 26명(68.4%)이 ADHD 치료를 위한 중추신경자극제를 복용하고 있었다. 참가자의 약 58%가 동시에 기분 장애의 진단기준에 부합하고, 39.5%가 불안 장애의 진단기준에 해당되는 것으로 나타났다. 유의한 분노 관리 장애나 현재 약물 남용과 의존을 보이거나 심각

* 원래 우리의 치료를 '메타인지 치료'라고 이름을 붙였고 이 용어는 처음 두 논문에서 사용되었다(Solanto et al., 2008, 2010). 그러나 이 용어는 매우 다른 유형의 치료를 기술하기 위하여 Adrian Wells(2005)에 의해 만들어진 용어와 상충된다. 우리의 두 연구결과를 기술하는 이 부분에서 메타인지 치료(MCT)라는 용어를 사용하지만 다른 경우에는 이전에도 그랬고 앞으로 우리의 치료를 ADHD 성인을 위한 인지행동 치료라고 단순히 부를 것이다.

한 정신건강 문제(예 : 자살)를 보이는 사람들은 제외되었다.

30명(79%)이 프로그램을 완수하였고, 그중에서 21명(70%)이 동시에 ADHD 치료를 위한 중추신경자극제를 복용하고 있었다. 프로그램을 완수한 사람과 중도 포기한 사람은 인구학적 변인(예 : 나이, 사회경제적 지위, 인종, 교육 수준), ADHD 심각성 기저선 평가치, 약물 복용 상태, 내현화 장애 공존병리율(rates of internalizing disorder comorbidity)에서 차이를 보이지 않았다. 또한 ADHD 치료를 위한 약물을 복용하는 사람과 약물을 복용하지 않는 사람은 ADHD 심각성 기저선 평가치, 내현화 장애의 유무, ADHD의 하위 유형에서 차이를 보이지 않았다.

단축형(8회기)과 확장형(12회기) 집단 프로그램은 두 심리학자가 공동지도하였고 동일한 치료 원칙을 따랐다(확장형 프로그램이 치료기법에 대한 보다 점진적인 노출을 허용함). 모든 참가자들이 메타인지 치료(metacognitive therapy, MCT) 개입에 대한 효과를 평가하기 위해 프로그램 이전과 이후에 다음의 자기보고 행동 평정척도들을 완성하였다.

1. CAARS-S:L, ADHD와 관련된 행동 특징은 물론 핵심 특징(예 : DSM-IV 부주의, 과잉행동적-충동적, 그리고 전체 증상)을 평가하는 66개 문항으로 구성된 자기보고 질문지(Conners et al., 1999).
2. BAADS(Brown, 1996), 전반적인 실행 기능은 물론 6개 영역의 실행 기능(예 : 조직화와 우선순위 정하기, 초점적이고 지속적인 주의, 각성 조절과 지속된 노력, 정동 조절, 작업기억과 자기 조절)
3. ON-TOP, 시간 관리, 조직화와 계획 수립하기 기술에서 지각된 유능감을 평가하기 위해 우리 프로그램 내에서 개발된 24문항의 자기보고 질문지(가능 점수 범위 : −102에서 +102)

표 6.1에서 보는 것처럼 DSM-IV-TR 부주의 증상과 BAADS의 여러 영역 점수, ON-TOP 전체 점수에서 MCT 치료 후 유의한 감소를 보였다. 비록 스스로 보고한 DSM-IV 과잉행동-충동성 증상에서 유의한 감소가 관찰되지 않았으나 이런 증상은 치료 전에 임상적 범위 내에 있지 않아서 치료에서 공식적으로 치료 목표로 다루어지지 않은 것이었다. 치료 전과 이후의 CAARS-S:L DSM-IV 부주의 증상 평정에 대한 이후의 조사에서 참가자의 46.7%가 임상적 범위(T점수 ≥65)에서 임상진단 역치 수준 이하(T점수 <65)로 감소를 보였는데, 이는 약물 복용 상태에 의해 영향을 받지 않은 것이다.

표 6.1 MCT 개방 시행에서 처치 전과 처치 후 ADHD 척도의 점수

	평균(표준편차)			
	처치 전	처치 후	p	효과 크기[a]
CAARS-S:L DSM-IV 하위척도				
부주의 증상	83.26(8.37)	68.52(14.86)	.000	0.588
과잉행동-충동성 증상	59.00(14.12)	54.67(13.57)	NS	
BADDS 하위 척도				
총점	82.74(7.98)	67.44(11.26)	.000	0.669
활성화	83.83(7.24)	70.45(11.54)	.000	0.595
주의력	74.62(9.85)	63.59(10.32)	.000	0.558
노력	84.76(10.53)	66.24(15.59)	.000	0.591
정동	68.90(10.31)	59.62(9.75)	.000	0.449
기억	75.24(11.21)	64.86(8.54)	.000	0.527
ON-TOP	-43.70(24.73)	-16.48(24.12)	.000	0.615

출처: Solanto, Marks, Mitchell, Wasserstein, and Kofman (2008). Copyright 2008 by Sage Publications, Inc.
[a] 부분적 eta 자승(η^2)

이러한 결과는 MCT 치료 프로그램이 자기보고된 ADHD 심각성과 실행 기능 문제에서 빠른 감소를 가져오고, 성인 ADHD에 대한 효과적인 치료 방법으로 유망하다는 것을 시사한다. 특히 주목할 만한 점은 프로그램을 완수한 사람의 절반 이상이 약물 치료를 받고 있었음에도 불구하고 향상되는 효과가 나타났다는 것이다. 약물 치료를 받는 사람과 받지 않는 사람이 치료 시작 전 ADHD 심각성에서 차이가 나지 않았다는 사실을 생각해 볼 때, 이러한 결과는 ADHD에 대한 약물 치료를 받고 있는 사람들도 향상될 수 있는 여지가 있음을 시사한다.

무선통제 시행

MCT의 명백한 단기간의 효과에도 불구하고 예비조사에서는 변화에 대한 기대와 시간에 따른 증상의 자발적인 완화를 통제하지 않았고, 치료의 비특정적 효과(예 : 상호지지와 정보공유)를 설명하지도 않았다. 더구나 치료비를 부과하는 것으로 인해 대표성이 떨어지는 피험자(예 : 교육을 많이 받고 보다 기능을 잘하는)를 대상으로 하게 되었는데, 이러한 피험자는 치료 원리를 잘 이해하고 실행할 수 있는 사람들이다.

위의 결과와 방법론적 제한점을 근거로 하여, 우리는 MCT를 받은 사람들은 비특정적인 치료적 요인을 통제한 지지적 심리 치료 집단보다 더 강한 치료적 변화를 보일 것이라고 가정하였다. 또한 일상적인 기능을 향상시킴으로써 MCT(지지적 심리 치료에 비해)는 불안과 우울증의 공존병리 증상을 감소시킬 것이라고 가정하였다. 끝으로 소규모 공개 실행에서 약물 치료의 효과가 없음에도 불구하고 약물 치료가 치료 집단과 상호작용할 것이라고 가정하였다. 약물 치료를 받는 MCT 참가자들은 치료기법을 더 잘 이해하게 되어 CBT 회기 내에서 보다 더 성공적으로 치료 방법을 적용하게 되므로 더 좋은 결과를 보일 것이다.

위의 예측을 검증하기 위해 우리는 국립정신건강연구소(NIMH)에서 연구비를 받아 집단 MCT에 대한 무선적 임상 시행을 시작하였다(Solanto et al., 2010). 이 연구에서 엄격하게 ADHD로 진단받은 88명의 성인(아래의 진단 절차를 보라)을 ADHD 약물 사용(중추신경자극제 또는 비자극제인 아토목세틴)과 비사용에 따라 구분하였고, 12주의 집단 MCT 프로그램(45명)이나 12주의 지지적 심리 치료 집단(43명)에 무선적으로 할당하였다. 지지적 심리 치료는 MCT 프로그램과 회기 길이와 참가자의 수(대략 집단당 6명에서 8명)에서 유사하고, 치료의 비특정적 측면(치료자 심리교육과 집단 지지)을 통제하기 위해 설계되었다. 치료 반응은 독립적인(처치를 모르는) 평가자의 구조화된 면접과 치료 전과 치료 후에 즉시 참가자와 보조적인 정보 제공자가 완성한 질문지에 의해 평가되었다. MCT와 지지적 심리 치료 집단은 환경적 변화(예 : 계절적 시기와 공휴일 시기) 측면에서 조건이 동일하도록 짝지어졌다. 전체 6개의 코호트(cohort)가 실행되었고 각 치료자(D.J.M.과 J.W.)는 동일한 수의 MCT와 지지적 심리 치료 집단을 지도하였다.

이전의 예비조사에서와 같이 참가자들은 18세에서 65세의 ADHD 진단(주로 부주의 혹은 혼합형)을 받은 사람들이었고, 약물 남용과 의존성, 자살, 비사회적 성격(예 : 전반적 발달 장애), 인지적 지체(전체 척도 IQ80 이하로 추정되는), 경계선 성격 장애, 알츠하이머 질환 혹은 치매로 의심되는 장애, 아동기 ADHD 증상의 결정을 혼동스럽게 하는 아동기 외상경험 혹은 다른 심각한 정신과적 장애, 임상적으로 중요한 급성적인 정신과적 장애가 있는 경우에는 배제하였다. 참가자들은 치료가 끝날 때까지 약물 치료와 심리사회적 치료를 변화시키는 것을 미루도록 요청받았다.

ADHD의 진단은 CAARS-S:L DSM-IV 부주의 하위척도와 a에서 T점수 65 이상(93백분위수)과 DSM-IV용 CAADID를 사용하여 결정되었다. 그리고 참가자들은 다음 영역에서 결함을 가지고 있어야 한다[CAARS-S:L 부주의/기억 하위 소척도(CAARS-IN)에서 90백분위수인 T점수 63점 이상, 하위소척도는 시간 관리와 조직화 그리고 계획 짜기와 관련된 항목들을 포함]. 아동기 ADHD 증상의 존재는 다음 중 한 가지에 의해 타당화되었다. CAADID의 한 영역에서 4개 혹은 그 이상의 아동기 증상에 대한 자기보고, 아동기 증상척도-타인보고(Barkley & Murphy, 1998), 혹은 학교 기록이나 아동기 심리평가에서의 증상 보고가 그것이다. 정신과적 공존병리는 DSM-IV 1축 장애를 위한 구조화된 임상적 면접(SCID-I: First, Spitzer, Gibbon, & Williams, 2002)과 경계선 성격 장애를 위한 SCID-II(First, Gibbon, Spitzer, Williams, & Benjamin, 1997)를 사용하여 평가되었다. 지능은 WAIS-III의 4개의 하위 검사를 사용하였고 Tellegen과 Briggs(1967)가 소개한 절차를 사용하여 IQ가 추정되었다.

참가자들은 치료 전과 치료 후에 성인 ADHD 연구자 증상 평정척도(AISRS; Adler, Spencer, & Biederman, 2003)를 사용하여 독립적인 평가자에 의해 평가되는데, 이 척도는 DSM-IV에 있는 18개 ADHD 증상의 유무와 심각성을 평가하기 위한 구조화된 임상면접이다. 또한 독립적인 평가자는 해밀턴 불안 평정척도(SIGH-A; Shear et al., 2001)에 대한 구조화된 면접도 실시한다. 9개의 AISRS(AISRS-IN)와 CAARS-IN 하위척도를 합산한 전체 증상 점수가 주요 치료 효과 측정치로 사용되었다. 그리고 CAARS-관찰자 보고, BAADS, BRIEF-A(Roth et al., 2005), BDI-II(Beck, Steer, & Brown, 1996), 로젠버그 자아존중감 질문지(Rosenberg, 1965), ON-TOP과 같은 질문지가 치료 전과 치료 후에 실시되었다.

처음의 연구와 유사하게 MCT 집단은 행동수반적인 자기보상을 제공하고 복잡한 과제를 다룰 수 있을 정도의 부분 요소로 나누며 동기화를 유지하고, 걱정을 유발하고 우울증을 유발시키는 인지들에 도전하기 위해 행동원리와 인지행동적 원리를 사용하였다. 이전 장에서 논의된 것처럼 프로그램은 기본적 원리에 대한 노출(예 : 일정관리수첩 사용 기술 습득)이 고차적인 기술(예 : 조직화와 계획 짜기)에 대한 노출보다 선행하는 방식으로 위계적으로 설계되었다. 문제 상황(단서)에 명확한 해결책을 연관시키고, 성공적인 실행을 방해하는 장애물을 확인하기 위한 공동의 노력이 있었다.

지지적 심리 치료 집단은 MCT 프로그램의 회기와 치료 기간, 집단지지/타당화, 치료자 관심, 심리교육과 같은 비특정적 요소를 통제하기 위해 개발되었으나 인지행동적 원리를 지지하거나 논의하는 것을 제한하였다. 프로그램 회기 동안에 지지 집단은 정보를 제공하고(공상을 다루거나 해소하는), 주위의 공통적인 경험들을 종합하고 협력적인 지지를 불러일으키기 위한 기제로서의 특징을 가진다. 각 회기는 두 부분으로 나뉘는데, 첫 부분은 전 주에 일어난 사건들을 개관하고 다음 부분은 치료자가 주도하여 특정한 심리 교육적 주제를 논의한다. 여러 회기를 통하여 치료자는 지지하고 격려하며 중요한 일에 대한 대안적 해결책을 집단에게 묻는다.

MCT 집단과 지지적 심리 치료 참가자들은 결혼 상태(MCT 집단이 지지적 심리 치료 집단보다 현재 결혼 상태인 사람들이 더 높은 비율)를 제외하고 사회인구학적 변인이나 임상적 변인에서 차이가 없었다. 표 6.2에서 나타난 것처럼 치료 집단 간의 기저선으로부터의 변화를 비교하는 일반선형 모델(GLM) 분석은 부주의/기억 하위 척도(CAARS-IN-관찰자) 평정치에서는 물론 부주의(AISR-IN), 시간 관리, 조직화와 계획 세우기 기술에 대한 독립적 평가자의 평정치에서도 유의한 효과를 보였다. 다르게 말하면 초기의 평정치를 통제한 후 치료 전에서 치료 후를 비교에서 MCT 집단에 속한 사람들에게서 증상의 심한 정도가 가장 많이 감소되는 것으로 나타났다. 실행 기능에 대한 다른 측정치에 대해 신뢰구간을 조사한 결과 MCT는 물론 지지적 심리 치료 집단에서도 치료 전과 치료 후에 유의한 변화를 보였다. 그러나 집단 간 변화 점수 차이는 통계적으로 유의하지 않았거나 (BADDS) 단지 경계선적으로 유의하였다(BRIEF 메타인지적 지수, ON-TOP). 공존병리 (우울증, 불안, 자아존중감)에 대한 측정치는 두 치료 집단에서 유의한 변화를 보이지 않았다. 단지 기저선 점수와 치료에 대한 반응 간에 유의미한 상호작용 효과가 관찰되었다. 기저선에서 CAARS-IN 점수가 클수록(더 심각할수록) MCT에서 차별적인 향상이 더 많았고, 이와 반대로 지지적 심리 치료 집단에서의 변화는 CAARS-IN 점수의 전체 범위에서 안정적이었다.

참가자들이 임상적으로 의미 있는 치료반응을 보였는지를 알아보기 위해 치료적 반응을 두 집단으로 구분하여 검증하였다. AISRS에서 긍정적인 반응은 30% 감소한 것으로 조작적으로 정의하였고 CAARS-IN에서의 긍정적인 반응은 10T(1 SD)보다 크거나 같을 때를 감소한 것으로 정의하였다. 이러한 준거들을 사용하여 알아본 결과 많은 비율의 MCT 참가자들이 지지적 심리 치료 참가자들에 비해 유의미하게 긍정적인 반응자로 분류되었다(각각 42%와 12%). 자기보고(CAARS-IN) 평정(각각 53%와 28%)을 사용한 반응률에서도 통계적으로 유의한 차이가 관찰되었다. 따라서 주요 결과 측정치에서 변화 지표들은 명백하게 MCT 집단을 지지하지만 지지적 심리 치료 집단에 속한 사람들도 상당한 효과를 가져왔음을 강조하는 것이 중요하다.

예상과 반대로 우울증(BDI-II)과 자아존중감(Rosenberg), 그리고 불안(SIGH-A) 점수에서 작지만 통계적으로 유의한 감소가 있었으나, 다른 공존병리 결과 측정치에서 유의미한 치료 효과는 관찰되지 않았다. 비록 MCT가 왜 공존병리 측정치들에 뚜렷한 영향을 주지 않았는지에 대해서는 특정한 이유가 분명하지 않지만, 공존병리 측정치에 대한 기저선 점수들이 임상적 범위 내에 속하지 못한다는 사실은 바닥효과(floor effect)의 가능성때문임을 시사한다.

추가적 분석은 치료 전 혹은 처음 두 번의 치료 회기 후에 얻어진 예상 평정치에서 집단 간에 유의한 차이가 없음을 보여주었다. 게다가 나이, 성, 인종, 교육, 가정 수입, 결혼 상태, 고용 상태, 지능지수, ADHD 하위 유형, ADHD에 대한 병합적인 약물 치료, 그리고 기분과 불안 장애의 공존병리의 존재 등은 치료 효과와 상호작용하지 않았다. 각 분석에서 지지적 심리 치료에 비해 더 나을 MCT 효과는 위의 변인들을 통제하고 유의하였다. 그리고 어떤 사례에서도 위의 변인들은 치료 효과와 상호작용하지 않았다. 그러나 집에서 하는 과제 연습은 MCT 집단에서 AISR-IN 점수의 변화와 유의하게 관련된 것으로 나타났으며, 이러한 치료 요소의 중요성을 부각시켰다.

약물 치료가 치료 반응을 중재하기 위해 치료 집단과 상호작용하는 이유는 여러 요인들로 설명된다. 첫째, 참가자들이 증상의 심각도 측면에서 최소한의 참가준거에 맞으면 되었다는 사실은 약물 치료에 대한 비반응자 혹은 적정 이하의 반응자들이 연구에 많이 표집되었음을 나타낸다. 이것은 특히 약물 치료를 받은 참가자와 약물 치료를 받지 않은 참가자가 ADHD 심각성의 기저선 수준에서 다르지 않았다면 그랬을 가능성이 높다. 비록 분석은 적절하게 약물 치료를 받은 참가자들을 사용하여 이루어졌지만, 특정한 약물 치료와 복용량은 개인 참가자 별로 적절하게 적정화되지 않았다. 마지막 가능성은 주로 약물 치료를 받은 참가자들에 대한 우리의 초기의 연구(Solanto et al., 2008) 결과와 일치하는 것으로, MCT 개입이 약물 치료 유무와 관계없이 참가자에게 충분히 효과를 가져올 수 있도록 구조화되었다는 것이다.

요약과 결론

지금까지 5개의 통제되지 않은 연구, 4개의 무선통제된 시행과 중다양식적 치료 프로그램이 ADHD 성인의 치료를 위한 인지행동적 개입의 효과를 조사하기 위해 이루어졌다. 그러나 바로 위에서 기술한 연구(Solanto et al., 2010)와 Safren(Safren et al., 2010)에 의해 최근에 실시된 연구에서 비특정적 치료 요소를 통제하였다. 위의 연구에 의해 증명된 것처럼 약물 치료적 개입이 있거나 없는 상태에서 개인 혹은 집단 형태로 실시된 인지행

표 6.2 차원적 측정치에서 MCT 집단과 지지 집단 치료의 반응

측정치	MCT 집단(n=41) 전 Mean	(SD)	후 Mean	(SD)	최소자승화 평균 차이[a]	(95% CI)	지지 집단(n=40) 전 Mean	(SD)	후 Mean	(SD)	최소자승화 평균 차이	(95% CI)	차이(95% CI)
AISRS-IN	18.88	(3.75)	13.71	(4.27)	**5.0**	**(3.7, 6.3)***	18.33	(3.55)	16.18	(4.71)	**2.3**	**(1.0, 3.6)***	**2.7 (0.9, 4.6)*****
AISRS-TMOP	10.98	(2.30)	7.66	(2.83)	**3.2**	**(2.3, 4.1)***	10.58	(2.59)	9.70	(3.16)	**1.0**	**(0.1, 1.9)***	**2.2 (0.9, 3.5)******
Conners-Observer-IN[b,c]	72.47	(10.56)	66.94	(11.64)	**5.7**	**(3.1, 8.3)***	74.33	(9.87)	73.19	(10.33)	0.9	−2.0, 3.9)	4.8 (0.8, 8.7)*
BADDS total T-score	84.73	(8.82)	75.80	(12.63)	**9.1**	**(6.0,12.2)***	85.72	(9.53)	76.80	(11.00)	**8.8**	**(5.6, 12.0)***	0.3 (−4.2, 4.7)
BRIEF-A Metacognitive Index[c]	78.37	(8.69)	73.83	(9.01)	**5.39**	**(2.2, 8.6)***	80.71	(9.24)	78.64	(11.52)	1.26	−2.0, 4.6)	4.13 (−0.5, 8.7)+
ON-TOP	40.56	(23.87)	−22.10	(20.64)	**−17.9**	**(−23.7, −2.1)***	−37.87	(22.57)	−28.98	(24.67)	**−9.5**	**(−15.5, −3.4)***	−8.4 (−16.8, 0.0)+
BDI-II	11.48	(9.59)	9.66	(8.31)	1.8	(−0.1, 3.7)	11.34	(8.12)	9.08	(7.16)	**2.3**	**(0.3, 4.3)***	−0.5 (−3.2, 2.2)
Hamilton — total anxiety	9.56	(5.37)	8.07	(5.38)	1.2	(−0.2, 2.7)	8.45	(5.20)	8.88	(5.63)	−0.2	(−1.7, 1.3)	1.4 (−0.7, 3.5)
Hamilton — observed anxiety[d]	0.65	(0.74)	0.50	(0.64)	0.2	(−0.0, 0.3)	0.50	(0.64)	0.65	(0.70)	−0.1	(−0.3, 0.1)	0.3 (−.00, 0.5)
Rosenberg Self-Esteem Inventory	16.93	(5.14)	18.39	(6.02)	−1.3	(−2.6, 0.0)	18.37	(5.62)	19.50	(5.86)	−1.3	(−2.7, 0.1)	−0.0 (−1.9, 1.9)

주) AISRS, Adult ADHD Investigator Symptom Rating Scale(blind structured interview; IN, inattentive symptoms; TMOP, symptoms relating to time management, organization, and planning); Conners-Observer-IN, Conners Adult ADHD Rating Scales-Observer: Long Form, Inattention/Memory subscale; BADDS, Brown ADD Scales; BRIEF-A, Behavior Rating Inventory of Executive Function-Adult Version; ON-TOP, On Time Management, Organization, and Planning Scale(range of scores for ON-TOP is −102 to +102); BDI-II, Beck Depression Inventory-Second Edition; Hamilton, Hamilton Anxiety Rating Scale. Scores for CAARS, BADDS, and BRIEF are T-scores. 출처: Solante 등(2010).

a 최소자승화 평균차이는 기저값을 조정한 기저선(전 빼기 후)으로부터의 변화

b MCT 사례수=34, 지지 집단 사례수=27

c 집단 간 차이는 미완성자와 약물 변화자를 배제한 후에 Conners-Observer-IN에서 유의하지 않았고 BRIEF-A에서도 유의한 경향성을 보이지 않았다.

d 이것은 구조화된 면접 동안에 면접자에 의해 관찰되고 평정된 불안을 의미한다.

+p<.10, *p<.05, **p<.01, ***p<.005, ****p<.001

동 치료는 ADHD의 핵심 특성(부주의)과 실행 기술(예 : 시간 관리, 조직화, 계획 세우기 기술)의 관련된 결함들, 어떤 사람들에게서는 공존병리 불안과 우울증 증상의 심각성을 완화시키는 데 도움을 줄 수 있다. 따라서 ADHD를 가진 많은 성인들은 자기 관리 기법에서의 명확한 훈련을 통해 회사에 결근하는 것/미성숙을 보완하는 것 혹은 높은 수준의 책임과 동기를 제공하는 것까지 도움을 받을 수 있는 것으로 보인다.

이러한 개입에 의해 나타난 급성 효과에도 불구하고 치료와 관련된 효과가 치료 종결 시점 이후까지 유지되는 정도에 대해서는 아직 해결되지 않은 채 있다. 또한 앞으로의 연구에서는 성인 ADHD 관리를 위한 약물 치료와 심리사회적 치료의 독립적 효과와 두 치료의 병합된 효과를 엄격하게 평가하기 위해 중다요인적(예 : 2×2) 설계의 사용을 고려하도록 할 것이다. 이런 설계는 연구자로 하여금 개인의 선호적 반응 혹은 병합 치료 방식과 연관된 중재변인(예 : 초기의 ADHD 심각성, 공존병리)을 결정하도록 할 수 있다.

결론적으로 임상가와 연구자 그리고 ADHD에 의해 직접적으로 영향을 받는 사람의 적극적인 관심과 개입에서 최근의 개혁이 있다면 향후 성인 ADHD와 연관된 결함을 치료하기 위한 심리사회적 치료가 지속적으로 발전할 것이라고 전망할 수 있다.

치료 매뉴얼

치료자를 위한 안내

이 치료 매뉴얼은 성인 ADHD의 시간 관리 조직화, 계획 세우기 기술의 발달을 촉진하기 위해 설계된 12회기 치료 프로그램에 대한 회기별 안내서이다. 각 회기는 치료자 노트와 참가자들에게 배부되는 과제 노트과 과제 연습이 있다.

매뉴얼의 구조와 형식

치료자 노트는 각 모임에서 제시되고 논의되는 원리와 책략들을 강조하기 위한 것이다. 치료자 노트는 프로그램 대본처럼 엄격하게 전달되는 것이 아니라 치료에서 다룰 자료들을 개괄하기 위한 것으로, 최대한 명확하게 자료에 대해 표현하고 집단 참가자에게 최대한의 영향을 주기 위한 것이다. 치료자가 특별히 말해야 하는 중요한 자료는 **고딕체로 진하게** 표시되고 말하는 문장이 그대로 제시된다. 그러나 일반적으로 집단 치료에서 과제 연습에 대한 소개는 설명적이기보다는 상호작용적이어야 한다. 따라서 집단 참가자는 소개하는 동안에 질문을 하거나 안건을 제시할 수 있으며, 치료자는 회기 동안에 다루려고 계획된 개념과 책략을 설명하기 위한 기회로 치료자 노트를 사용하여 응답할 수 있다.

과제 노트는 회기 동안에 다루어지는 자료들을 간단히 개관하고 요약하며 재강조하기 위한 것이다. 어떤 경우에는 그 회기 동안에 다르어지지 않은 추가적인 제안이 제시되기도 한다. 과제 노트는 회기 동안에 참가자들이 보일 수 있는 주의력 저하를 보완하고 과제 연습을 준비하기 위한 것이다. 과제 노트는 앞으로 참고하고 개요를 위해 가치 있는 도구로, 회기에 불참한 사람들에게도 반드시 제공되어야 한다. 도움이 되는 대안적인 기법은 회기 사이에 과제 연습을 완료할 수 있도록 동기화시키고 격려하기 위해 모든 구성원들에게 이메일을 보내는 것이다.

치료자 노트 곳곳에 '치료자 유의사항'이 있는데, 여기에서 우리는 회기 동안에 제시된 자료에 대한 반응으로 참가자들에게서 전형적으로 나타나는 안건 혹은 관심사를 강조하고, 치료자가 그 관심사를 다루는 방법을 제시하였다.

집단 치료에 적절한 환자 선택에 관한 정보와 치료 방법에 대한 논의가 치료자 가이드 제3장에 제시되었다.

집단 회기의 형식

이 프로그램은 12주 동안 6명에서 8명의 성인이 매주 2시간씩 집단으로 만나는 것으로 설계되었다. 집단은 저녁에 6시 30분에서 8시 30분까지 모임을 갖도록 계획되었는데, 참가자들이 일을 마치고 저녁을 먹고 모임 장소에 오는 시간을 고려한 것이다. 각 회기의 형식은 다음과 같다.

1. 과제 연습 개관(1시간까지)
2. 새로운 자료의 소개와 논의(45분, 회기 내 연습을 포함)
3. 회기 내 연습
4. 다음번 과제 연습에 대한 소개와 논의(15분)

추가 회기

다음의 회기는 2010년에 출판된 우리의 공식적인 효과 연구에는 포함되어 있지 않았으나, 우리는 한 회기나 두 회기를 추가로 계획하는 것이 유용하다는 것을 발견하여 집단 프로그램을 13회기나 14회기로 확장하였다. 자동적 사고와 인지적 왜곡에 대한 한 번의 추가 회기, '제시간에 취침, 기상하고 출근하기'에 관한 한 회기가 그것이다. 자동적 사고에 대한 추가 회기는 현재 5회기의 자료를 두 부분으로 구분한다. 하나는 인지적 왜곡을 확인하는 것이고 다른 하나는 그것에 도전하는 것이다. 이러한 배열은 참가자가 이러한 자료에 동화될 수 있는 많은 시간을 부여한다. 소개와 과제 연습을 위한 시작 시점이 5회기에 표시되어 있다. '제시간에 취침, 기상하고, 출근하기'에 대한 추가적인 자료가 어떤 사람에게는 적절하지만 ADHD 성인 모두에게 적절하지는 않으므로, 매뉴얼 끝부분에 포함되어 있다. 집단 프로그램 참가자를 선별하기 위해 방문 동안에 이것에 대해 자세히 조사하면 얼마나 많은 참가자들이 이 영역에서 어려움을 겪고 있는지를 알 수 있을 것이다.

1회기

치료자 노트

진단에 대해 편안해지고 성장을 위해 노력하기

집단의 목표와 방법에 대한 소개

목표

- 집단원에게 집단 프로그램의 방법과 기대에 대해 오리엔테이션 제공하기
- 집단원으로 하여금 다음의 사항을 확인시키기
    - 집단 내에서의 개인 목표
    - 변화에 대한 저항을 일으킬 수 있는 정서
    - 변화를 촉진하기 위해 참가자들이 이용할 수 있는 내적 자원들

새로운 목표 기술

규칙적으로 시간을 잘 지켜 **참석하고 과제 연습을 잘 하고 보관하기**

과제 연습

진단에 편안해지면서 성장을 위해 노력하는 과정을 글로 쓰며 정리해 보기

치료자 유의사항 : 회기를 시작하기 전에 집단원들이 집단 치료의 효과를 측정하는 질문지들(예 : CAARS, BRIEF, ON-TOP, Beck)을 다 했는지 확인하도록 하라. 그러고 나서 치료자 자신을 소개하고 치료실 내를 한 바퀴 돌며 집단원들이 서로를 소개하고, 하는 일이 무엇인지, ADHD 진단을 받았는지, 이 집단에서 무엇을 하고 싶은지 서로 이야기 하

게 한다.

I. 집단 치료 프로그램 방법

이 프로그램은 어떤 사람은 행동을 변화시킬 것을, 다른 사람은 인지를 변화시킬 것을 목표로 하므로 '인지행동 프로그램'이라 할 수 있다.

행동주의적 구성 부분

이 프로그램에서 학습하는 행동적 전략의 하나는 모든 약속과 과제를 작성하기 위한 일정관리수첩을 사용하는 것과 규칙적으로 그 수첩을 확인하게 하는 것이다. 또 다른 예는 특별히 어렵거나 지루한 과제나 프로젝트를 완수한 후에는 자신에게 보상하도록 하는 것이다.

인지주의적 구성 부분

인지는 자기 지시(사람이 자기 자신을 인도하기 위해 항상 사용하는)의 형태로 표현된 생각(thoughts)이다. 인지는 또한 생각이나 '혼잣말'(자기 자신과 능력에 대해 내적으로 말하는)일 수 있다. 이 프로그램의 목적은 다음과 같다.

1. 보다 적응적인 자기 지시 하기

"나는 큰 프로젝트를 보다 작고 관리 가능한 부분들로 나눔으로써 결국 완성시키도록 계획할 것이다."

2. 부정적인 혼잣말에 도전하기

"나는 결코 제대로 일할 수 없다."

"나는 하루 종일 최대한 능률적으로 일해야 한다."

"내 인생의 혼란스러운 모든 것이 결코 나아지지 않을 것이다."

보다 긍정적인 인지로 대치하기

"항상 완벽할 필요는 없다 – 어느 정도 좋으면 충분하다."

"나는 두려워하지 않고 잘 해나갈 수 있을 것이다."

"내가 잘할 수 있는 것은 많다."

여기서의 목표는 성공과 만족을 저해하는 **정서적** 방해물을 인식하고 잘 대처하게 하는 것이다.

인지행동적 상승효과

이 프로그램의 인지행동적 구성요소는 서로 촉진하는 효과를 가져온다. 보다 능률적이고 조직화된 행동은 우리 자신에게 보다 긍정적 인지를 가지도록 돕는다. 또한 적응적 인지는 연쇄적으로 보다 긍정적 행동을 만들며, 이 긍정적 행동은 다시 우리 자신과 미래의 가능성을 위한 보다 긍정적 인지를 창조하고 유지하게 해 준다.

II. 각 회기의 형식

각 회기는 다음과 같이 구성된다.

1. **지난주의 진행과 과제 점검하기** 주별로 과제 연습이 전달되었는지 여부를 확인한다. 집단원들이 과제를 하고 집단에서 토론하게 하는 것이 바람직하다. 집단원들은 자신의 사적인 장소에 과제/파일을 보관함으로써 다른 사람들이 보지 못하게 하도록 권유하라.
2. **토론하고 회기 진행을 하면서 새로운 자료 제시하기**
3. **예상되는 어려움에 잘 대처하면서 다음 회기의 과제 연습 제시하기**

과제 연습을 지속하는 것은 집단 프로그램에서 얻을 수 있는 가장 좋은 이득이다. 하나 하나 과제를 하다 보면 점차 그 효과가 쌓여 더 큰 효과를 얻게 됨을 명심하라. 이 과제 연습을 잘 완수하면 – 한 주 동안 가장 중요한 우선순위를 정한다면 – 일상 생활에서도 이 전략들을 실제적이고 효율적으로 실행하고 활용하게 될 것이다.

만일 과제 연습을 완수하는 데 어려움이 있거나 전혀 하지 못한다 할지라도(죄책감이나 부끄러움 등이 있더라도), 다음 집단 프로그램에 반드시 참석하라. 누구나 처음에는 혼자 과제를 연습하는 데 여러 가지 어려움을 겪을 수밖에 없다 – 이런 자연스런 어려움을 혼자서 고민하기보다는 회기 내에서 함께 이야기하고 다루는 것이 좋다.

III. 기본 규칙

1. **규칙적인 참여와 시간 준수.** 자기 자신과 집단에 대한 헌신(commitment)의 중요성을 강조하라. 다른 집단원들이 당신의 지지와 말에 의지하고 있다. 당신이 없으면 집단 프로그램은 성공하기 어려울 것이다. 당신이 집단에 참여할 수 없다면 미리 전화를 하라. 정확한 시간 준수의 어려움 등의 문제나 종종 있을 수 있는 문제에 대해 충분히 대화하고 교육할 수 있는 시간을 가져라.
2. 비밀 준수. 집단에서 나온 이야기는 외부로 발설하지 않는다.
3. 치료 변화. 만일 집단원이 자신의 치료 계획에 변화를 준다면 – 예를 들어 약물 치료의 시작과 중지, 약물용량과 종류를 변화시키기, 또는 심리 치료의 시작/중단 등 – 가급적 치료자에게 알려서 치료자로 하여금 그 집단원이 집단 내에서의 얼마나 발전했는지를 더 잘 평가할 수 있게 하라.

IV. 헌신

집단 프로그램에 대한 헌신의 필요성과 과제 연습을 완수하는 것의 중요성을 강조하라. ADHD 성인은 시간 관리의 전문가가 될 수 있다 – 아마 보통사람보다 훨씬 더 잘할 수 있다 – 왜냐하면 그들은 시간 관리에 특별한 관심으로 두고 끊임없이 도전하고 노력하기 때문이다.

변화하는 것 – 다르게 해 보는 것 – 은 처음에는 이상하게 보일 수 있다. '자기 자신을 억지로 강요'하는 것처럼 보일 수 있어, '부자연스럽게' 느껴질 수 있다. 또한 '제대로 일을 하지' 못하는 것에 대해 불안해할 수 있다. 그러나 이런 현상들은 노력을 중단해야 할 이유가 되지는 않는다. 이 현상들은 오히려 새로운 습관이 보다 쉽고 자연스러워지지 않았으므로 더 열심히 해야 한다는 의미로 이해될 수 있다 – 시간을 갖고 노력하다 보면 성공할 것이다!

ADHD에 대한 질문과 답변

집단원들이 ADHD 진단과 치료에 대해 어떤 질문도 할 수 있도록 열어두라.

V. 집단 프로그램에 대한 회기별 계획에 대한 복사본 돌리기

VI. 이메일 목록 만들기

치료자는 날씨나 갑작스런 일 등으로 계획에 변화가 생기면 집단원과 쉽게 의사소통하고, 지난 회기에 빠진 사람에게 원활하게 연락하기 위해 이메일을 보낼 필요가 있다. 집단원들로부터 자신의 이메일을 타 집단원과 공유하는 것에 대해 허락을 받고, 필요하면 회기가 아닌 평소에도 서로 간의 연락을 촉진하게 한다.

VII. 과제 연습 : 진단에 대해 편안해지고 성장을 위해 노력하기

다음과 같이 과제 연습을 하도록 내주고 토론하게 한다.

1. 집단원에게 과제 연습의 목적과 내용에 대허 소개한다.
   - 집단원들이 ADHD 진단을 수용하고 다루게 하고, 변화를 준비하게 함으로써 본인들이 현재 어떤 상황에 있는지에 대해 통찰을 얻게 하기
2. 집단원이 언제 과제 연습을 완료하는지에 대해 집단과 함께 작업하기
   - 언제, 어떻게 집단원들이 과제를 완료하는가? (예: 마지막 순간? 집단 프로그램에 오는 지하철에서?)
   - 과제 완료를 위해 사용하는 다양한 방법의 장단점을 트론하라. 과제의 지연, 망각 등 예상되는 장애물에 대해 함께 살펴보다.
   - 가능한한 집단원이 일정한 날, 시간과 장소에서 과제를 완료하게 한다.
3. 집단원이 과제를 집에 가져가서 연습하고, 회기에 다시 가져오도록 바인더를 준비하도록 한다. 집단원이 과제와 프로그램 정보가 있는 바인더를 일정한 장소에 보관하게 하고, 그곳에서 연습하게 하라.
4. 집단원에게 다음번 회기에 일정관리수첩, 주소록, 현재 하는 일의 목록을 가져오도록 요청한다.

1회기

과제 연습

진단에 편안해지고 성장을 위해 노력하기

I. 도입

당신은 ADHD로 진단되었다. 당신은 이미 짐작했거나 약간 놀랄 수 있다. 당신의 감정은 다음과 같이 매우 복잡할 수 있다.

- 문제가 인식되고 규정되어 안도감을 느낄 수 있다 – ADHD는 의학적인 질병으로서 당신의 '잘못'이 아니다.
- 도움을 받을 수 있다는 새로운 희망을 가질 수 있다.
- 아직도 ADHD에 대해 많은 질문이 있을 것이다 – 나는 이 프로그램에서 많은 중요한 질문들을 다룰 수 있기를 희망한다.
- ADHD 진단에 대해 계속 의심할 수 있다.
- 생각하고 행동하는 방식에 중대한 영향을 주는 ADHD를 갖고 있다는 사실에 거부감을 느낄 수 있다.

- ADHD가 인식되지 않았고 오랫동안 치료되지 않았으며, 그것 때문에 고생했다는 사실에 분노할 수 있다.

이 글을 읽으며 당신은 어떤 감정을 느끼는가?

____

____

II. 변화로 나아가기

당신은 변화하고 성장하기를 원한다고 말한다. 당신은 이 문제에 대해 어떻게 대처할지 학습함으로써 긍정적 변화를 가져오길 원한다. 자 시작하자.

당신이 이 치료 프로그램에 참여하기로 결심한 이유는 무엇인가?

____

____

____

III. 변화로 나아가기

당신이 각오를 하더라도 당신의 삶에서 변화를 가져오는 것은 항상 장단점이 있을 수 있으며, 그 과정에서 불확실감과 위험을 느낄 수 있다. 다음 사항을 확인해 보라.

예상되는 장점

________ 덜 우울해지고 낙관주의 증가
________ '책임을 다하고 있다는' 느낌
________ 타인으로부터의 긍정적 피드백
________ 자존감과 자기 효능감의 증진

예상되는 단점

________ 위험/불확실
________ 불편함
________ 또 실패할 것이라는 두려움
________ 타인들이 어떻게 반응할지 불확실

Ⅳ. 과거의 상처/분노/과거에 대한 집착 다루기

당신이 아동기 때 ADHD 증상으로 인해 가장 힘든 일은 무엇이었는가?

당신은 지금 ADHD 아동을 돕기 위해 무슨 말을 할 것인가?

당신의 가장 친한 친구가 성인 ADHD라면 그 친구에게 무슨 말을 할 것인가?

Ⅴ. 장점/내적 자원 확인하기

우리 모두가 장애물을 극복하는 데 도움을 줄 수 있는 자원들을 살펴보았다. ADHD가 있다는 것은 당신에게 장점이 될 수도 있다. 어려움에 잘 대처하다 보면 종종 지혜로움, 인내와 결단이라는 내적인 장점을 개발할 수 있게 된다. 이 과정에서 유머, 우정, 연민의 감각을 개발할 수도 있다.

ADHD에 대해 노력한 결과 당신이 발전시켰다고 느끼는 긍정적 장점은 무엇인가?

2회기

치료자 노트

시간 관리

시간 인식과 계획하기

새로운 목표 기술

- 시계(손목시계, 벽걸이 시계 등)를 적절히 활용하기
- 시간 추측
- 일정관리수첩의 선택/구입
- 일의 목록과 계획을 위해 일정관리수첩을 사용하기

회기 연습

- 여러 형태의 일정관리수첩의 장단점 논의하기

과제 연습

- 자신의 일정관리수첩을 평가해 보기
- 시간 추정
- 시간 기록

I. 과제 연습에 대한 검토

여기서 강조하는 것은 과제의 내용도 중요하지만, **집단원이 실제 어떻게 계획을 했고 과제**

연습을 완료했느냐 하는 것이다. 집단원이 과제를 하려고 계획을 세웠는지, 언제 그 과제가 완료되었는지, 그리고 그 과정이 얼마나 적절했는지 물어본다. 과제 회피(예 : 실패에 대한 두려움)나 과제 불안뿐 아니라 시간 배정의 실패, 소요시간을 과소추정하기 또는 정해진 시간에 일을 마무리하지 못하기 등의 문제에 대해 주의하라.

집단원이 과제 연습의 실제 내용에 관해 그들이 원하는 만큼 많은 것을(특히 집단원이 노력한 결과 얻을 수 있는 통찰을 포함해서) 공유하도록 허락하라.

위에서 언급된 주요 쟁점/문제는 이어지는 발표/토론으로 연결될 수 있다.

II. 시간 인식

연구에 의하면 ADHD 성인은 시간의 경과를 지각하면서도 활동을 조절하는 데 어려움이 있다고 한다. 그들은 일을 마치는 데 필요한 시간을 잘 추정하지 못하므로 허드렛일, 과제, 직장일, 프로젝트에 맞게 적절하게 시간을 배분하지 못한다. 이런 실수 중 어떤 것은 비합리적인 생각인 '소원충족적 사고(wishful thinking)' – 하기 싫고 지루한 일(예 : 영수증 처리)을 실제보다 더 빨리 끝낼 수 있다는 믿음 – 와 많은 관계가 있다.

ADHD 성인이 시간에 대한 인식을 잘할 수 있도록 다음과 같은 점을 개발할 필요가 있다.

1. 시계를 항상 손목에 차고, 집과 가정에서는 잘 보이는 곳에 벽걸이 시계를 걸어 둔다.
2. 일상적인 일들을 수정하는 데 실제 얼마나 걸리는지 추정해 보고 실제 시간을 측정해 본다.

치료자 유의사항 : 집단원에게 몇 명이 손목시계를 찼는지 물어보라. 많은 사람들이 시계를 차고 있지 않다. 시계를 안 찬 사람에게는 왜 그랬는지 이유를 물어보라. 흔히 "특별히 필요하지 않아요 – 핸드폰을 쓰면 된다."라고 응답한다(**반응 : 핸드폰으로는 쉽고 빠르게 시간을 확인하기 어려우므로 '시간 인식'을 정확히 하기 위해서는 손목시계를 차는 것이 좋다**). ADHD 성인은 시간에 대해 '좋으면서도 싫은' 양가적 태도를 갖기 쉽고, 시간이 얼마나 많이 흐르는지 인식하는 것을 원하지 않을 수 있다. ADHD 성인은 시계가 없으면 시간에 대한 적절한 대응책을 배우기 어렵다.

III. 일정관리수첩의 선택과 사용

집단원으로 하여금 자신이 현재 쓰고 있는 수첩의 형태와 일의 목록, 주소록을 보여달라고 요청하라.

일정관리수첩 선택

종이 수첩과 전자 수첩의 장단점을 제시하라. 종이 수첩은 컴퓨터를 잘 쓰지 못하는 사람에게 좋다. 전자 수첩은 중요한 사건을 반복하고, 약속이나 과제를 변경하고, 일의 목록의 입력 등을 쉽게 할 수 있어 좋다. 전자 수첩이 더 정밀하고 정돈된 느낌을 줄 수 있다. 수첩은 가지고 다니기 쉬어야 하고, 일의 목록을 충분히 쓸 만큼의 여유가 있어야 한다.

일정관리수첩 사용의 계명

1. **수첩 사용은 1개만 하라.** 수첩 1개를 선택해서 그것에 몰입하고 집중하라.
2. **항상 수첩을 소지하라.** 수첩은 휴대하기 쉬워야 하고 항상 가지고 있으면서 수시로 약속을 확인하고 해야 할 일을 쓰게 하라. 길에서 우연히 사람을 만나거나 약속하게 되면 즉시 수첩에 관련 사항을 쓰게 하라.
3. **모든 약속과 할 일을 수첩에 적도록 하라.** 특히 일이나 과제를 완료하기 위해 노력할 때 이 방법을 사용하라. 이 사항들이 수첩에 기재되지 않으면 기억하기 어렵고, 그러면 일을 끝까지 마무리하기도 어려워진다.
4. **매일 아침, 점심과 저녁에 항상 수첩을 참고하라!(수첩 없이 하루를 시작하지 마라!)** 수첩에 써놓기만 하고 규칙적으로 보지 않으면 생활에 아무런 도움이 되지 않는다 – 칫솔질하는 것처럼 규칙적으로 수첩을 봐라. 매일 세 번 점검하는(thrice-daily habit) 습관을 들여야 한다. 밤에는 수첩을 통해 다음날 아침에 필요한 사항, 옷, 사무 관련 물품 등 필요한 사항을 확인하라. 아침에는 수첩을 들여다보고 그날의 일정상 필요한 것이 무엇인지 자신에게 상기시키고, 하루가 잘 시작되고 있고 빠진 것이 없다는 것을 확인하도록 하라. **적어도 하루에 한 번 수첩을 최신정보로 교체하고, 완료되지 않은 항목을 재계획하고 정리하라. 수첩을 확인하도록 상기시켜 줄 '단서(cue)' – 아침에 커피를 탈 때, 점심의 휴식, 그리고 밤에 알람시계를 맞출 때 등 – 를 마련해 두어라.**

기억할 점 : 일정관리수첩에 없다면 그것은 존재하는 것이 아니다.

Ⅳ. 일의 목록 사용하기

1. **정기적으로 주 단위의 시간 배정**을 해두는 것은 반복되는 업무를 '수행'하는 데 도움이 된다 – 보고사항/메모 쓰기, 내담자에게 전화하기, 회의, 현장에서 일하기 등. (과제 연습으로) 시간 기록을 연습하게 되면 일을 하기 위해 필요한 시간이 주당 몇 시간인지 명확히 파악하게 될 것이다.
2. **중요한 프로젝트, 고객, 계좌 등에 해당되는 일의 목록을 각각 만들어 두어라.** 예를 들어 프로젝트 A, B, C를 할 때 각 프로젝트별로 필요한 일에 대한 목록을 따로 설정하고 관리하라. 고객이나 프로젝트에 대한 일을 작업한 시간이 이미 수첩에 잘 정리되어 있으면 수첩에 적힌 일의 목록을 보고 해야 할 모든 일을 신속히 알 수 있다. 집에서도 비슷하게 해야 할 일의 개별 목록을 작성해서 갖는 것이 좋다 – 예를 들어 수리할 물건, 쇼핑몰에서 구입해야 할 물건, 또는 저녁파티나 휴가를 위해 준비해야 할 것들. 낱장을 쉽게 분리할 수 있는 스프링이 있는 수첩은 뒤에 각 프로젝트/범주별로 따로 색인을 붙여 쉽게 분류할 수 있다. 새로운 종이도 쉽게 삽입할 수 있다. 전자 수첩은 여러 가지 (15개 이상) 일의 목록을 분리해서 저장하기 쉽다.
3. **일이 완료되는 대로(매우 만족스럽게) 신속하게, 종이 수첩에 그 항목에 완료되었다고 표시하거나 전자 수첩은 '지우기/제거'를 하라.**

Ⅴ. 성공적인 계획을 위한 팁

1. 매일 같은 시간에 반복되는 일을 계획하라(주말의 영수증 처리, 세탁, 접시 닦기 등), 규칙적인 **구조가 가장 좋다!**
2. 프리랜서나 집에서 일하는 사람은 가능한 한 일과 업무에 소요되는 시간을 일정하게 고정적으로 정해서 준수하도록 해야 하고, 사소한 집안 심부름이나 여가활동에 많은 시간을 할애하지 않도록 보류하고, 저녁이나 주말에 하도록 한다.
3. 가장 동기가 높을 때(예 : 현안이 되는 주제와 계획에 대해 가장 열의가 있고 준비되어 있는 때인 중요한 회의 전이나 후) 더 복잡하고 도전적인 일을 하도록 계획하라.
4. 자신이 가장 에너지가 있다고 느낄 때 가장 어려운 일을 먼저 하라 – 즉 가장 오랫동안 미루었던 일이나, 다시 할 기회를 찾기 어려운 일 등
5. 피곤하면 가장 쉬운 일을 하거나 '자동적인' 일 – 최소한의 생각과 노력을 요하는 – 또

는 가장 재미있는/즐거운 일을 하라.

6. 절대 어려운 부분에서 일을 그만두지 마라. 이어서 다시 시작하기가 훨씬 힘들어진다.
7. 시작할 때 많은 정신적 노력을 요하는 일(예 : 글쓰기)에 더 많은 시간을 할애하도록 계획하라.
8. 사소한 일을 하는 데 '자투리 시간' – 차/버스/전철 기다릴 때 – 을 활용하라(아래의 목록 참조).
9. 혹시 계획대로 못해서 실패할 때(쉽게 이렇게 될 수 있다) 자신을 비난하는 데 시간을 낭비하지 마라. 바로 다시 돌아와서 일을 다시 시작하면 충분하다!
10. 이완할 수 있는 '한가한 시간(downtime)'을 계획에 넣어두어라. 그렇지 않으면 '한순간도 쉴 수 없는 것'처럼 느끼기 쉽고, 이렇게 되면 자신이 작성한 계획표를 싫어하게 된다.

VI. '자투리 시간' 잘 사용하기(기다리면서 할 수 있는 몇 가지 일들)

우리는 모두 하루 동안에 잠시 '한가한 시간'이 있게 된다. 이런 작은 '시간 조각'을 유용하게 사용할 수 있다(그래서 귀중한 시간을 저축할 수 있다). '자투리 시간'에 할 수 있는 일은 다음과 같다.

- 계획하기
- 편지봉투에 주소를 쓰거나 우표 붙이기
- 목록 만들기
- 저녁, 주말, 선물, 파티에 입을 옷, 사무실에서 다음에 할 일 등을 결정하기
- 프로젝트나 서류작업에 대한 아이디어 내기
- 오디오 테이프 듣기
- 길을 따라 천천히 걸으면서 상점이나 판매점의 여러 위치 관찰하기
- 좋은 책이나 신문 갖고 다니기
- 장기적인 계획에 대해 마음속으로 계획하기. 또한 이를 위해 매주 '신성한' 시간을 확보해 두기

2회기

과제 노트

시간 관리

시간 인식과 계획하기

기억할 점 : 일정관리수첩에 없다면 그것은 존재하는 것이 아니다.

I. 도입

ADHD를 가진 많은 사람들에게 가장 문제가 되는 것은 시간이다. 필요한 일을 해야 할 때 항상 시간이 부족하다. 어떤 일을 하기 위해 기다려야 한다면 그것을 할 시간이 많다고 할 수 있다. 어떤 사람에게 시간은 전쟁 중인 적과 같다. 다른 사람에게는 수수께끼와 같다. 성공적으로 시간을 사용하고 관리하는 것은 경력개발과 노력의 결실을 맺기 위해 필수적인 것이다. 학생이든, 공학도이든, 가정주부이든, 대표이사든, 의사든 성공하기 위해서는 시간을 적절히 관리하는 것을 반드시 배워야 한다. 시간 관리에 대해 말할 때 당신이 원하거나 요구하는 대로 가장 효율적이고 신속하게 과제를 완료하는 데 필요한 기술과 도구들에 대해 이야기하게 될 것이다. 시간에 대해 잘 인식하는 것이 좋은 시간

관리를 위한 첫 단계이다. ADHD 성인이 시간추정을 잘 못한다는 연구가 많이 있다. 이것은 ADHD 성인이 어떤 일에 걸리는 시간을 잘 판단하지 못한다는 것을 의미한다. 또한 일을 할 때 시간이 얼마나 경과되었는지 판단하기 어려울 수 있다. 어떻게 이것을 개선시킬 수 있을까?

II. 시간 인식 능력을 증진시키기

이 기술은 연습, 연습, 또 연습을 요한다. 프로그램 내내 이번 주, 그리고 다음 주 계속 일상의 업무에 소요되는 시간을 다 기록할 것이다. 이 작업은 힘들지만 시간 관리 능력을 증진시키는 데는 매우 큰 도움이 될 것이다. 효과적으로 계획을 세우기 위해서는 일을 완료하는 데 드는 시간이 얼마나 되는지 정확하고 합리적인 추측을 할 수 있어야 하기 때문이다.

III. 벽걸이 시계를 친구로 삼기

한 번에 볼 수 있는 벽걸이 시계가 없다면 좋은 시간 관리는 불가능하다. 모든 방에 당신이 바로 볼 수 있는 곳에 시계가 있다면 “몇 시인지 알 수 없어.”라고 말할 수는 없을 것이다. 시계를 정확히 보지 않는다면 시간의 경과를 정확하게 아는 것은 불가능하다. 가끔씩 자기 자신을 시험해 보라. 시계를 볼 수 없을 때 몇 시인지 추측해 보라(당신이 마지막으로 시간을 본 후에 한 일을 돌아보면서). 연습을 하면서, 시간이 얼마나 지났는지 추측을 더 잘하게 되는 자신을 발견할 것이다. 시간의 흐름을 주의 깊게 살피지 못한다면 시간은 당신의 시야로부터 벗어나게 될 것이다.

IV. 일정관리수첩 사용의 계명

1. **수첩 사용은 1개만 해라.** 수첩 1개를 선택해서 그것에 몰입하고 집중해라.
2. **항상 수첩을 소지하라.** 수첩은 휴대하기 쉬워야 하고 항상 가지고 있으면서 수시로 약속을 확인하고 해야 할 일을 쓰게 하라. 길에서 우연히 사람을 만나거나 약속하게 되면 즉시 수첩에 관련 사항을 쓰게 하라.
3. **모든 약속과 할 일을 수첩에 적도록 하라.** 특히 일이나 과제를 완료하기 위해 노력할 때 이 방법을 사용하라. 이 사항들이 수첩에 기재되지 않으면 기억하기 어렵고, 그러면 일을 끝까지 마무리하기도 어려워진다.
4. **매일 아침, 점심과 저녁에 항상 수첩을 참고하라!(수첩 없이 하루를 시작하지 마라!)** 수첩에 써

놓기만 하고 규칙적으로 보지 않으면 생활에 아무런 도움이 되지 않는다 – 칫솔질 하는 것처럼 규칙적으로 수첩을 봐라. 매일 3번 점검하는 습관을 들여야 한다. 밤에는 수첩을 통해 다음날 아침에 필요한 사항, 옷, 사무 관련 물품 등 필요한 사항을 확인하라. 아침에는 수첩을 들여다 보고 그날의 일정상 필요한 것이 무엇인지 자신에게 상기시키고, 하루가 잘 시작되고 있고 빠진 것이 없다는 것을 확인하도록 하라. **적어도 하루에 한 번 수첩을 최신정보로 교체하고, 완료되지 않은 항목을 재계획하고 정리하라. 수첩을 확인하도록 상기시켜 줄 '단서' – 아침에 커피 탈 때, 점심의 휴식, 그리고 밤에 알람시계를 맞출 때 등 – 를 마련해 두어라.**

V. 계획하기

계획을 세우고 그 계획을 위한 도구 사용을 학습하는 것은 조직화를 위해 좋은 일이다. 우리가 이에 대해 이야기를 하면서 효과적인 방법을 찾아야 한다. 당신은 좋은 계획 체계를 갖고 있어야 하고 **매일 그것을 사용해야 한다.**

단기간의 계획

이것은 다음을 의미한다.

- 모든 약속은 기록되어야 한다.
- 모든 일은 계획되어야 한다.
- 완료되지 않은 일은 다음 시간대로 반드시 이동시켜라.
- 계획표를 매일 점검하고 업데이트해야 한다 – **하루의 어떤 시간을 선택해서 그 시간에 계획표를 충실히 정리하라.**

성공적인 계획을 위한 팁

1. 매일 같은 시간에 반복되는 일을 계획하라(주말의 영수증 처리, 세탁, 접시닦기 등). 규칙적인 **구조가 가장 좋다!**
2. 프리랜서나 집에서 일하는 사람은 가능한 한 일과 업무에 드는 시간을 일정하게 고정적으로 정해서 준수하도록 해야 하고, 사소한 집안 심부름이나 여가활동에 많은 시간을 할애하지 않도록 보류해서, 저녁이나 주말에 하도록 한다.
3. 가장 동기가 높을 때(예 : 현안이 되는 주제와 계획에 대해 가장 열의가 있고 준비되어 있는 때인 중요한 회의 전이나 후) 더 복잡하고 도전적인 일을 하도록 계획하라.
4. 자신이 가장 에너지가 있다고 느낄 때 가장 어려운 일을 먼저 하라 – 즉 가장 오랫동안

미루었던 일이나 다시 할 기회를 찾기 어려운 일 등

5. 피곤하면 가장 쉬운 일을 하거나 '자동적인' 일 – 최소한의 생각과 노력을 요하는 – 또는 가장 재미있는/즐거운 일을 하라.
6. 절대 어려운 부분에서 일을 그만두지 마라. 이어서 다시 시작하기가 훨씬 힘들어진다.
7. 시작할 때 많은 정신적 노력을 요하는 일(예 : 글쓰기)에 더 많은 시간을 할애하도록 계획하라.
8. 사소한 일을 하는 데 '자투리 시간' – 차/버스/전철 기다릴 때 – 을 활용하라(아래의 목록 참조).
9. 혹시 계획대로 못해서 실패할 때(쉽게 이렇게 될 수 있다) 자신을 비난하는 데 시간을 낭비하지 마라. 바로 다시 돌아와서 일을 다시 시작하면 충분하다!
10. 이완할 수 있는 '한가한 시간'을 계획에 넣어두라. 그렇지 않으면 '한순간도 쉴 수 없는 것'처럼 느끼기 쉽고, 이렇게 되면 자신이 작성한 계획표를 싫어하게 된다.

VI. '자투리 시간' 잘 사용하기(기다리면서 할 수 있는 몇 가지 일들)

우리는 모두 하루 동안에 '한가한 시간'이 있게 된다. 이런 작은 '시간 조각'을 유용하게 사용할 수 있다(그래서 귀중한 시간을 저축할 수 있다). '자투리 시간'에 할 수 있는 일은 다음과 같다.

- 계획하기
- 편지봉투에 주소를 쓰거나 우표 붙이기
- 목록 만들기
- 저녁, 주말, 선물, 파티에 입을 옷, 사무실에서 다음에 할 일 등을 결정하기
- 프로젝트나 서류작업에 대한 아이디어 내기
- 오디오 테이프 듣기
- 길을 따라 천천히 걸으면서 상점이나 판매점의 여러 위치 관찰하기
- 좋은 책이나 신문 갖고 다니기
- 장기적인 계획에 대해 마음으로 계획하기. 또한 이를 위해 매주 '신성한' 시간을 확보해 두기

2회기

과제 연습

시간 관리

시간 인식과 계획하기

I. 최근의 개인 일정관리수첩을 평가하고 새로운 사항을 추가하시오(필요할 경우에).

당신은 오직 하나의 수첩만 가지고 있다 — 결정을 미루지 마시오.

현재의 일정관리수첩이 다음의 필수적인 특성을 지니고 있다면 빈 공간에 체크하시오.

__________ 1. 가지고 다니기 쉬움 — **매일** 가지고 다닐 수 있음

__________ 2. 사용하기 쉬움. 컴퓨터로 사용하기 불편하다면 디지털 전자 도구(PDA)가 당신에게 가장 좋을 것임.

__________ 3. **날마다** 할 일의 목록과 장기간의 프로젝트 목록을 위한 충분한 공간이 있음

__________ 4. 쉽게 업데이트 할 수 있어야 함 — 즉 지우고 대체할 수 있는 달력과 주소록, 할 일 목록을 위한 시트를 가지고 있어야 함

주의 : 당신의 일정관리수첩이 이와 같은 특성을 가지고 있지 않다면 다음 회기 전까지 새로

운 것을 구입하도록 한다.

Ⅱ. 시간 인식의 증대

당신이 생각하기에 얼마의 시간이 걸리는지를 아래에 있는 각 항목에 기입하시오. 왼쪽 세로줄의 추가 공간에는 당신의 개인적 일상에 관한 항목을 적으시오. 이러한 항목을 실행할 기회가 왔을 때, 실제 시간을 측정하고 그것을 오른쪽 세로줄에 기입하시오.

	완료 예상 시간	시작 시간	완료 시간	실제 소요 시간
과제 준비				
통근 시간 (학교, 상점 등)				
저녁 준비				
편지 분류				
은행 업무 보기				
이메일 읽기				
비즈니스 편지 쓰기				
청구서 지불				
전화 회신				
식기세척기 비우기				
설거지				
애완견 산책시키기				
운동(해당되는 경우 체육관에 다녀오는 시간 포함)				

III. 시간은 어디로 흘러가는가? 시간 기록 만들기

시간이 어디로 흘러가는지 모른다면 시간 관리에 변화를 주는 것은 어렵다. 이 질문에 대답하기 위해 다음의 활동은 주중의 하루를 선택하여 당신이 하는 모든 활동을 따라가 보도록 한다. 즉 시간 기록지를 만들어 당신의 모든 활동을 기입하는 것이다. 당신은 일정관리수첩에 계속 기록하며 매 시간의 해당 칸에 시간 목록을 작성하는 것이 편리하다는 것을 알게 될 것이다. 아침에 일어나서 직장에 출근하고 다시 집에 돌아오는 등의 활동을 기록하는 것으로부터 시작하라. 공간이 부족하다면 기록하기 전의 달력 페이지를 복사하라. 또는 다음 페이지를 사용하라. 그렇다면 당신은 아마 이렇게 기록할 것이다.

9:00 - 10:00	메모
10:00 - 11:00	이메일
11:00 - 정오	회의
정오 - 1:00	점심식사

잠자리에 들 때까지 계속해서 각 시간마다 적어도 한 항목은 기록해야 한다.

일상 활동 기록

날짜 : ___________________________

시간 간격	활동
오전 5~6시	
오전 6~7시	
오전 7~8시	
오전 8~9시	
오전 9~10시	
오전 10~11시	
오전 11시~정오	
정오~오후 1시	
오후 1~2시	
오후 2~3시	
오후 3~4시	
오후 4~5시	
오후 5~6시	
오후 6~7시	
오후 7~8시	
오후 8~9시	
오후 9~10시	
오후 10~11시	
오후 11시~자정	
자정~오전1시	
오전 1~2시	
오전 2~3시	
오전 3~4시	
오전 4~5시	

3회기

치료자 노트

시간 관리

과제를 용이하게 하고 자신에게 보상하기

새로운 목표 기술

- 크거나 어려운 과제들을 관리하기 쉬운 분량으로 나누기
- 자기 강화를 하는 것

회기 연습

- 복잡하거나 어려운 과제를 부분으로 나누기
- 개인 보상 목록 만들기

과제 연습

- 하나 이상의 작은 과제들에 대해 일정을 짜고 그것들을 완료하기(한 시간 이내로)
- 필요하다면 시간 추정과 시간 기록 연습을 계속하기

오늘 우리는 불편한 과제를 좀 더 편안하게 만들도록 보상을 사용하는 것에 대해 이야기할 것이다. 반복되고 지루하며 싫증나는, 노력을 요하는 과제들은 ADHD가 있는 사람들에게 특히 어렵다. 이것을 다루는 가장 효과적인 방법은 처리할 수 있는 '분량'으로 과제를 나누는 것이다. 그리고 각 분량들을 완료한 후 자신에게 보상을 해 주는 것이다.

기억할 점 : 과제를 시작하기 어렵다면 첫 번째 단계가 너무 큰 것이다!

이 진술은 필연적으로, 여지없이 맞는 말이다. 이는 당신이 과제를 쉽게 달성할 수 있다고 느낄 때까지 의도했던 것의 분량이나 규모(혹은 사용하려고 했던 시간)를 지속적으로 줄여야함을 의미한다.

예 : 만일 당신이 책상에 놓인 서류 더미를 마주하여 바라보기도 싫고 조직화하기 매우 힘들 때, 과제를 쉽게 참아낼 수 있는 시간이 어느 정도인지를 결정하라. 한 시간이라 말했다고 가정해 보자. 이제 3시간이 지나가버렸고 당신은 여전히 과제를 시작해야 함을 깨닫게 된다. 60분은 과제에 사용할 시간을 계획하기에는 당신에게 여전히 긴 시간이다. 그렇다면 30분을 사용하겠다는 새로운 자신과의 약속을 시도해 보라. 여전히 시작하기 어려운가? 그렇다면 15분만 사용하기로 계획하라. 할당된 시간을 재기 위한 타이머를 사용할 수 있다. **이는 당신이 과제 수행이 '쉽다고' 느낄 때까지, 그리고 과제를 실제로 시작할 수 있을 때까지 시간 줄이기를 계속하는 것이다.** 정해진 시간을 끝냈을 때 과제에 '관심이 있다면' 그것을 계속해 나가는 데 확실히 자유로움을 느낀다(아마 틀림없이 그럴 것이다)! **그렇지 않다면 나중에 다시 작업할 때 다음 단계(적어도 같은 길이의 시간)를 계획해 보라.**

또 다른 예 : 당신이 물이 새는 것을 수리하거나, 그동안 즐겁지 않아서 피해왔던 또 다른 집안 일을 해야 한다고 가정하자. 여기서 도움이 되는 방법은 일을 마치기 위해 필요한 재료들을 모으고, 그것을 잘 보이는 위치에 놓는 것이 첫 번째 단계일 것이다. 마찬가지로 가구나 기기의 부품 조각을 조립해야 할 때 먼저 설명서를 읽고 무엇이 있는지를 보라. 사무용 편지를 작성해야 할 때 당신이 필요한 파일이나 서류를 수집하라. 이것은 두 가지 기능을 수행할 것이다. 먼저 이 방법은 당신이 과제를 시작할 수 있도록 해 줄 것이며, 당신이 과제를 완성하도록 시각적인 단서를 상기시켜 줄 것이다.

ADHD를 지닌 사람들은 장거리 주자보다 더 나은 '단거리 주자'이다. 따라서 당신은 그에 부응하여 시간을 설정하고 관리해야 한다. 즉 한 번에 적은 양만 수행하기로 계획하라.

보상을 활용하기 위한 다른 방법들은 다음과 같다.

1. **어렵거나 불편한 과제 혹은 그 일부분을 완료한 후에 스스로에게 보상(강화물)을 줄 계획을 세워라(자기-보상 수반성).** 이러한 자기 보상으로는 산책하기, 친구와 통화하기, 인터넷 서

핑, 책이나 잡지 읽기, TV쇼 보기, 음악 듣기, 간식 준비하기, 운동, 뜨거운 물로 목욕하기 등이며, 혹은 개인적으로 좋아하는 것들이 보상이 될 수 있다. 과제를 시작하거나 완성하기 어려울 때 과제를 끝내자마자 얻게 될 보상을 떠올려 보라.

2. **자연스럽게 발생하는 강화물을 활용하라.** 예를 들어 직업상 해야 하는 일이 메모하는 것과 동료들에게 전화하는 것이고, 당신은 메모하는 것보다 사람들과 이야기하는 것을 더 즐긴다면 메모를 먼저 하고 나서 전화를 걸도록 하라. 마찬가지로 좀 더 어려운 과제와 좀 더 쉬운 과제를, 혹은 지루한 과제와 재미있는 과제를 하루 동안 자연스럽게 번갈아 하라.
3. **불편한 과제를 편한 과제와 함께 짝지어라.** 어떤 과제나 활동들은 그것이 더 즐거운 사건이나 조건과 짝지어졌을 때(예 : 동시에 이루어지는 것처럼) 좀 더 견딜 만하다. 예를 들어 TV나 비디오를 보면서 혹은 음악을 들으면서 운동을 하거나, 일과 관련된 서류를 읽을 때 편안한 의자에 몸을 웅크리고 앉을 수 있고, 활기찬 음악을 들으며 집안 청소를 하거나, 친구와 전화로 이야기하며 식기 세척기나 건조대로 그릇을 옮길 수 있다. 또한 어려운 과제를 완성하기 위해 효율적인 소프트웨어 프로그램을 활용하는 것을 고려해 볼 수 있다(예 : 온라인으로 청구서 지불하기, 세금을 낼 때 세금관리 프로그램 사용하기).
4. **과제를 함께 할 수 있는 사람과 파트너가 되어라.** 당신에게 즐겁지 않은 과제를 하는 동안 옆에 있어 주거나 그 과제를 함께 할 수 있는 사람을 찾아라.

회기 연습 1 : 양이 많은 과제를 처리할 수 있을 만큼의 '분량'으로 나누기

시작하거나 완성하기 어려웠던 개인적이거나 혹은 업무 프로젝트가 있었는지를 물어보라. 아무도 자원하지 않으면 사례를 들어라(예 : 청소하기 혹은 집 전체를 수리하기). 어떻게 과제를 부분들로 나누고(예 : 과제별로 먼지 털기, 청소기 돌리기, 칠하기, 혹은 영역별로 욕실, 지붕), 계획표에 기록하며, 각각의 과제를 완성한 후에 그에 따른 자기 보상을 계획하도록 설명해 주어라.

회기 연습 2 : 개인적 보상 목록 만들기

각 집단원들에게 종이 한 장을 주고, 작은 개인적 보상 목록을 적어보도록 한다(30분 미만의). 그리고 큰 보상을 적어보도록 한다(1시간이나 2시간 이상).

치료자 유의사항 : 각 참가자들이 얼마나 많이 쓰고 있는지를 쭉 훑어보라. 어떠한 보상적 활동도 인식하기 어렵다면, 그것은 종종 그가 우울하다는 신호가 될 수 있다.

시간 관련 훈련을 집에서 계속하기

시간 추정 훈련을 계속하기

시간 추정 능력을 증진시키기 원하는 사람들에게 시간 추정 연습을 계속하는 것이 유용하다는 것을 강조하라. 집에서 계속 할 수 있는 시간 추정 연습의 추가 복사본을 나누어 주어라.

시간 기록 연습을 계속 하기

시간 기록 연습을 계속하는 것은 집단원들이 시간이 어떻게 사용되는지에 대한 선명한 그림을 얻도록 하고, 할당된 시간에 계획했던 바가 성취되었는지를 점검하게 한다.

3회기

과제 노트

시간 관리

과제를 용이하게 하고 자신에게 보상하기

기억할 점 : 과제를 시작하기 어렵다면 첫 번째 단계가 너무 과한 것이다!

반복적이고 지루하며 싫증이 나고, 노력을 요하는 과제들은 ADHD를 지닌 사람들에게 특히 어렵다. 이것들을 다루는 가장 효과적인 방법은 그 과제를 처리할 수 있는 '분량'으로 나누는 것이다. 그리고 각 분량들을 완성한 후 자신에게 보상을 해 주는 것이다.

예 : 당신이 물이 새는 것을 수리하거나, 그동안 즐겁지 않아서 피해왔던 또 다른 집안 일을 개선해야 한다고 가정하자. 여기서 도움이 되는 방법은 일을 마치기 위해 필요한 재료들을 모으고, 그것을 잘 보이는 위치에 놓는 것이 첫 번째 단계일 것이다.

이것은 두 가지 기능을 수행할 것이다. 먼저 이 방법은 당신이 과제를 시작할 수 있도록 해 줄 것이며, 당신이 과제를 완료하도록 시각적인 단서를 상기시켜 줄 것이다.

1. 어렵거나 불편한 과제 혹은 그 일부분을 완료한 후에 스스로에게 보상(강화물)을 줄 계획을 세워

라(자기-보상 수반성)**. 이러한 자기 보상으로는 산책하기, 친구와 통화하기, 인터넷 서핑, 책이나 잡지 읽기, TV 쇼 보기, 음악 듣기, 간식 준비하기, 운동, 뜨거운 물로 목욕하기 등이며, 혹은 개인적으로 좋아하는 것들이 보상이 될 수 있다. 과제를 시작하거나 완성하기 어려울 때 과제를 마치고 나자마자 얻게 될 보상을 떠올려 보자.

2. **자연스럽게 발생하는 강화물을 활용하라.** 예를 들어 직업상 해야 하는 일이 메모하는 것과 동료들에게 전화하는 것이고, 당신은 메모를 하는 것보다 사람들과 이야기하는 것을 더 즐긴다면 메모를 먼저 하고 나서 전화를 걸도록 하라. 마찬가지로 좀 더 어려운 과제와 좀 더 쉬운 과제를 혹은 지루한 과제와 재미있는 과제를 하루 동안 자연스럽게 번갈아 하라.
3. **불편한 과제를 편한 과제와 함께 짝지어라.** 어떤 과제나 활동들은 그것이 더 즐거운 사건이나 조건과 짝지어졌을 때(예 : 동시에 이루어지는 것처럼) 좀 더 견딜 만하다. 예를 들어 TV나 비디오를 보면서 혹은 음악을 들으면서 운동을 하거나, 일과 관련된 서류를 읽을 때 편안한 의자에 몸을 웅크리고 앉을 수 있고, 활기찬 음악을 들으며 집안 청소를 하거나, 친구와 전화로 이야기하며 식기 세척기나 건조대로 그릇을 옮길 수 있다. 또한 어려운 과제를 완성하기 위해 효율적인 소프트웨어 프로그램을 활용하는 것을 고려해 볼 수 있다(예 : 온라인으로 청구서 지불하기, 세금을 낼 때 세금관리 프로그램 사용하기).
4. **과제를 함께 할 수 있는 사람과 파트너가 되어라.** 당신에게 즐겁지 않은 과제를 하는 동안 옆에 있어 주거나 그 과제를 함께 할 수 있는 사람을 찾아라.

3회기

과제 연습

시간 관리

과제를 용이하게 하고 자신에게 보상하기

1단계 : 그동안 연기하거나 회피하고 미루어왔던 과제를 하나 선택하라. 간단하고 1시간 내에 쉽게 완성할 수 있는 과제를 택하라.

2단계 : 과제가 얼마나 걸릴지를 예상하고(분 단위로) 당신의 일정관리수첩에 적절히 계획을 세워 기입하라.

3단계 : 과제를 완료한 후에 당신에게 즐거움을 주는 작은 보상을 하라.

4단계 : 시간에 맞춰 과제를 완료하고, 당신에게 적절히 보상하라.

5단계 : 다음 페이지에 제시된 시간 기록 양식을 완성하라.

잘 진행되었다면 당신이 미루어왔던 두 번째 과제에 대해서도 이 모든 단계를 반복하라. 잘 진행되지 않았다면 잘 안 되었던 것을 기록하고 다시 시도해 보라!

시간 추정과 시간 기록 훈련을 계속하는 것을 기억하라! 연습을 통해 당신의 시간 관리 기술이 증진될 것이다.

시간 기록

선택한 과제	완료 예상 시간	예정된 날짜, 시간	완료 여부	실제 소요 시간
과제 1				
과제 2				

어떻게 진행되었는가? 문제가 있었는가?

과제 1

과제 2

Cognitive-Behavioral Therapy for Adult ADHD: Targeting Executive Dysfunction (Mary V. Solanto 저, Guilford Press, 2011). 이 자료의 복사는 개인적 용도로 이 책을 구입한 사람에게만 허용됨(상세한 내용은 저작권 부분 참조).

시간 추정 워크시트

시간 추정 기술을 높이는 것은 지속적인 연습을 필요로 한다. 좋은 수행을 위해 당신이 시간을 좀 더 잘 맞추고 싶은 과제나 활동을 선택하라. 빈칸에 당신과 특히 관련이 있는 과제나 활동들을 기입하라. (필요하다면 추가 용지를 사용할 수 있다.)

	완료 시간 예상	시작 시간	완료 시간	실제 경과 시간
과제 준비				
통근 시간 (학교, 상점 등)				
저녁 준비				
편지 분류				
은행 업무 보기				
이메일 읽기				
비즈니스 편지 쓰기				
청구서 지불				
전화 회신				
식기세척기 비우기				
설거지				
애완견 산책시키기				
운동 (해당되는 경우 체육관에 다녀오는 시간 포함)				

일상 활동 기록

날짜 : ______________________________

시간 간격	활동
오전 5~6시	
오전 6~7시	
오전 7~8시	
오전 8~9시	
오전 9~10시	
오전 10~11시	
오전 11시~정오	
정오~오후 1시	
오후 1~2시	
오후 2~3시	
오후 3~4시	
오후 4~5시	
오후 5~6시	
오후 6~7시	
오후 7~8시	
오후 8~9시	
오후 9~10시	
오후 10~11시	
오후 11시~자정	
자정~오전 1시	
오전 1~2시	
오전 2~3시	
오전 3~4시	
오전 4~5시	

4회기

치료자 노트

시간 관리

우선순위 정하기와 할 일 목록

새로운 목표 기술

- 우선순위를 인식하기
- 우선순위를 정하기 위해 일정관리수첩을 사용하기

회기 연습

- 할 일 목록으로 계획 세우기

과제 연습

- 중요성-긴급성 체계 완성하기
- 한 주의 할 일 목록으로 계획 세우기

기억할 점 : 모든 일은 우선순위에 따라 행하라 !

치료자 유의사항 : 과제를 점검하기 전에 집단에서 다음의 사항들(지난 회기로부터)을 돌아보고 강조하는 약간의 시간을 가져라.

계획을 세우는 '원칙'

1. 과제를 하는 데 시간이 얼마나 걸릴지 예상하라(과제가 많다면 부분으로 나누어라).
2. 과제를 일정관리수첩에 기입하고 충분한 시간을 확실하게 들여라.
3. 이후의 자기 강화(보상)를 계획하라(그리고 시간을 허용하라).

I. 우선순위가 중요한 이유

- **모든 일을 하기에는 시간이 충분하지 않다.** 우리가 해야 할 모든 일을 하루 안에 끝낼 시간이 없다는 것은 당연하다. ADHD가 있든 없든 대부분의 사람들은 절대로 할 일 목록에 모든 항목을 넣을 수 없다. 따라서 가장 중요한 일을 첫 번째로 하는 것은 필수적이다.
- **ADHD가 있는 사람들은 우선순위가 없으면 그 상황이나 순간에 반응해 버리게 된다. ADHD가 있는 사람들에게 우선순위는 특히 중요하다.** 그들은 그 순간에 가장 자극적이거나 부담을 주는 것이면 무엇이든지 주의를 돌리기 쉽다. 당신을 그렇게 재촉하는 것을 적극적으로 억누를 필요가 있다. 그리고 당신이 이미 어떤 우선 항목을 마음에 두고 그것에 자신을 맡겼다면, 그것은 도움이 된다.

II. 우선순위를 정하는 방법

무엇을 가장 먼저 해야 할지를 결정하는 데는 반드시 고려해야 할 몇 가지 사항들이 있다.

긴급성/마감 기한

곧 마감이 다가오는 일들을 의미한다. **달력을 보면서, 언제까지 이 일을 해야 할지 스스로에게 물어보라.**

중요성

긴급한 일들만 처리한다면 당신은 늘 '발등의 불을 끄고 있는' 자신을 발견할 것이다(이는 사실 ADHD를 지닌 사람들이 흔히 경험하는 것이다). **개인의 단기 · 장기 목표에 있어 가장 중요한 것을 고려하는 것이 여기서의 해결책이다.**

따라서 예컨대 당신의 업무 수행과 평가에 있어서 '사내' 프로젝트에 시간을 보내기보다는 매출을 직접 올릴 수 있는 프로젝트(예 : 잠재적인 고객들에게 권유전화를 거는 것)를 수행하는 것이 더 중요할 수 있다.

개인적인 목표, 가치관, 목적

당신의 **장기 목표**와 가치관이 고려되어야만 한다. 예컨대 당신의 장기 목표가 작가 혹은 작곡가가 되는 것이라면, 비즈니스 일을 하는 것은 단순히 '일상의 직업'에 불과한다. 당신은 낮에 하는 일에 우선순위를 두기를 원할 수 있다. 그렇게 함으로써 당신의 창의적인 프로젝트에 가장 좋은 아침 시간이나 기타 다른 시간(들)을 할애할 수 있고, 본업에는 필수적인 시간만을 들일 수 있다.

관계 : 당신의 가족이나 친구와 시간을 보내는 것이 중요하다면 저녁과 같은 특정한 시간에 그들과 함께 집에 있거나, 주말에 그들과 함께 보낼 시간을 마련하는 것을 우선으로 할 수 있다.

훈련은 장기적으로 볼 때 가장 중요한 개인 목표의 한 예지만, 단기 목표와는 관련성이 거의 없고 긴급하지도 않다. 당신의 건강을 위해 장기 목표의 중요성에 따라 이 활동을 스케줄의 우선순위로 삼지 않으면 그것을 성취할 가능성은 적다. 이는 장기간의 행복을 위한 중요한 활동 중 하나이다.

효율성과 실행 가능성

시간을 계획하고 하루의 활동을 준비하는 방법 중 더 효과적이거나 덜 효과적인 것들이 있다. 실제적인 방법은 **같은 것들을 함께 묶는 것이다.** 예를 들어 전화할 일들이 있다면 일정관리수첩의 과제 목록에 그것들을 함께 모아 정리하고, 동시에 수행하는 것이 좋다. 마찬가지로 장을 보거나 심부름 할 것이 있다면 하나의 항목 때문에 멀리 가기보다는 서로 가까이 있는 상점에 가도록 계획하라.

'자투리 시간'(2회기)을 활용하기 위한 시간 계획을 세워라. 간단한 예 : 당신이 파스타를 만들고 있고 물이 끓기 전에는 아무것도 할 수 없다는 것을 안다면, 스토브 위에 물을 올려 놓는 것을 가장 먼저 하고, 물이 끓기를 기다리는 동안 다른 일을 하도록 하라(예 : 샐러드 만들기).

무엇을 먼저 해야 할지 아직도 결정할 수 없다면…

우선순위를 정하는 또 다른 방법은 단순히 스스로에게 물어보는 것이다. **"오늘 성취한 일들 중 가장 기분이 좋았던 일은 무엇인가?"**

우선순위는 하루 사이에 변할 것이다… 당신이 얼마나 해냈는지 그리고 생겨나는 새로운 과제와 문제들에 따라서. 또한 나머지 시간을 위한 우선순위를 수정을 하면서 과제 목록을 점검하는 것이 좋다.

치료자 유의사항 : ADHD가 있는 사람들은 과제와 기타 활동을 일정관리수첩에 계획하는 것에 **두 가지 이유**로 반항 혹은 저항을 나타낸다. 그중 하나는 '아무거나 할 수 있는' 자유시간을 많이 누리고 싶은 마음을 간직하기 위해서이다. '아무거나 할 수 있는' 기회는 실제 존재하지 않으며, 아무것도 계획하지 않는 것은 대게 아무것도 되지 않을 것임을 의미한다는 것을 참가자들이 인식하도록 돕는 것이 중요하다. 즉 "일정관리수첩에 없다면 그것은 존재하는 것이 아니다."의 문제이다. 저항을 하는 두 번째 이유는 일정관리수첩에 있는 낮동안 완성해야 할 과제에 주의를 기울이는 것이, 하루가 끝날 때 다시 한 번 해야 할 목록을 완료하지 않았다는 증거를 마주했을 때 실패감과 사기저하를 불러일으킬 것이라는 두려움 때문이다. 치료자는 여기서 참가자가 과제를 더욱 성공적으로 완료하도록 돕는 새로운 기술을 배워가고 있다는 것을 강조하면서 지지적인 태도를 가져야 한다. 그리고 마지막에는 시간이 어떻게 사용되었는지, 너무 많은 과제를 계획하지 않았는지 등을 점검하는 것이 좋다.

회기 연습 : 우선순위 정하기와 계획 세우기

1. **자신의 과제나 할 일의 목록을 자원하여 알려줄 사람을 구하라.** 세로에는 7일 각각을, 가로 세 줄에는 아침, 점심, 저녁 칸으로 나누어진 주간 달력을 칠판에 그린다. 먼저 집단원들이 자신의 할 일 목록에 적힌 과제들을 주간 달력의 적절한 위치에 적도록 한다. 가능한 한 앞에서 논의하였던 모든 원칙들을 적용한다. 시간 예상하기, 복잡하고 불편한 과제들을 부분들로 나누기, 이 회기의 새로운 자료들뿐만 아니라 각각의 강화물을 따르는 것이 이에 포함된다.
2. **자원하는 사람이 없으면,** 다음의 과제 혹은 이와 유사한 과제를 가지고 작업하라. 이후의 날들을 위해 필요한 '다른 일들'로 하루의 스케줄 짜기를 시작하라.

오전 11:00 상사와 만나기
동료들과 함께 점심 식사
오후 4:00 자료를 인쇄할 마감기한
인쇄하기 전에 교정 보기
문서 우편 발송
오후 1:30 아이의 선생님과 전화 상담
우유 사기
오전 11시에 있을 상사와의 회의를 위한 안건 준비하기
오늘의 스케줄 검토하기(두 번)
오후 8:00 친구 생일 저녁 식사
생일 카드 사기
극장 티켓 주문하기
다음 주 화요일 미팅을 위한 예산안 완성
고객 A에게 전화하기
고객 B에게 전화하기
새로운 프로젝트를 위한 사업 계획 세우기

중요성-긴급성 체계

우선순위를 고려하는 하나의 방법은 다음의 체계를 사용하는 것이다. 이것의 출처는 Stephen Covey(1986)가 저술한 매우 유명한 책인 『성공하는 사람들의 일곱 가지 습관』이다.*

	긴급함	긴급하지 않음
중요함	I – 중요하고 긴급한 일	II – 중요하나 긴급하지 않은 일
중요하지 않음	III – 중요하지 않으나 긴급한 일	IV – 중요하지도 긴급하지도 않은 일

* Franklin Covey Co. 허락 하에 재인쇄

Ⅰ – 중요하고 긴급한 일

가장 먼저 해야 할 것들이다. 예를 들어 당신의 자녀가 아파서 직장에서 돌아와 집에 머물러야 하는 상황이다. 그리고 상사에게 줄 마감일이 정해진 보고서를 준비해야 한다. 당신은 마감일까지 대학원 지원서를 제출해야 한다. 또한 당신은 기말고사나 면허, 자격증 시험을 준비해야 한다. 이것들은 분명히 가장 중요한 것이며 미룰 수 없다.

Ⅱ – 중요하나 긴급하지 않은 일

이는 위에서 언급하였듯이 개인적으로 중요한 목표를 다루는 것, 혹은 장기적으로 볼 때 직업적 성공, 개인의 행복이나 발전과 관련이 있는 관계를 형성하는 것과 같은 일반적인 항목들이다. 그러한 것들은 비록 삶에서 장기적이고 개인적인 만족을 결정하는 데 매우 중요하지만, 하루 기반에서 볼 때 긴급성이 부족하기 때문에 이들은 대게 무시, 소외되기 쉽고 1사분면과 3사분면에 위치하는 매일의 요구사항에 의해 압도당할 가능성이 있다.

Ⅲ – 중요하지 않으나 긴급한 일

달리 행동하려는 의식적인 노력이 없다면 이 항목들에 대부분의 시간을 사용할 가능성이 있다. ADHD가 있는 사람들에게 특별히 위험한 것은 이 항목들이 매우 두드러지고 분명해서 날마다의 의식에 가장 영향을 주는 요구들이라는 점이다. 전화, 방해, 이메일 등이 그 예이다. 이 중 어떤 것들은 중요할 수 있지만, 그보다는 다른 사람들이 급하게 요구하는 것들일 수 있다. 마감일에 맞추어 완성해서 보내야 할 서류 업무와 모든 직원이 참석해야 하는 오후 미팅이 그 예라고 할 수 있다. 이 과제들을 하는 동안 '바쁘고' 분주해 보일 수 있으나 반드시 더 많이 성취하려고 할 필요는 없다.

다른 사람이 정한 마감일에 업무와 프로젝트를 마치기 위해서 우리가 이전과는 달리 하기 위해 적극적으로 계획을 세우지 않는다면 급한 사항들은 쉽게 우리가 일상적으로 하는 일들의 전부가 될 수 있다. 우리는 계속해서 불을 끄고 다닐 것이다!

Ⅳ – 중요하지도 긴급하지도 않은 일

이 항목들은 당연히 가장 낮은 우선순위를 가진 사항들이다. 직장에서 이 일들 중 일부는 단순히 시간 낭비일 것이다. 가정에서는 '나중에 하는 것이 바람직한' 일일 것이다(예 : 침실을 다시 꾸미는 것). 이 과제들은 종종 매력적이고 즐거운 활동들이기 때문에 ADHD가 있는 사람들이 더욱 중요하고 급한 일들을 무시하고 이것에 시간과 관심을 쏟을 수 있는 큰 위험이 있다. 이 상황에서는 이러한 일들을 '휴식시간'에 할 레크리에이션 활동으로 계획해 보도록 하라. 이 범주의 기타 항목들은 다른 것들에게 쉽게 밀리는 것일 수 있다. 그렇지 않다면 이 항목들은 다시 평가되고, 우선순위 전체에서 삭제되어야 할 사항이다.

4회기

과제 노트

시간 관리

우선순위 정하기와 할 일 목록

기억할 점 : 모든 일은 우선순위에 따라 행하라!

할 일의 목록 작성 및 우선순위 정하기

치료 회기에 더해서 다음이 매우 중요하다.

- 일별, 주별 할 일들의 목록 작성하기
- 우선순위 정하기

조직화 전문가는 얼마나 빨리 해야 하는지와 상관없이 당신이 해야 할 **모든 일**을 적어놓을 곳이 있는 것이 좋다고 제안한다. 이렇게 하면 할 일을 잊어버리지 않을 수 있다. 그러나 적기만 한 채 내버려두기만 한다면 그것들을 어떻게 할지에 대한 계획이나 조직화는 없이 할 일들만 종이 한 장 가득 차게 될 것이다. 매일 할 일 목록을 검토해야 한다. 각 항목 옆에는 우선순위나 긴급성을 표시하는 순위(아주 급함, 중간 정도로 급함, 급하지 않음, 혹은 1, 2, 3 등)를 매겨야 한다. 이 목록으로부터 매일 혹은 주별로 할 일의 목록을 만들고 가장 우선순위가 높은 항목들을 선정해야 한다. 그 후에 이 항목들을 일정관리수첩에 일정으로 정리한다.

요약하자면

- 과제들을 우선순위와 유사성에 따라 분류한다(필요한 물품들을 모두 가지고 있기 때문에 유사한 과제들을 함께 하면 시간이 절약된다. 예를 들어 전화 거는 일들을 한 번에 하기, 편지 쓰기, 1개가 아니라 여러 개의 청구서를 한 번에 처리하기).
- '아주 급함, 중간 정도로 급함, 급하지 않음' '1, 2, 3' 혹은 'A, B, C' 같은 우선순위 체계를 활용한다. 어느 것이든 당신에게 편한 것으로 하면 된다.

열 가지 과제 팁

1. 얼마나 많은 시간이 필요할지 추정해서 그에 따라 각 일정에 시간을 할당한다.
2. 더 많은 집중력과 초점이 요구되는 일들에 방해받지 않을 수 있는 긴 시간 블록을 배정한다. 일단 어떤 일을 하기 시작하면 그 일에 더 많은 시간을 투자할 수 있기를 바랄 것이다. 시간을 계획할 때 자연스러운 가속도의 이점을 활용한다.
3. 최대의 효율성을 위해서 유사한 일들을 함께 처리하도록 일정을 짠다(예 : 한꺼번에 서로 가까운 거리에 있는 곳에 들를 수 있도록 용무처리 일정을 계획한다).
4. 당신의 내부 시계를 고려한다. 당신이 가장 컨디션이 좋고 집중이 잘될 때 더 어렵고 힘든 일을 하게끔 일정을 정한다.
5. 더 어렵고 힘든 일을 완료한 후에 보상으로서 더 즐거운 일들(예 : 전화 걸기, 이메일 쓰기)을 일정으로 잡는다. 더 어려운 일들을 더 쉬운 일들과 번갈아 가며 한다.
6. 가능하다면 하기 싫은 과제를 즐거운 과제와 짝을 짓는다.

   TV 보면서 운동하기

   통화하면서 식기세척기에 그릇 넣기

   집안 청소를 하는 동안 즐거운 음악 듣기
7. 친교 및 직무가 아닌 일, 그리고 집안 잔일/과제는 근무시간이 아닌 시간대(예 : 오후 5시 이후와 주말)에 국한시킨다.
8. 언제나 매일의 과제에 우선순위를 매기고 아침에 일을 시작하기 전에 제일 먼저 우선순

위 목록을 점검한다. 우선순위와 상관없이 일을 처리하고 싶은 유혹에 저항할 수 있도록 최선을 다한다. 우선순위는 다음에 따라야 한다.

긴급성/마감기한

중요성

장기 목표 및 가치

효율성과 수월성

9. 언제나 일정관리수첩를 가지고 다닌다.
10. 그리고 기억한다.

기억할 점 : 과제를 시작하기가 어렵다면 첫 번째 단계가 너무 과한 것이다.

(즉 과제를 더 작고 더 다루기 쉬운 부분으로 쪼갠다.)

4회기

과제 연습

시간 관리

우선순위 정하기와 할 일 목록

과제 연습 1

당신의 현재 에너지와 시간 할당이 당신의 장기 목표 및 가치와 정말로 일치하는지 여부에 대해서 좀 더 감을 잡기 위해 다음을 연습해 보자.

1단계. 회기에서 논의된 바와 같이 다음 페이지의 격자 표를 이용해서 각 범주마다 현재 당신에게 해당하는 주된 과제/ 프로젝트/ 활동의 유형을 기입한다.

2단계. 당신의 전체 시간이 각 사분면에 해당하는 활동들에 어느 만큼씩 소요되는지의 비율을 추정한다.

3단계. 각 사분면에 할당된 비율이 당신의 일과 삶에서 차지하는 중요성을 반영한다고 생각하는가? 만약 아니라면 나머지 사분면에서 시간을 빼서 당신의 장기적인 개인적 성공과 만족에 가장 중요한 항목들이 포함되어 있는 2사분면에 할당할 수 있을 것인가? 수정한 내용을 아래에 표시하거나 혹은 상기한 표이 색깔이 다른 펜이나 연필을 가지고 각기 다른 사분면에 있는 항목들을 지우거나, 아니면 (화살표를 가지고) '드래그' 해서 표시한다.

	긴급함	긴급하지 않음
중요함	I-중요하고 긴급한 일 추정된 퍼센트 ______	II-중요하나 긴급하지 않은 일 추정된 퍼센트 ______
중요하지 않음	III-중요하지 않으나 긴급한 일 추정된 퍼센트 ______	IV-중요하지도 긴급하지도 않은 일 추정된 퍼센트 ______

과제 연습 2

이 연습에는 다음 페이지의 목록 표를 사용한다.

1단계 : 돌아오는 주에 완수하고 싶은 과제/활동의 목록을 작성한다. 특히 미루어 두고 있거나 특별한 노력을 기울여야만 완수할 수 있는 것들을 파악한다. 만약 우선순위를 정하기 어렵다면 스스로에게 "오늘 어느 것을 끝마쳐야 정말 기분이 좋아질까?"라고 물어본다.

다음 페이지의 첫 번째 열에 이 항목들을 기입한다. 처음에는 적당한 목록, 예를 들어 6개 내지 10개 정도의 항목으로 시작하는 것이 가장 좋다.

2단계 : 마감기한, 혹은 그 항목이 완수되어야만 하는 날짜가 있다면 두 번째 열에 표시한다.

3단계 : 과제나 활동을 하는 데 얼마나 시간이 걸리는지를 추정하고 이를 세 번째 열에 표시한다.

4단계 : 각 항목에 우선순위 점수를 1부터 5까지 할당한다. 1은 가장 우선순위가 높은 항목이고 5는 가장 낮은 우선순위 항목이다. 이를 네 번째 열에 표시한다.

5단계 : 각 항목을 할 구체적인 날짜와 시간 계획을 세우고, 각 항목을 할 적절한 날짜와 시간을 일정관리수첩에 적어둔다.

6단계 : 각 항목을 완수하면 마지막 열에 표시한다.

주별 할 일의 목록

해야 할 과제/활동	날짜/마감일	추정된 소요시간	우선순위 (1~5)	예정 일시 (날짜 및 시간)	완수일

5회기

치료자 노트

시간 관리

정서적 방해물 극복하기

새로운 목표 기술

- 자동적 사고를 파악하기
- 인지적 왜곡을 명명하기
- 자동적 사고에 도전하고 수정함으로써 고통스런 감정 감소시키기

회기 연습

- 인지적 왜곡을 파악하고 명명하기

과제 연습

- 자동적 사고를 파악하고 교정하기(견본 제공)

치료자 유의사항 : 이 회기의 자료를 충분히 익히는 시간을 추가적으로 허용하기 위해서 2개의 회기로 나눌 수도 있다. 첫 번째 회기는 인지적 왜곡(즉 아래의 A, B, C 개관에 있는 자료)을 파악하기 위한 논의를 위해서 사용하고, 두 번째 회기는 그러한 사고(D와 E에 있는 자료)에 도전하기 위한 논의를 위해서 사용한다. 과제 연습도 마찬가지로 나눌 수 있다. 즉 네 번째 항목까지는 첫 번째 과제 연습으로 활용하고, 5~7번째 항목은 두 번째 과제 연습으로 활용한다.

I. 감정이 어떻게 효율성에 영향을 미치는가

1. ADHD가 있는 사람들은 **우울이나 불안** 때문에 과제들을 미루거나 피하는 경우가 흔히 있다. 그들은 무언가를 완수하려고 했지만 실패한 적이 많다 보니 수행을 잘하지 못할까 봐 두려워한다.
   - 우울은 의기소침과 절망감으로 나타날 것이다. "뭐 하러 해보려고 하는데?" 같은 느낌일 수 있다.
   - 불안은 실패에 대한 두려움과 관련되어 있어서 완수하기에 어렵거나 힘들 것이라고 예상되는 과제들을 회피하게 만든다. **완벽주의** 혹은 **결과에 대한 완전한 통제나 확실성에 대한 비현실적인 욕구**도 일을 시작하지 못하게 만들 수 있다.

2. ADHD가 있는 아동들은 다른 사람들, 특히 '권위자'의 요구나 지시, 기대에 대해 저항하거나 반항하곤 한다. 안타깝게도 이러한 태도는 성인기까지 지속되어 결국 저항의 결과, 자신에게 가장 큰 이득과 목표를 스스로 저해하게 된다.

불안과 우울이 ADHD 증상을 악화시키기 때문에 오늘 우리는 불안과 우울을 이해하고 치료하는 데 초점을 맞출 것이다. 다음 시간에는 '반항'에 대해 이야기할 것이다.

II. 인지행동 치료

A. 인지행동적 모델

Aaron T. Beck이 개발한 인지 치료는 인지 모델에 토대를 두고 있다. 인지 모델의 기본 전제는 사람의 감정과 행동이 사건과 경험에 대한 **사고방식**에 의해서 영향을 받는다는 것이다. 다음은 Judith Beck(1995)의 인지 모델에 대한 설명에 근거한 것이다.

상황에 대한 지각은 감정을 생성해낸다. 하지만 생각들은 너무나 빠르고 자동적이기 때문에 그 뒤에 따라오는 감정만 알아차리게 된다.

연습을 통해서 우리는 이 생각들을 더 잘 자각할 수 있는데, 이 생각들을 **자동적 사고**라고 부른다.

치료자 유의사항 : 진행하면서 예시를 보여주기 위해서 칠판에 도표를 만든다.

사건 → 자동적 사고 → 반응(감정, 행동, 그리고/혹은 생리적 반응)

자동적 사고는 사건에 대한 재빠른 평가이다. 이 자동적 사고는 정확할 때도 있지만 정확하지 않을 때도 있다.

예시(기사를 쓰고 있는 '존')

사건 : 프리랜서 작가인 존(45세)은 2주 내에 마감이 걸린 기사를 계속 쓰기 위해서 앉아 있으려고 노력한다.	➡	**자동적 사고** : "이 기사를 쓰려고 몇 주째 작업하고 있는데도 계속 제자리야. 요점도 없고 엉망진창이야. 형편없어. 편집자가 분명히 싫어할 거야. 처음부터 다 다시 해야겠어.	➡	**감정** : 불안	➡	**행동** : 웹서핑을 하느라 3시간을 허비하고 기사 고치는 것을 미룬다.

B. 자동적 사고를 하고 있다는 것을 어떻게 아는가?

불안감과 우울감을 더 잘 다루려면 먼저 관찰자가 되어서 이러한 감정과 행동을 촉발하는 자동적 사고(예 : 회피나 완벽주의)를 파악하기 시작해야만 한다.

첫 단계는 고통스런 감정의 변화를 경험할 때 기록을 하는 것이다. 무슨 감정인지 명명하고 질문을 한다. "그때 그 시점에 무슨 생각이 머릿속에 스쳐 지나갔지?" "무슨 말이나 이미지였지?"

예 : 직장에서든 학교에서든 내일이 제출 마감인 과제가 있고 그것을 완수하기 위해서 거의 밤을 셀 계획이라고 하자. 첫 단계는 "바로 그때 내 머릿속에 스쳐 지나간 것이 무엇이지?"라고 생각하는 것이다. 일반적으로 감정이 더 두드러지게 나타나기 때문에 우리는 감정에서 생각으로 거꾸로 작업해간다.

언제나 자동적 사고는 어떤 식으로든 감정의 유형과 직접적으로 연결되어 있다.

1. 만약 그 감정이 **불안**이라면, 연관된 생각은 아마도 "이런 젠장, 실직을 하면 어떻게 하지? 대출을 받아야 할 거야. 이 아파트 임대료도 못 내게 될 거야."
2. 만약 그 감정이 우울이라면, 자동적 사고의 예는 "내가 무엇을 해야만 하는 건지 잘 모르겠어. 난 왜 이렇게 멍청하지?"
3. 마지막으로 만약 그 감정이 **분노**라면, 연관된 생각은 아마도 "도대체 우리 사장은 그렇게 짧은 시간 안에 내가 어떻게 이걸 다 할 수 있을 거라고 기대하지? 너무 일을 많이 시킨다니까. 내가 실패하기를 바라는 거지."

C. '나쁜' 자동적 사고 : '인지적 왜곡'

치료자 유의사항 : 집단 구성원들과 함께 이 페이지, 즉 과제 노트의 두 번째 페이지를 검토하면서 구성원들한테 참고하라고 한다.

- **이분법적 사고(완벽주의)** : 모든 것을 흑백논리에서 보는 것이다. 예를 들면 "여기서 'A'를 받지 못한다면 완전히 망하는 거야."
- **과잉일반화** : 부정적 단일 사건을 포괄적이고 계속되는 패턴의 일부로 여긴다. 예를 들면 "내 인생은 모든 게 엉망이야. 결코 좋아질리가 없어." "뭐 하나도 제대로 하는 게 없어."
- **선택적 주의** : 부정적 단일 세부사항을 분리시켜 오로지 그것만 곱씹는다. 예를 들면 "사장이 내 보고서를 싫어했어."(사실 사장은 그 보고서가 전반적으로는 좋지만 결론은 약간의 편집이 필요하다라고 말했을 때)
- **긍정성 박탈(선택적 주의와 밀접한 관련이 있음)** : 긍정적 경험들은 제외시켜 간과하며, 매일의 경험에 의해 반박되는 부정적인 믿음은 유지한다. 예를 들면 친구가 당신한테 그 옷을 입으니까 멋있다고 말했을 때 당신은 진짜 볼품없어 보이지만 그 친구가 착해서 그냥 하는 말이라고 생각한다.
- **성급한 결론짓기** : 그 결론을 지지하는 사실이 없는데도 불구하고 부정적 해석을 한다. 여기에는 두 가지 유형이 있다.
  - **독심술** : 확실히 알지 못하면서 당사자에게 확인해 보지도 않은 채 그 사람이 자신에게 부정적으로 반응한다고 믿는다. 예를 들면 누군가가 당신에게 더 많은 정보를 묻는 이유가 그 사람이 당신 말의 진실성을 의심하기 때문이라고 가정한다.
  - **점쟁이 오류** : 일들이 나쁘게 될 것이라고 예상하고 그러한 예측을 이미 일어난 사실처럼 간주한다. 예를 들면 "난 내가 파티에서 바보처럼 굴고 재미도 없을 거라는 걸 알아. 그러니까 가지 않는 것이 좋겠어."
- **개인화** : 사실상 일차적 책임이 자신한테 없는데도 어떤 부정적인 외부 사건의 원인이 자신이라고 생각한다. 예를 들면 "내가 말하는 도중에 저 사람이 방을 나간 건 내가 너무 지루했기 때문이야."
- **당위진술** : 이행하지 못했을 때 처벌이나 죄책감에 대한 필요를 암시하는 것으로 과도하게 '반드시 해야 한다', '꼭 해야만 한다', '해야 할 의무가 있다'는 것을 주장한다. 예를 들면 "나는 하루 종일 최상의 업무효율로 일할 수 있어야만 한다."

- **'재앙화'** : 어떤 일이 일어나거나 일어나지 않는 것이 재앙이 될 것이라고 믿는다. 예를 들면 "만약 이 직장에 취업하지 못하면 끝장이야. 도저히 견딜 수 없을 거야."

D. '나쁜' 자동적 사고를 제거하는 방법

일단 우리가 자동적 사고 내에 있는 인지적 왜곡들을 파악할 수만 있다면, 합리적인 논박을 통해서 그러한 왜곡에 **도전**할 수 있다. 예를 들어 불안은 어느 과정에서든 발생할 수 있는 부정적인 결과에 대한 두려움 때문에 결정을 내리는 것을 어렵게 만든다. 수행을 억제하는 자동적 사고를 극복하려면 더 긍정적인 사고로 대체할 필요가 있다.

회기 연습 : 자동적 사고, 인지적 왜곡 및 합리적 반응의 예

치료자 유의사항 : 아래의 각 항목마다 비합리적 신념을 읽고 적은 후, 집단원에 다음 질문에 대답하게 한다.

1. 관련된 인지적 왜곡은 무엇인가?
2. 더 적응적이고 합리적인 반응은 무엇인가?

1. **상황** : 상사가 당신에게 중요한 프로젝트를 맡으라고 방금 요청했다.
   - **자동적 사고** : "난 실패할 거야, 난 언제나 실패해, 그러니까 아예 맡지 않는 것이 더 나을 거야."
   - **인지적 왜곡** : 과잉일반화, 점쟁이 오류
   - **합리적 반응** : "이건 도전이 될 거야. 하지만 예전에 이거랑 비슷한 도전에서 성공한 적도 있어. 난 내가 완벽하게 잘하지 못하더라도 적어도 괜찮은 수준은 될 거라는 걸 알아. 이건 내 기술들을 조금 보여줄 기회가 될 거야. 경험에서 배울 수도 있잖아. 내가 할 수 없을 것이라고 생각했다면 상사가 나보고 하라고 하지도 않았겠지."

2. **상황** : 어떤 프로젝트를 함께 하고 있는 중인 친구가 방금 전화해서 그 프로젝트의 당신 몫을 끝마쳤는지를 물어봤다(당신은 아직 하지 못했다).
   - **자동적 사고** : "난 아무것도 끝마칠 수가 없어. 난 정말 게으른 사람인가 봐."
   - **인지적 왜곡** : 과잉일반화
   - **합리적 반응** : "내가 끝까지 마무리하는 데 어려움이 있기는 하지만 그렇다고 해서 내가 게으르다는 건 아니야. 한 번에 1시간씩 작업하고 매 시간마다 스스로에게 보

상을 준다면 마무리하는 것에 더 가까워질 거야."

3. **상황** : 시험이나 다른 형태의 평가에서 'C' 혹은 '평균' 점수를 받는다.
   - **자동적 사고** : "정말 난 그렇게 똑똑하지가 못한가 봐. 대학/대학원/직장에서 결코 성공하지 못할 거야."
   - **인지적 왜곡** : 이분법적 사고, 점쟁이 오류
   - **합리적 반응** : "내가 잘할 수 있는 일도 많아. 뭐든지 완벽하게 잘해야 할 필요는 없어. 잘해도 좋고 최선을 다하는 것도 좋아." **'완벽을 추구하다가 오히려 일을 그르친다.'**

4. **상황** : 몇 달간 미루던 일을 방금 마쳤다.
   - **자동적 사고** : "글쎄 – 그 일을 한참 전에 했어야 했는데. 아직도 다루지 못한 것들이 한두 가지가 아니야."
   - **인지적 왜곡** : 긍정성 박탈 – 흔히 우울증의 지표이다. 이러한 생각들은 자기 패배적인데, 왜냐하면 자신의 성공에 대한 공을 스스로 누리지 못하기 때문이다. 성취를 했는데도 그것을 평가절하한다. 불행히도 이는 개인이 의기소침해지고 '꼼짝 못하는' 상태가 되어 일을 계속해서 할 동기를 상실하게 된다는 것을 의미한다.
   - **합리적 반응** : "그걸 끝냈어. 그게 나한테 얼마나 힘든 일인지를 생각하면 이건 진짜 한 걸음 앞으로 전진한 거야. 어쩌면 이젠 다른 것도 해볼 수 있을 거야."

5. **상황** : 취업 면접 하루 전날 밤
   - **자동적 사고** : "이 면접에서 내가 어떻게 할지 정말 걱정돼. 난 이런 상황에서 언제나 긴장해서 가장 좋은 모습을 결코 보이지 못할 거야. 내가 면접을 망쳐버린다면 정말 끔찍할 거야. 이런 직장을 다시는 찾지 못할 거야. 아니면 나한테 이런 일이 언제나 일어난다면 다른 직장을 절대로 구하지 못할 거야."
   - **인지적 왜곡** : 재앙화, 과잉일반화, 점쟁이 오류
   - **합리적 반응** : "그래 좀 긴장할지도 몰라. 하지만 그런 상황에서는 누구나 좀 긴장하기 마련이야. 면접관들도 그걸 알 거야. 난 아주 훌륭한 이력서를 가지고 있고, 그 이력서는 또한 내가 할 수 있는 것을 보여줄 거야. 예상 질문들에 대한 대답을 미리 해봐야겠다. 그러면 면접에서 더 자신감을 가질 수 있을 거야."

E. 자동적 사고의 근원

ADHD 성인들은 불안감과 우울감에 특히 취약할 수 있는데, 왜냐하면 자신이 '무능한', '멍청한', '충분히 좋지 못한' 사람이라고 생각하는 핵심 신념 때문이다. 이런 신념들은 아동기에 의도하지 않았던 '실수들' 때문에 비난받고 의기소침해진 결과로 생겨난 경우가 많다.

치료자 유의사항 : 말을 하면서 '핵심 신념' 칸을 추가한 다음에 이미 칠판에 있는 '존'을 위한 도표에 '관련된 아동기 자료' 칸을 추가한다.

관련된 아동기 자료
존은 ADHD가 있고 산술영역에서 학습 장애가 있다. 현재는 프리랜서 작가이다. 아버지 : 성공적인 사업가 정리정돈이 잘되고 효율적인 가정을 요구했다. 알코올 중독이 있고 종종 존과 아내에게 '멍청하다'고 비웃는 등 정서적으로 학대적이었다. 어머니 : 산만하고 쉽게 압도당한다.

↓

핵심 신념

↓

"난 멍청해."

↓

자동적 사고

결과 : '충분히 좋지 않다'는 생각이나 심지어 '실패하고 있다'는 생각은 불안을 야기하고

새로운 일들을 시도하거나 새로운 기술(조직화 기술 포함)을 배우거나 혹은 새로운 시도를 해보는 것을 못하게 막을 수 있다. 이 예시에서 존은 기사를 작성할 때 진전을 보이는 대신에 꾸물거리고 있다.

그리고 이런 사람은 이에 대한 과잉보상으로 실현 불가능한 '완벽주의'나 자립을 목표로 삼을 것이다. 이 예시에서 존은 단어 하나하나에 강박적으로 매달리면서 결코 '제대로' 썼다고 느끼지 못할 것이다.

5회기

과제 노트

시간 관리

정서적 방해물 극복하기

I. 정서적 방해자극 다루기

인지 이론에서는 왜곡된 사고가 우울감과 불안감을 발생시키며, 비효율적인 행동을 야기한다고 본다. 이러한 사고를 **자동적 사고**라고 부른다. 자동적 사고는 때로 매우 즉각적이기 때문에 우리가 알아차리지 못한다.

ADHD가 있는 사람은 우울 및 불안 위험이 높은데, '실수' 또는 '실패'로 인식된 결과가 반복되면서 그들의 자동적 사고가 왜곡될 수 있기 때문이다. 이러한 정서 상태는 업무 시작에 대한 어려움을 영구화시키거나 업무나 프로젝트를 끝까지 해내는 데 방해가 될 수 있다. 예를 들어 당신은 지속하고 있는 수행을 부정적으로 평가하게 될 것이고, 이것이 충분히 좋지 못하다고 결론을 내리며 우울해지게 되고, 일찍 그것을 포기하게 될 것이다. 당신이 '완벽하게' 해내지 못하거나 당신의 스케줄을 벗어나는 것은, 모든 것을 '잃는 것'이라고 생각할 것이다.

우울 및 불안한 느낌을 변화시키고 관리하는 **첫 번째 단계**는 이러한 느낌을 만들어내는 자동적 사고를 인식하는 것이다. 당신이 우울하거나 불안한 느낌이 있을 때 그것을 기록하라. 그 느낌에 이름을 붙여보고 당신 스스로에게 "무엇이 내 머릿속에 스쳐 지나갔지?" "어떤 단어 혹은 이미지였지?"라고 질문해 보라. 몇몇 자동적 사고들은 **인지적 왜곡**이 있을 확률이 매우 높다. 다음 페이지에 제시된 목록을 참고하라.

두 번째 단계는 왜곡된 자동적 사고에 저항하고 대안적 스크립트를 제공하는 것이다. 다음의 질문들(Beck, 1995)은 인지적 왜곡에 저항할 수 있도록 도와줄 것이다.

- 그 생각이 사실이라는 증거는 무엇인가?
- 대안적 설명이 있는가?
- 일어날 수 있는 최악의 상황은 무엇인가?
- 그것을 극복할 수 있나?
- 일어날 수 있는 가장 최상의 상황은 무엇인가?
- 가장 현실적인 결과는 무엇인가?
- 자동적 사고를 믿는 것은 어떤 영향을 주는가?
- 내 생각을 변화시키면 어떤 효과가 있을 수 있는가?
- 내가 그것에 대해 무엇을 해야만 하는가?
- 내 친구가 동일한 상황에 있을 때 내가 그 친구에게 뭐라고 말해 줄 것인가?

II. 인지적 왜곡

- **이분법적 사고(완벽주의)** : 모든 것을 흑백논리에서 보는 것이다. 예를 들면 "내가 여기서 'A'를 받지 않으면 나는 완전히 망하는 거야.'
- **과잉일반화** : 부정적 단일 사건을 포괄적이고 계속되는 패턴의 일부로 여긴다. 예를 들면 "내 인생은 모든 게 엉망이야. 결코 좋아질리가 없어." "뭐 하나도 제대로 하는 게 없어."
- **선택적 주의** : 부정적 단일 세부사항을 분리시켜 오로지 그것만 곱씹는다. 예를 들면 "사장이 내 보고서를 싫어했어." (사실 사장은 그 보고서가 전반적으로는 좋지만 결론은 약간의 편집이 필요하다라고 말했을 때)
- **긍정성 박탈(선택적 주의와 밀접한 관련이 있음)** : 긍정적 경험들은 제외시켜 간과하며, 매일의 경험에 의해 반박되는 부정적인 믿음은 유지한다. 예를 들면 친구가 당신한테 그 옷을 입으니까 멋있다고 말했을 때 당신은 진짜 볼품없이 보이지만 그 친구가 착해

서 그냥 하는 말이라고 생각한다.

- **성급한 결론짓기** : 그 결론을 지지하는 사실이 없는데도 불구하고 부정적 해석을 한다. 여기에는 두 가지 유형이 있다.
  - **독심술** : 확실히 알지 못하면서 당사자에게 확인해 보지도 않은 채 그 사람이 자신에게 부정적으로 반응한다고 믿는다. 예를 들면 누군가가 당신에게 더 많은 정보를 묻는 이유가 그 사람이 당신 말의 진실성을 의심하기 때문이라고 가정한다.
  - **점쟁이 오류** : 일들이 나쁘게 될 것이라고 예상하고 그러한 예측을 이미 일어난 사실처럼 간주한다. 예를 들면 "난 내가 파티에서 바보처럼 굴고 재미도 없을 거라는 걸 알아. 그러니까 가지 않는 것이 좋겠어."
- **개인화** : 사실상 일차적 책임이 자신한테 없는데도 어떤 부정적인 외부 사건의 원인의 자신이라고 본다. 예를 들면 "내가 말하는 도중에 저 사람이 방을 나간 건 내가 너무 지루했기 때문이야."
- **당위진술** : 이행하지 못했을 때 처벌이나 죄책감에 대한 필요를 암시하는 것으로 과도하게 '반드시 해야 한다', '꼭 해야만 한다', '해야 할 의무가 있다'는 것을 주장한다. 예를 들면 "나는 하루 종일 최상의 업무효율로 일을 할 수 있어야만 한다."
- **재앙화** : 앞으로 일어날 일을 파국적으로 생각한다. 예를 들면 "만약 이 직장에 취직하지 못하면 끝장이야. 난 도저히 견딜 수 없을 거야."

5회기

과제 연습

시간 관리

정서적 방해물 극복하기

자동적 사고 확인 및 도전하기

당신이 업무나 활동, 집안일을 시작할 때 스스로 이를 미루면서 우울함이나 불안함을 느끼는지를 찾아보고, 다음을 완성해 보자. 당신이 여전히 이러한 상황에 놓여 있다면 중요한 세부사항을 잊지 않도록 가능한 빨리 시작해 보는 것이 최선이다.

1. 기분이 어떠한가?(불안, 우울, 죄책감, 분노 등)

____

____

____

____

____

2. 현재 직면한 상황, 사건, 업무, 활동은 무엇인가? 이 상황에서 당신은 현재 무엇을 하고 있는가?[예 : 방해자극(인터넷, 잡지, TV 등 왔다갔다 하기)에 대한 반응] 이들을 가능한 한 설명해 보시오.

____

____

____

3. 이 상황에서 당신이 갖고 있는 모든 생각들을 써보시오. 특히 당신 스스로에 대해 가지고 있는 생각에 초점을 맞춰보시오.

____

____

____

____

____

4. 지금 당신의 자동적 사고에 대해 되돌아보시오. 어떤 인지적 왜곡을 찾아볼 수 있는가?(3번에 있는 당신의 생각을 참고하고 그것들을 다음에 적용해 작성하시오.)

______ 이분법적 사고 ______________________________

______ 과잉일반화 ______________________________

______ 선택적 주의 ______________________________

______ 긍정성 박탈 ______________________________

______ 개인화 ______________________________

______ 당위진술 ______________________________

______ 재앙화 ______________________________

성급한 결론짓기

______ 독심술 ______________________________

______ 점쟁이 오류 ______________________________

Cognitive-Behavioral Therapy for Adult ADHD: Targeting Execusive Dysfunction (Mary V. Solanto 저, Guilford Press, 2011). 이 자료의 복사는 개인적 용도로 이 책을 구입한 사람에게만 허용됨(상세한 내용은 저작권 부분 참조).

5. 다음 질문에 대한 응답을 통해 이러한 부정적인 생각(왜곡)에 저항해 보시오.

그 생각이 사실이라는 증거가 무엇인가?

대안적 설명이 있는가?

일어날 수 있는 최악의 상황은 무엇인가?

그것을 견딜 수 있는가?

일어날 수 있는 가장 최상의 상황은 무엇인가?

가장 현실적인 결과는 무엇인가?

자동적 사고로 어떤 영향을 받고 있는가?

내 생각을 변화시키면 어떤 효과가 있는가?

내가 그것에 대해 무엇을 해야만 하는가?

당신의 친구가 동일한 상황에 있다면 당신은 그 친구에게 무엇이라 말해 줄 것인가?

6. 이 상황에서 할 수 있는 보다 합리적인 생각은 무엇인가?

7. 결과 – 현재 기분이 어떠한가? 그 상황이 어떻게 마무리되었는가?

완성된 과제 연습 견본

자동적 사고 확인 및 도전하기

당신이 업무나 활동, 집안일을 시작할 때 스스로 이를 미루면서 우울이나 불안을 느끼는지를 찾아보고, 다음을 완성해 보자. 당신이 여전히 이러한 상황에 놓여 있다면 중요한 세부사항들을 잊지 않도록 가능한 빨리 시작해 보는 것이 최선이다.

1. 기분이 어떠한가?(불안, 우울, 죄책감, 분노 등)

불안함

2. 현재 직면한 상황, 사건, 업무, 활동은 무엇입니까? 이 상황에서 당신은 현재 무엇을 하고 있는가?[예 : 방해자극(인터넷, 잡지, TV 등 서성거리기)에 대한 반응] 이들을 가능한 한 설명해 보시오.

나는 기사를 작성하는 일을 하느라 계속 앉아 있다. 기한은 2주 남았다. 지금은 수요일 오후이다. 나는 집에 혼자 있다. 내가 해낼 수 없을 것 같고, 인터넷으로 스포츠 뉴스를 보고 있다.

3. 이 상황에서 당신이 갖고 있는 모든 생각들을 써보시오. 특히 당신 스스로에 대해 가지고 있는 생각에 초점을 맞춰보시오.

나는 3주째 이것을 계속 하고 있지만 아무런 진전이 없다. 빠르고 쉽게 한 장을 쓸 수 있어야만 하지만 아무런 득이 없이 난장판이다. 끔찍하다. 나는 다시 처음부터 시작해야만 한다.

4. 지금 당신의 자동적 사고에 대해 되돌아보십시오. 어떤 인지적 왜곡을 찾아볼 수 있는가?(3번에 있는 당신의 생각을 참고하고 그것들을 다음에 적용해 작성하시오.)

× 이분법적 사고 아무런 진전이 없다… 끔찍하다.

___ 과잉일반화

___ 선택적 주의

× 긍정성 박탈 나는 다시 처음부터 시작해야만 한다.

___ 개인화

× 당위진술 나는 빠르고 쉽게 한 장을 쓸 수 있어야만 한다.

___ 재앙화

성급한 결론짓기 :

_______ 독심술 _______________________

_______ 점쟁이 오류 _______________________

5. 다음 질문의 응답을 통해 이러한 부정적인 생각(왜곡)에 저항해 보시오.

그 생각이 사실이라는 증거가 무엇인가?

매우 적다. 사실 거부당한 건 한 번이었으며, 4개의 기사는 편집장으로부터 긍정적인 피드백을 받고 출판되었었다.

일어날 수 있는 최악의 상황은 무엇인가?

이 기사가 거부될 수 있다.

그것을 이겨낼 수 있는가?

그렇다. 나에게 또 다른 기회가 있을 것이다.

자동적 사고로 어떤 영향을 받고 있는가?

나는 계속해서 미루고 있다.

내 생각을 변화시키면 어떤 효과가 있는가?

나는 지금 기사를 작성할 수 있을 것이고 내일이 되면 분량이 줄어들게 될 것이다.

6. 이 상황에서 할 수 있는 보다 합리적인 생각은 무엇인가?

나는 지금까지 잘해왔고, 또 다시 잘할 수 있다. 이 기사 중 일부는 잘 써졌고, 나는 이것을 이용할 수 있을 것이다. 지금 나는 한 번에 한 섹션을 쓸 것이고, 내가 한 것에 대해 비평하지 않을 것이다. 검토할 시간은 따로 가질 것이며 모든 것이 끝난 다음에 편집할 것이다. 많은 훌륭한 작가들은 천천히 글을 쓴다.

7. 결과 – 현재 기분이 어떠한가? 그 상황이 어떻게 마무리되었는가?

좀 더 마음이 편안해졌다. 쉬운 부분부터 시작해 볼 수 있을 것이다.

6회기

치료자 노트

시간 관리

활성화와 동기화

새로운 목표 기술

- 정서적 방해자극
- 자기 활성화
- 방해자극 통제
- 보상의 시각화

회기 연습

- 장기 목표 성취를 위한 보상의 시각화

과제 연습

- 장기 목표 성취를 위한 보상의 시각화

정서적 방해물 다루기(지난 회기 계속)

ADHD와 우울, 불안을 함께 가지고 있는 사람들은 그들 스스로 자신이 다른 사람들의 기대, 지시, 요구, 특히 권위에 대해 **저항하거나 반항한다**는 것을 알고 있다. 이것은 타인

(예를 들면 부모님이나 선생님)과의 오랜 경험의 결과로 생겨난 것으로, 어쩌면 직면하기 어려운 요구나 제한들을 끊임없이 강요받는 느낌을 지속적으로 받을 것이다.

안타깝게도 이러한 태도는 성인이 되어서도 계속되는데, 보다 규율적이며 체계화시키는 방법들에 저항하거나 반항한 결과가 궁극적으로 ADHD 증상이 있는 사람을 힘들게 할 것이고, 소중한 개인적 목표들을 달성하는 것에 걸림돌이 될 것이다.

반항심을 느낄 때 어떠한가? 이 감정은 보통 **분노**로 경험된다.

당신의 생각을 평가하고 그것들에 도전해 보라

당신은 화가 나고 저항(행동)을 할 때 무슨 생각을 했는가? 그 생각이 합리적인가? 그 생각이 진실이라는 증거가 무엇인가?

이것이 누구를 위한 것인지 당신 스스로에게 물어봐라. 만약 이것이 당신을 위한 것이 아니거나 그것에 대해 걱정이 된다면, 과제의 우선순위를 다시 생각해 볼 필요가 있을 것이다. 만일 그 과제가 당신의 목표와 일치한다면, 우선순위를 변화시키는 것에 대한 저항이 단기적으로는 당신의 통제력을 제한시킬 것이고 장기적으로는 당신이 원하는 것을 얻지 못하게 할 것이다. 이것은 권위라는 '유령'보다 당신에게 더 상처가 될 것이다.

남은 회기 동안에 우리는 다음의 것에 초점을 맞출 것이다. (1) 시작하기 또는 '활성화시키기', (2) 방해자극 극복하기, (3) 장기 목표 유지하기

I. 활성화시키기

화학시간에 배웠던 '**활성화 에너지**' 개념을 기억하는가? 그것은 대개 열의 형태로 된 어느 정도 양의 에너지이며, 화학적 혼합물에 첨가되면 눈에 띄게 반응하고 열이나 빛 등을 발산하기 시작한다. 이것은 스키를 타고 내려오려면 언덕 꼭대기까지 올라가는 노력을 해야 하는 원리와 매우 유사하다. 과제를 시작하는 것도(특히 지루하고 어려운 과제) 이와 매우 유사하다. 당신은 과제에 주의를 돌려야 할 필요가 있고, '내려오면서' 속도를 낼 수 있으려면 이 과정에 몰두해야만 한다.

종종 언덕에 올라가는 것은 ADHD가 있는 사람들에게 특히 더 어렵게 여겨진다? 그들에게 그 언덕은 더 가파르고 노력이 많이 드는 고된 것으로 여겨진다. **사실 ADHD를 가진 사람들에게 있어, 시작하는 것은 종종 과제를 하는 데 있어 가장 어려운 부분이다!** 하지만 언덕 꼭대기에 올라가기만 하면 스키를 잘 타고 내려올 수 있다! 그래서 중요한 것은 올라가는 과정 중에 사용할 전략이 필요한 것이다.

다음의 내용은 매우 유용할 것이다.

1. **작은 것부터 시작하라.** 좋은 방법은 **어떤 것이든 무엇이든** 시작하되 작은 것부터 시작하는 것이다. 단지 보고서를 쓰는 데 필요한 파일들을 모으거나 혹은 수리하는 데 필요한 도구들을 모으는 것도 괜찮다.
2. **쉬운 것으로 시작하라.** 과제의 **가장 쉬운 부분**(당신이 즐기며 할 수 있는 것)부터 시작하라.
3. **부분으로 나누어서 하라!**
4. **과제를 끝낸 후에 당신 스스로에게 줄 보상을 계획하라.**
5. **스스로 과제를 하고 완료하는 것을 시각화하라.** 만약 해야 하는 무언가를 기억하고 싶다면 스스로 적절한 시간과 장소를 **시각화**하라. 예시 : 당신이 집에 도착하자마자 약을 먹어야 하는 것을 기억해야 한다면 집 문을 열고 곧장 부엌/침실로 가서 약을 먹는 것을 상상해 보라.

첫 번째 단계 수행 후에는 멈추어, 이전 수행에 대해 스스로를 칭찬하고 다음 단계에 해야 할 것이 **무엇**인지, **언제** 그것을 할 것인지 결정한다. 시작을 했다면 당신은 이미 '활성화 에너지'가 만들어진 것이며, 그것이 지속됨을 느꼈을 것이다. 그렇다면 계속 지속하라! 단 수행을 멈추기 전에는 언제 다시 업무를 재개할지 그리고 다음에는 무엇을 해야 하는지에 대해 분명히 해야 한다.

II. 방해자극 통제

방해자극에 대한 취약성은 ADHD가 있는 사람들의 또 다른 큰 문제이다. 방해자극은 좀 더 즉각적으로 주어지는 보상과 만족감일 수도 있고 **신체적 또는 사회적 방해자극**일 수도 있다.

감각적 방해자극 피하기

방해자극을 피하는 데 있어 중요한 점은 방해자극이 전혀 없는 장소에 '미리 가서' 일을 하는 것이다. 여기에는 다음과 같은 것들이 포함된다.

1. 주위에 **시각적 방해자극**(그림, 잡지, 흥미로운 책 등)**이 없는** 장소를 찾아라.

기억할 점 : 눈에서 멀어지면 마음에서도 멀어진다!

2. **청각적인 방해자극이 없는** 장소를 찾아라. 이를 위해 다음에 대해 분명히 하라.
   - 당신이 작업할 장소에 있는 때는 TV 소리와 다른 사람의 말소리 등을 들을 수 없어야 한다.
   - 필요하다면 일하는 동안 다른 사람들에게 소리를 줄여달라고 요청하라.
   - 잡음이 있건 없건 간에 헤드폰을 사용하라.
   - 어떤 음악은 ADHD가 있는 사람들을 안정시키거나 집중할 수 있게 해 준다.

3. '사전대비'를 위한 또 다른 방법은 당신을 가장 유혹하는 방해자극을 미리 알고 이를 피할 수 있는 **다른 장소로 옮기는 것이다.**
   - 대학 또는 대학원에 있는 도서관, 특히 그 안에서도 흥미로운 책들이나 잡지로부터 멀리 떨어진 곳은 사회적 방해자극이 없는 좋은 장소이다.
   - 내가 아는 동료 중 하나는 ADHD가 있는 프리랜서 작가로, 글을 써서 무언가를 성취해야 하는 일이 있을 때면 무료 인터넷 접근이 안 되는 공공장소를 찾는다.

사회적 방해자극 피하기

사회적 방해자극을 피하는 것은 신체적 방해자극을 통제하는 것보다 더 어려울 것이다. 당신이 학교 과제나 업무 보고서에 집중해야 한다는 것을 알지만 친구나 동료와 이야기를 나누고 싶은 유혹이 매우 강할 수 있다. 그리고 사무실에서 다른 사람과 끊임없이 전화, 이메일을 하는 것, 또는 방문객의 왕래를 필요로 하는 직업일 경우에 또 다른 어려움을 느낄 수 있다. 하지만 응급치료자 또는 응급실에서 일하는 사람이 아닌 한 이것은 전적인 사실이 아닐 확률이 매우 높다! 따라서 당신이 스스로를 위한 시간을 확보하는 데 실패한다면 현실적으로 어떤 일을 완성하는 것이 매우 어려울 것이다. 다음의 것들을 시작하는 것은 이러한 가능성에 대해서 합리적인 제한을 가할 수 있을 것이다.

- 자문이나 논의를 위한 공식적인 시간을 정해놓아라.
- 당신의 방 문에 '방해하지 마시오'를 써 붙여놓아라.
- 당신의 동료나 가족에게 특정 시간 혹은 문이 닫혀 있을 때는 방해하지 말아 줄 것을 부탁하라.

- 핸드폰 벨소리를 꺼놓고 전화기의 자동응답기를 켜놓아라.
- 이메일 프로그램을 닫아놓고, 미리 지정한 시각에만 이메일을 확인하라 — 예를 들어 아침, 점심, 일과를 마칠 때

III. 동기 유지하기

단기적 강화물 대 장기적 강화물

삶에서 큰 보상들은 장기적 계획과 노력이 요구된다. 이러한 보상에는 새로운 집을 구입하는 것, 학위를 따는 것, 승진하는 것, 책을 쓰는 것, 작곡하는 것 등을 포함한다. 이 같은 장기 목표를 추구할 때는 보상을 얻기 전에 쉽게 지루해지거나 낙담하거나 흥미를 잃을 수 있다. **ADHD가 있는 사람들은 특히 더 그러할 수 있는데, 그들이 일상 활동을 해나가는 데 있어 장기적 보상이 얼마나 많은 영향을 미치는지 모르기 때문이다.** 그들에게는 장기적 보상이 멀리 동떨어져 있고 현실 같지 않아 보인다. 이것은 놀랄 만한 것이 아니며, 그렇기 때문에 그들은 자신에게 더 즉각적인 보상이 주어지면 그 어슴푸레하고 멀리 있는 장기적인 보상들은 쉽게 잊어버린다.

예를 들어 당신이 업무 회의 때 제시할 좋은 아이디어를 가지고 있고, 이것이 상사에게 감동을 주어 당신이 승진하는 데 도움을 준다고 해 보자. 그래서 당신은 토요일 오후에 일하기로 계획을 세웠다. 하지만 토요일에 날씨가 좋아서 아침에 친구가 함께 해변에 가자고 전화를 했다. 이것은 집에 갇혀 책상 앞에 앉아 있는 것보다 훨씬 더 흥미롭게 들릴 것이고, 따라서 재빨리 친구의 제안을 받아들일 것이다. 이는 당신이 회사에서 승진하여 새로운 타이틀을 갖게 되고, 봉급이 인상되며, 동료들에게서도 더 존중받을 수 있게 해 줄 수도 있었던 프로젝트를 완성할 아이디어를 떠나보내는 것을 보여준다.

훗날의 보상에 대한 영향력 증가시키기

하지만 누군가 당신에게 당신이 다음과 같은 결정 기로에 서 있다고 말했다고 가정해 보자. "지금 당신이 정말 더 원하는 것이 무엇인가? 해변에 가는 것인가 아니면 높은 연봉과 고급 사무실이 보장되는 '관리자'가 되는 것인가? 의심할 여지없이, 작지만 즉각적인 보상이냐 크지만 장기적인 보상이냐에서 당신은 후자를 선택할 것이다(이것이 당신이 관리자가 되는 과정이라면). 중요한 것은 현재 당신의 마음속에 이러한 보상들을 더 현실적이고 강력하게 만드는 것이다? 그렇게 되면 당신은 그것의 맛을 볼 수 있다. 따라서 당

신이 가야 할 길을 벗어난 즉각적 보상을 억누르고 장기적 보상을 선택하도록 한다. 우리는 보상의 시각화라고 부르는 이 전략에 대해 논의할 것이고, 이것은 당신이 그렇게 하도록 도와줄 것이다.

당신의 목표를 바로 가까이에 있는 것으로 시각적 이미지를 단든다면 장기적 보상을 시각화한 것의 영향력을 유지하는 데 도움을 받을 수 있다. 그 이미지는 고급사무실이 될 수도 있고, 저자명에 당신의 이름이 들어간 책 표지일 수도 있고, 새로운 집일 수도 있고 새로운 가구가 될 수도 있다.

치료자 유의사항 : ADHD가 있는 몇몇 사람들은 과제나 프로젝트, 보고서의 '90%'는 끝내지만 끝까지 완성하지는 않는다는 흥미로운 현상이 보고된다. 여기에는 몇 가지 이유가 있다. 완벽주의가 업무를 '끝내는 것을' 주저하게 하거나 완성한 것에 대해 부정적 평가를 받는 것에 대한 두려움을 갖게 할 수 있다. 또 다른 이유는 아마 현재의 업무가 끝난 바로 후에 기다리고 있는 다음 업무를 시작하기를 꺼려 하는 것일 수도 있다. 즉 '악마'와도 같은 문제/논쟁점/과제는 당신이 이것들을 하지 않는 것보다는 낫다는 것을 알고 있다! 치료자는 참가자에게 그들이 완료하고 제출한 후에 맞닥뜨리는 두려움이 무엇인지 생각해 보도록 질문해야 한다.

회기 연습 : 보상의 시각화

'보상의 시각화(visualization of reward)'는 이루고 싶은 장기 목표의 성취를 방해하는 방해자극 및 주의분산을 막고, '포기'하지 않도록 과제를 시작하고 계속할 수 있도록 도와주는 전략이다. **당신이 프로젝트를 시작할 때 문제가 발생할 것 같다거나 포기하고 싶은 유혹을 느낀다면, 몇 분간 눈을 감고 보상에 대해 시각화하는 연습을 해보라.** 보상에 대한 시각화에서는 당신의 목표가 성취되었을 때 느낄 수 있는 기분과 멋진 것들을 마음속으로 떠올려보는 것이다.

이 시점에서 집단원들이 가지고 있는 장기 목표에 대해 눈을 감고 생각해 보게 하고, 그들이 그 장기적 보상을 성취하였을 때 느낄 수 있는 긍정적 기분과 혜택 목록들을 함께 만들어 볼 수 있다. 보다 구체적이고 본능적이며 정서적인 것이 더 좋다! 만약 누군가가 목표에 대해 생각해내지 못한다면 위와 같은 예시들을 계속 들어주어라. 반응은 다음과 같을 것이다.

1. "문 옆에 나만의 주차 공간을 갖게 될 것이다."
2. "내가 항상 원했던 집을 살 수 있게 될 것이다."
3. "나만의 상근 비서를 둘 수 있게 될 것이다."
4. "내가 고르는 흥미로운 프로젝트를 할 수 있게 될 것이다."
5. "'임원 식당'에서 점심을 먹을 수 있다."
6. "내 자신에 대해 자랑스러울 것이다."
7. "맘에 들지 않는 사람으로부터 더 이상 지시를 받을 필요가 없다."

보상에 대한 시각화는 즉각적인 보상 선택의 유혹이 있기 **이전에** 하는 것이 가장 좋다. 따라서 위의 예시에서처럼 만약 토요일에 회의를 하기로 했다면, 먼저 그날 아침에 **보상에 대한 시각화**를 하고 최대한 빨리 회의를 시작하는 것이 좋다.

6회기

과제 노트

시간 관리

활성화와 동기화

ADHD가 있는 많은 사람들은 자신이 무엇을 해야 하는지는 알고 있다. 예를 들면 어떻게 정리해야 하는지는 알고 있지만 그 방법을 효율적으로 실행하는 데 어려움이 있어서 일을 시작하고 동기를 유지하는 데 어려움이 있다. 이것은 ADHD에서 특히 보이는 어려움인데, 주의분산, 지루함, 참을성 없음과 낮은 좌절에 대한 인내력에서 기인한다. 또한 과거 권위적인 인물과의 관계에서 쌓인 분노감에서 기인할 수도 있다. 이 회기에서는 이러한 어려움을 다룰 수 있는 방법을 논의할 것이다.

I. 분노와 반항 다루기

우울과 불안 감정과 함께 ADHD가 있는 사람은 오랫동안 다른 사람들로부터 불가능하지는 않았지만 하기 어려운 요구와 제한을 오랫동안 받아왔고 그 속에서 **'권위'에 대한 분노**를 가지게 된다. 불행하게도 성인기에도 지속되고 있는 권위에 대한 저항은 궁극적으로 ADHD가 있는 사람이 스스로를 망치고 개인적 성취를 이루는 것을 방해하게 된다.

자신이 화가 나 있거나 자신이 변화를 원하고 있지만 하지 못하면서 저항하고 있다는 것을 알아챘을 때 이 생각을 확실하게 정리해서 도전하기 시작해야 한다.

II. 결승점에 도달하기 위해 어떻게 시작해서 궤도에 들어설 것인가?

1. 작은 것부터, 쉬운 것부터 시작하라. 부분들로 나누어라.

계획을 세울 때 전체를 자신이 다룰 수 있는 정도의 '부분'으로 나누어서 해야 하며, 각 '부분'들을 실천한 후에는 강화나 보상을 주도록 계획하는 것이 꼭 필요하다. 예를 들면 보고서를 완성하고 난 후에 추리소설을 읽거나 좋아하는 TV 쇼를 보는 것과 같은 것이다. 해야 할 목록의 각 항목들을 성취하고 난 후에 지워가는 것도 스스로에게 강화를 주는 것이다.

2. 강화는 언제나 행동 수반적으로 주어야 한다.

다시 말하면 과제를 완성하기 전에는 어떠한 보상도 주어서는 안 된다.

3. 시각화 연습을 하라.

몇 분 동안 눈을 감고 과제나 프로젝트를 완수해내는 자신의 모습을 떠올리면서 얼마나 좋고 자랑스러우며 만족스럽고 안도감이 느껴지는지 느껴 보라. 매우 강력한 동기를 제공해 줄 것이다.

III. 주의분산 다루기

주의분산으로 인해 쉽게 방해를 받게 된다. 잘 살펴보고 계획을 세우게 되면 주의분산으로 방해받지 않을 수 있다.

4. 자신에게 가장 잘 맞는 작업스타일을 알아내라. 그러면 성공의 발판이 마련된다.

방해받지 않고 최선의 업무를 할 수 있다면 밤이나 주말에 몇 시간 사무실에서 일하는 것이 전화를 계속 받으면서 일주일 내내 프로젝트에 매여 있는 것보다 더 나을 것이다.

5. 여러 가지 도구들을 사용하라.

전화를 받는 데 음성 메시지를 사용해서 방해받지 않게 할 수 있다. 사무실 주변이나 책상 주변의 소음이 방해가 되면 헤드폰을 사용하라.

6. 시야에서 방해되는 것들을 없애라 – 들리는 것도

업무에 필요한 것들만 주변에 남겨두어라. 예를 들면 집에서 공부방에는 잡지, 흥미 위주서적 등을 두지 말고 텔레비전이나 다른 사람들의 소리가 들리지 않게 하라. 사전에 가족들에게 몇 시간 동안은 방해하지 말도록 부탁한다.

Ⅳ. 장기간 동기 유지하기

ADHD가 있는 사람은 종종 장기적인 혹은 멀리 떨어져 있는 보상보다 만족스러운 보상을 즉각적으로 충족시키고 싶은 마음을 가지기 쉽다. 예를 들면 햇빛이 좋은 토요일에 집에서 새로운 사업 계획서를 작성하거나 졸업 논문 쓰기 혹은 구직 정보를 찾는 대신 해변에 놀러 가버릴 수 있다. 이렇게 중요한 시점에 일단 이 일을 마쳤을 때 가질 수 있는 만족감, 자부심, 성취감과 손에 잡히는 보상과 같은 모든 종류의 보상들을 **적극적으로 시각화 해보는 것**이 매우 중요하다.

6회기

과제 연습

시간 관리

활성화와 동기화

1단계. 이루고 싶은 장기 목표를 정하라(예 : 새로운 직업 찾기, 집에서 방 한두 개를 완전히 바꾸기, 악기 배우기, 책이나 짧은 이야기 쓰기, 새로운 프로젝트 찾기 등). '장기'라는 용어를 목표에 적용하였기 때문에 성취하는 데 최소 한 달은 소요되는 것이 적절하다. 아래에 적어 보라.

____

____

____

2단계. 긍정적인(그렇지만 현실적인) 보상 시나리오를 생각해내라. 여기에는 목표를 성취했을 때 가질 수 있는 모든 경험과 감정을 모두 포함시켜라. 아래에 상세히 적어 보라.

____

____

3단계. 단계를 밟아 장기 목표에 도달할 수 있도록 장기 목표를 작은 단기 목표(예 : 주당)로 나누어라.

1. ______________________________

____

2. ______________________________

____

3. ______________________________

____

4. ______________________________

____

5. ______________________________

____

4단계. 일정관리수첩에 우선 첫 번째 과제를 계획해 기록하라. 시각화하기 위해 충분한 시간을 가져라.

5단계. 과제를 할 시간이 되면 눈을 감고 먼저 2단계에 적어 놓았던 장기적인 보상을 시각화해 보아라. 그러고 나서 과제를 완료하라.

6단계. 결과물을 적어라. 과제를 완료했는가? 보상을 시각화했는가? 그러한 시각화가 과제를 수행하도록 동기화하는 데 도움이 되었는가?

____

____

____

7단계.간략하게 계획을 세우고 3단계의 항목들을 완료하라. 결과가 어떻게 되었는지 적어라.

____

____

____

7회기

치료자 노트

조직화하기

조직화 체계 만들기

새로운 목표 기술

- 방해를 감소시키고 효율성을 높이기 위한 물리적 공간을 조직화하기

회기 연습

- 서류관리 체계 만들기
- 물리적 공간의 조직화를 잘 고려해서 그림으로 그려 보기

과제 연습

- 물리적 개인 공간을 관리할 수 있도록 나누어 조직화하기

준비물

- 이름표가 붙은 서류철

조직화를 잘하기 위한 두 가지 핵심 요소는 다음과 같다.

1. **어떤 물건을 둘 장소**
2. **그 자리에 그 물건이 있을 것!**

첫 번째 요소는 **어떤 물건이 '속해 있을' 장소**인 정리체계나 구조가 있어야 한다는 것을 말하고, 두 번째는 정리체계를 지속적으로 사용하려면 **사용 후에 그 장소에 물건이 있어야 한다**는 것을 의미한다. 오늘은 첫 번째 요소를 다룰 것이고 다음번에 두 번째 요소를 다

룰 것이다.

조직화 체계 만들기

기억할 점 : 물건이 있는 장소

왜 조직화해야 하는가?

집단원들로부터 나온 생각들이다. 아래 항목들을 특히 강조해야 한다.

1. 보다 쉽게 물건을 찾을 수 있다.
2. 물건을 찾는 시간이 덜 걸린다 – 보다 효율적이다.
3. 스트레스가 감소된다.
4. 주변이 보다 깔끔하고 보기 좋아진다.

조직화 계획의 기초

좋은 조직화 계획에 따라 모든 것이 다음의 장소에 있어야 한다.

1. 눈에 쉽게 띄어야 한다.
2. 접근이 쉬워야 한다.
3. 보기에 깔끔해야 한다.

더불어 ADHD가 있는 사람은 작업 공간 나에 시각적인 방해물이 없어야 하고 눈앞에 바로 과제와 관련된 물건이 보이거나 **주의를 잘 끄는 곳**에 있는 것이 중요하다.

각 방은 자주 쓰는 물건이 가장 가까이에 있도록 정리해 두어야 한다. 저장 공간을 새로 만들거나 구매해야 할 수도 있다는 것을 고려해야 한다. 각 공간에 다양한 기능이나 활동에 대해 생각해 보라. 예를 들면 다음을 생각해 볼 수 있다.

1. 자신의 재정 상황을 살핀다.
2. 업무와 관련된 자료들을 읽거나 글을 쓴다.
3. 사진 찍기 혹은 바느질 같은 자신의 취디 활동을 한다.

개인적인 조직화에 도움이 되는 책을 저술한 Julie Morgenstern(Morgenstern, 2004)은 관련된 모든 자료들과 각 기능별로 '영역'을 만들 것을 제안하였다. 예를 들면 재정 관리 영역에는 은행 통장 파일, 신용카드, 공과금 청구서, 집세나 대출금을 정리해 놓을 수 있는 파일과 수표장, 계산기 등을 넣는 서랍 등을 마련할 수 있다. 업무관련 활동 영역에는 아마 컴퓨터, 프린터, 업무 관련 파일 등을 놓을 수 있을 것이다. 취미 영역에는 활동에 필요한 모든 장비와 공구들을 놓을 수 있다. 공간을 어떻게 조직화할 것인지 계획하기 위해 도식화할 수도 있다.

서류관리 체계 만들기

모든 서류들은 서류함 폴더에 이름표를 잘 붙여서 정리해 놓아야 하며, 쉽게 제자리에 다시 놓을 수 있도록 철자법 순서대로 책상 위에 세로 파일이나 서랍장에 똑바로 잘 정리해 두어야 한다. 신속하게 찾으려면 색깔별로 정리하는 것도 매우 도움이 된다(예 : 모든 재정 폴더들은 초록색, 취미나 개인적 흥미 폴더는 파란색).

회기 연습 1 :서류관리 체계 만들기

모든 참가자들에게 정리할 서류를 종류별로 이름표를 붙여서 가지고 오도록 하라. 필요하면 다음을 사용하도록 하라. 미리 몇 개 파일 폴더를 보여주고 어떻게 철자순대로 정리하는지를 보여주어라.

파일 폴더 이름표의 예

개인 흥미	개인 업무
건강	뉴욕 은행(진술용)
정원 가꾸기	비자(진술용)
집안 꾸미기	은행대출
선물 아이디어	법률 서류(출생증명서, 결혼증명서, 유서 등)
가정용품(사용설명서, 보증서)	자동차 보험
흥미로운 기사	가정 보험
가족사	20**년도 세금관련 (명세서, 영수증 등 정리에 필요한 것)
사진	의료보험
여행	은퇴
주거개선	최근에 구입한 물건 영수증

받은 편지함과 보낸 편지함

내야 할 청구서와 답장할 편지는 **'받은 편지함'**에 두고 보낸 편지나 다른 곳으로 옮겨져야 할 편지 혹은 자료들을 **'보낸 편지함'**에 두는 것도 매우 도움이 될 것이다. 받은 편지함 항목은 미리 정해 놓은 시간에 일주일에 최소 한 번은 살펴보아야 한다. 보낸 편지함 항목은 회기를 마친 후 여러분이 책상을 떠날 때 최종 목적지로 이동시켜야 한다.

진행 과정

지나치게 복잡한 물리적 공간을 조직화하는 것은 정말 싫다고 느낄 수 있는 매우 힘든 작업이다. 이러한 어려운 과제들을 시작하고 수행하는 데 유용한 책략은 다음과 같다.

1. **과제를 부분으로 나누기.** 한 번에 전체를 정리해서 창고에 넣어 둘 수 있을 것이라고 기대하지 마라. 대신에 부분으로 나누거나(예 : 공간의 구획을 나누고 한 번에 한 부분씩 일하기) 한 번에 30분 분량 단위의 계획을 세워라. 그렇게 하는 것이 좀 편해지면 진행과정에 분명히 끝이 있을 것이라는 것을 생각하면서 타이머를 맞춰라.
2. 위에 기초해서 **얼마나 많은 회기가 필요할 것인지 결정해서 목록을 만들어라.** – 각각에 날짜와 시간을 할당하라. 일정관리수첩에 회기들에 대한 시간 계획을 세워라.
3. 각 부분 끝에 (자기 힘으로 얻는) **보상**을 자신에게 주도록 계획하라.
4. 멈추고 싶은 생각이 들자마자 눈을 감고 꼼꼼하게 정리되었을 때 공간이 얼마나 **보기 좋고** 잘 기능하는지 그리고 그것을 어떻게 자신이 느끼는지 상상하라.
5. 버려야 할 것과 그대로 둘 가치가 있는 것들을 **정리하는 체계를 사용하라.** 기억하기 쉬운 개념은 **'FAT'-File-Action-Trash**(모을 것-작업할 것-버릴 것)이다. 이름표가 달린 3개의 보드상자(혹은 3개의 큰 플라스틱 가방)를 만들어라. 손을 거친 항목들은 정리할 것인지/저장할 것인지/치울 것인지에 따라 3개 상자 중 하나로 들어가게 된다. 결정하는데 너무 많은 시간을 쓰지 않도록 한다. 어떻게 처리할지 신속하게 결정할 수 없다면 나중에 다시 생각할 수 있도록 작업 상자에 넣도록 한다.
6. 가능하면 진행해 가면서 **지지해 줄 사람의 도움을 받아라.**

경고! 중요한 자료를 다루는 중에 그만두고 싶은 마음이 강하게 들 수 있고 오려놓은 신문을 읽거나 친구에게서 온 편지를 읽거나 상품 안내서를 읽고 싶을 수 있다… **그런 마음에 저항하라… 그렇지 않으면 이탈하기 매우 쉽고 과제를 결코 완성할 수 없을 것이다.** 대신에 쉬는 시간에 볼 흥미로운 자료들을 옆에 두어라. 예를 들면 강화물이 될 수 있게 하라(3단계 이상).

회기 연습 2

집단 내에서 조직화할 필요가 있는 물리적 공간에 대해 이야기해 본다(예 : 공부방, 차고, 거실, 주방, 벽장). 집단에서 이야기를 나누면서 현재 공간에 어떤 물건을 넣어야 하고 어떻게 하면 편리하고 쉽게 접근할 수 있는지 공간을 조직화하는 것에 대한 도식을 칠판에 그리도록 한다. 유용한 정리정돈 도구들(예 : 파일 폴더, 세로파일 폴더, 뚜껑 달린 상자, 정리서랍)을 잘 생각해 본다.

치료자 유의사항 : ADHD가 있는 사람들 중 일부는 조직화를 잘하는 사람들은 '지루'하거나 '답답'해 보이고 자발성과 창의성이 결핍될까 봐 두려워 조직화해서 정리하기가 주저된다고 말한다. 분명히 지금까지 해 온 것에 대해 나중에 합리화하는 것이 조금 있기는 하지만 조직화하고 계획한다는 것이 ADHD를 겪는 사람들에게 너무 낯설어서 자기 성격의 주요한 특징을 잃어버릴 것에 대한 두려움을 갖게 될 수도 있다. 이러한 염려를 다루어, 평범한 일상을 보다 잘 정리하는 것이 개인으로 하여금 창의성에 제약을 주는 것이 아니고 자신의 재능, 소질과 흥미를 자유롭게 발달시키고 표현하고 즐길 수 있는 기회를 줄 것이라는 점을 강조해 주는 것이 중요하다.

7회기

과제 노트

조직화하기

조직화 체계 만들기

기억할 점 : 물건이 있는 장소!

조직화 계획의 기초

좋은 조직화 계획에 따라 물건들이 다음의 장소에 있어야 한다.

1. 눈에 쉽게 띄어야 한다.
2. 접근이 쉬워야 한다.
3. 보기에 깔끔해야 한다.

더불어 ADHD가 있는 사람은 작업 공간 내에 시각적인 방해물이 없어야 하고 눈앞에 바로 과제와 관련된 물건이 보이거나 **주의를 잘 끄는 곳에** 있는 것이 중요하다.

각 방은 자주 쓰는 물건이 직접 가장 가까이에 있도록 정리해 두어야 한다. 저장 공간을 새로

Cognitive-Behavioral Therapy for Adult ADHD: Targeting Execusive Dysfunction (Mary V. Solanto 저, Guilford Press, 2011). 이 자료의 복사는 개인적 용도로 이 책을 구입한 사람에게만 허용됨(상세한 내용은 저작권 부분 참조).

만들거나 구매해야 할 수도 있다는 것도 고려해야 한다. 각 공간에 다양한 기능이나 활동에 대해 생각해 보라. 예를 들면 다음을 생각해 볼 수 있다.

1. 자신의 재정 상황을 살핀다.
2. 업무와 관련된 자료들을 읽거나 글을 쓴다.
3. 사진 찍기나 바느질 같은 자신의 취미활동을 한다.

개인적인 조직화에 도움이 되는 책을 저술한 Julie Morgenstern(Morgenstern, 2004)은 관련된 모든 자료들과 각 기능별로 '영역'을 만들 것을 제안하였다. 예를 들면 재정 관리 영역에는 은행 통장 파일, 신용카드, 공과금 청구서, 집세나 대출금을 정리해 놓을 수 있는 파일과 수표장, 계산기 등을 넣는 서랍 등을 마련할 수 있다. 업무관련 활동 영역에는 아마 컴퓨터, 프린터, 업무 관련 파일 등을 놓을 수 있을 것이다. 취미 영역에는 활동에 필요한 모든 장비와 공구들을 놓을 수 있다. 공간을 어떻게 정리할 것인지 계획하기 위해 도식화할 수도 있다.

서류관리 체계 만들기

모든 서류들은 서류함 폴더에 이름표를 잘 붙여서 정리해 놓아야 하며, 쉽게 제자리에 다시 놓을 수 있도록 철자법 순서대로 책상 위에 세로 파일이나 서랍장에 똑바로 잘 정리해 두어야 한다. 신속하게 찾으려면 색깔별로 정리하는 것도 매우 도움이 된다(예 : 모든 재정 폴더들은 초록색, 취미나 개인적 흥미 폴더는 파란색).

받은 편지함과 보낸 편지함

내야 할 청구서와 답장할 편지는 **'받은 편지함'**에 두고 보낸 편지나 다른 곳으로 옮겨져야 할 편지 혹은 다른 곳으로 옮겨져야 하거나 처리해야 될 자료들을 **'보낸 편지함'**에 두는 것도 매우 도움이 될 것이다. 받은 편지함 항목은 미리 정해 놓은 시간에 일주일에 최소한 번은 살펴보아야 한다. 보낸 편지함 항목은 회기를 마친 후 여러분이 책상을 떠날 때 최종 목적지로 이동시켜야 한다.

진행 과정

지나치게 복잡한 물리적 공간을 정리정돈하는 것은 정말 싫다고 느낄 수 있는 매우 힘든 작업이다. 이러한 어려운 과제들을 시작하고 수행하는 데 유용한 책략은 다음과 같다.

1. **과제를 부분으로 나누기.** 한 번에 전체를 정리해서 창고에 넣어 둘 수 있을 것이라고 기대하지 마라. 대신에 공간을 부분으로 나누거나(예 : 공간의 구획을 나누고 한 번에 한 부분씩 일하기) 한 번에 30분 분량 단위의 계획을 세워라. 그렇게 하는 것이 좀 편해지면 진행과정에 분명히 끝이 있을 것이라는 점을 생각하면서 타이머를 맞춰라.
2. 위에 기초해서 **얼마나 많은 회기가 필요할 것인지 결정해서 목록을 만들어라.** 각각에 날짜와 시간을 할당해라. 일정관리수첩에 회기들에 대한 시간 계획을 세워라.
3. 각 부분 끝에 (자기 힘으로 얻는) **보상**을 자신에게 주도록 계획하라.
4. 멈추고 싶은 생각이 들자마자 눈을 감고 잘 꼼꼼하게 정리되었을 때 공간이 얼마나 **보기 좋고** 잘 기능하는지 그리고 그것을 어떻게 자신이 느끼는지 상상하라.
5. 버려야 할 것과 그대로 둘 가치가 있는 것들을 **정리하는 체계를 사용하라.** 기억하기 쉬운 개념은 'FAT'-File-Action-Trash(모을 것-작업할 것-버릴 것)이다. 이름표가 달린 3개의 보드상자(혹은 3개의 큰 플라스틱 가방)를 만들어라. 손을 거친 항목들은 정리할 것인지/저장할 것인지/치울 것인지에 따라 3개 상자 중 하나로 들어가게 된다. 결정하는데 너무 많은 시간을 쓰지 않도록 한다. 어떻게 처리할지 신속하게 결정할 수 없다면 나중에 다시 생각할 수 있도록 작업 상자에 넣도록 한다.
6. 가능하면 진행해 가면서 **지지해 줄 사람의 도움을 받아라.**

경고! 중요한 자료를 다루는 중에 그만두고 싶은 마음이 강하게 들 수 있고 오려놓은 신문을 읽거나 친구에게서 온 편지를 읽거나 상품 안내서를 읽고 싶을 수 있다… **그런 마음에 저항하라… 그렇지 않으면 이탈하기 매우 쉽고 과제를 결코 완성할 수 없을 것이다.** 대신에 쉬는 시간에 볼 흥미로운 자료들을 옆에 두어라. 예를 들면 강화물이 될 수 있게 하라(3단계 이상).

7 회기

과제 연습

조직화하기

조직화 체계 만들기

1단계. 보다 잘 조직화하거나 보다 효과적으로 하고 싶은 물리적 공간 하나를 선택하라. 예를 들면 공부방, 사무실, 주방, 벽장, 연장창고, 자동차

2단계. 공간을 3개의 관리 가능한 부분으로 나누고 목록을 만들어라.

3단계. 한 부분을 선택해서 이 회기에서 이전에 논의한 원칙들을 적용해서 공간을 어떻게 재정리할 것인지 **계획**을 세워라. 어떻게 정리할 것인지에 대해 **생각**할 시간을 가져야 한다. 그리고 일을 시작하기 전에 계획한 것을 아래에 적거나 도표를 그려 본다. 다른 부분은 다음번에 하게 될 것이다.

기억할 점 : 과제를 시작하기 어렵다면 첫 번째 단계가 너무 과한 것이다.
정리 영역을 보다 더 줄여라(예 : 전체 벽장 대신에 우선 하나의 선반을 재정리하거나 혹은 전체 자동차 대신에 글로브 박스(콘솔 박스)를 정리하기)

4단계. (선택사항이지만 권장사항) **: 작업 결과를 볼 수 있도록 사전, 사후에 사진을 찍도록 한다.**

공간 : ______________________________

부분들 : ______________________________

A. ______________________________

B. ______________________________

C. ______________________________

A부분에 대한 작업 계획하기

____

____

____

____

____

____

____

내가 해낸 것들

____

____

____

____

____

____

____

8회기

치료자 노트

조직화하기

조직화 체계 실행하기

새로운 목표 기술

- 자기 관리 기술을 적용하면서 공간 조직화를 해나가는 것

회기 연습

- 종이 더미 분류하기
- 잘못된 위치에 자주 놓여지는 물건들을 식별하기

과제 연습

- 공간 B를 조직화하기

준비물

- 다양한 우편물 봉투, 종이 등

치료자 유의사항 : 집단원에게 조직화 욕구를 유발하고, 적절한 체계를 발전시키고 선택하는 것을 돕고, 이전 회기에서 논의되었던 원칙들을 적용하면서, 집단원 개개인의 과제 연습을 토의하는 데 충분한 시간을 할애하기 위해 이 회기에는 새로운 준비물이 없다(그리고 집으로 가져갈 과제 노트도 없다).

만일에 어떤 집단원이 자신의 정리 계획을 이행하는 데 어려움을 겪는 것으로 보이면, 7회기의 '과정' 부분을 다시 검토하고 이전 회기에서 어려웠던 과제들을 환자가 다룰 수 있는 크기로 줄이고, 자기 강화 수반성, 그리고 보상의 시각화(이 경우에 깨끗하고 정리된 공간으로부터 오는 질서, 편안함, 효율성)를 해보도록 한다.

회기 연습 1 : 종이 더미 분류하기

잡다한 종이, 우편물, 그리고 늘 쌓여서 분류를 필요로 하는 것들을 가방에 담아 와서 쏟아놓는다 – 아마도 당신이나 당신 동료의 책상에 있는 것(물론 기밀 문서들은 제외하고). 이 연습은 치료자에 의해서 시행될 수도 있고 혹은(더 나은 방법은) 집단원 중 한두 명의 지원자에 의해서 돌아가면서 시행될 수 있다. 이 연습은 집단 앞에서 우편물을 하나 하나씩 분류하는 것이다. 하나씩 들고 설명하면서, 그리고 집단원에게 각각에 대해 무엇이 행해져야 할지의 정보를 물어보는 것이다(철해서 보관할 것인지, 뭔가 조치를 취해야 할 것인지, 혹은 버려야 할 것인지, 만약에 철해서 보관해야 한다면 어떤 철에 보관해 두어야 할 것인지).

회기 연습 2

집단원들에게 그들이 반복적으로 잃어버리거나 제자리에 두지 못하는 물건들의 목록(예 : 열쇠, 휴대폰, 영수증, 세금 고지서 등)을 물어보고 이것들의 찾기 쉬운 자리를 만들어보도록 한다. 예를 들어 문 가까이에 열쇠를 걸 수 있는 걸이를 설치하는 것 등이다.

과제 연습

과제 연습은 조직화 계획의 다음 부분이나 다음 '영역'으로 계속해서 작업하는 것이다.

8회기

과제 연습

조직화하기

조직화 체계 실행하기

1단계 : 지난주 연습으로 돌아가서 B부분을 선택해서 다시 정리하라.

2단계 : 7회기에서 논의한 원칙들을 적용해서 이 공간을 어떻게 재정리할 것인지 **계획**을 세워라. 어떻게 정리할 것인지에 대해 **생각**할 시간을 가져야 한다. 그리고 일을 시작하기 전에 계획한 것을 아래에 적거나 도표를 그려 본다.

3단계 : 이전에 논의되었던 원칙을 적용해서 공간을 조직화한다.

B부분에 대한 작업 계획하기

내가 해낸 것들

9회기

치료자 노트

조직화하기

조직화 체계 유지하기

새로운 목표 기술

- 조직화 기술을 유지하는 것

회기 연습

- 조직화 기술을 유지하기 위해 계획을 세운다.

과제 연습

- 우편물 분류하기
- 물리적 공간의 C를 조직화한다.

기억할 점 : 모든 것은 제자리에!

아마도 ADHD가 있는 사람들에게 있어서 조직화는 가장 어려운 부분일 것이다. 물건을 사용하고 난 다음에 제자리에 놓고 새로운 물건이 생기면 그것을 분류하는 것은 일상 생활에서 아마도 가장 보람 없는 일 중 하나일 것이다! 그것은 지루하고, 짜증나고, 당장 만족을 주지도 않는다. 이런 모든 점들이 ADHD가 있는 사람들에게 이 일이 매우 매력적

이지 않게 느끼도록 만드는 요소이다. 그러나 조직화하는 것은 필수적이며, 이것은 그 외에 당신이 하고 싶은 일을 하는 데 필요한 일이기도 하다.

이러한 일을 다루는 데 있어서 가장 중요한 열쇠는 일거리들을 쌓아두지 않는 것이다. 그 '일거리들'은 우편물, 설거지, 분류해서 철해야 할 서류들, 옷가지, 그리고 다른 개인적 소지품일 수 있다. 처리해야만 하는 일들이 쌓여 있는 것을 보는 것은 가장 좌절스럽고, 압도되며, 알다시피 그 일을 해결하기 위해 많은 노력이 요구된다. 그러므로 대부분의 경우 당신은 아예 일을 시작하지 않을 가능성이 높다. 그리고 일거리는 날마다 점점 더 커질 것이다… 그러면 당신은 그것들을 점점 더 건드리기 싫어질 것이다. 그리고 그 일거리는 매일 매일 점점 더 커질 것이다(반복, 반복, 으으윽!).

그러므로 가장 성공적인 접근법은 **날마다 즉시 일을 처리하는 것이다. 왜냐고?** 그 이점은 다음과 같다.

1. 당신은 당신이 필요한 것을 항상 쉽게 찾을 수 있게 될 것이다.
2. 당신이 있는 장소는 늘 깨끗하고 정돈되어 보일 것이다. 비록 당신이 충분히 인식하고 있지 못하더라도 무질서하고 혼란한 환경은 스트레스를 가져온다.
3. 각각의 정리를 위한 노력은 단지 몇 분이면 충분할 것이고, 그리고 당신은(거의 즉각적으로) 긍정적 결과를 볼 수 있으므로 만족감을 가질 수 있을 것이다 – 책상은 깨끗해질 것이고, 부엌도 깨끗해질 것이다.

**기억할 점 : 오늘 하지 않은 일은 어디로 사라지지 않는다 –
내일이 되면 그 일은 훨씬 더 어려워질 것이다.**

우편물 처리하기

우편물은 매일 매일 처리하는 데 있어서 단지 몇 분밖에 안 걸리는 일들의 가장 좋은 예이다. 그러나 만약 소홀히 하면 놀랄 정도로 그 양이 늘어난다. 우편물을 처리하는 전략은 다음과 같다.

집에 돌아오면 하는 첫 번째 일이 무엇인가? 먹을 것을 찾는 것? 소파에 주저앉아서 TV를 켜는 것? 여기서 제안하는 것은 우편물들을 처리하는 **단지 몇 분간만** 그런 것들을 미루고 나서 휴식을 취하라는 것이다.

1. 집에 들어오자 마자 선 채로 혹은 쓰레기통 옆에 앉아서 우편물들을 훑어보라.
2. 원하지 않는 것들(예 : 광고, 주기적으로 오는 것들)을 즉시 버려라.
3. 나머지 것들을 청구서, '철해두어야 할 정보 등으로 분류하라. 그리고 **즉시 그것들을 분류 폴더에 넣어라.** 뭔가 조치가 필요한 우편물들(예 : 답신이 필요한 편지들)은 당신의 보관상자에 넣어라.
4. 사회활동, 약속 등의 새로운 아이템들을 수첩이나 달력에 적어 두어라. 거기에 다른 필요사항(예 : 복장) 외에 시간, 장소, 그곳에 가는 방법 등을 포함하는 것도 잊지 마라. 또한 수첩에 그 일을 위해 미리 당신이 해야만 하는 일들을 적어 두어라 – 예를 들어 선물을 사야 할 날짜, 입을 옷을 살 가게, 아기 돌봐주는 사람에게 전화하는 일 등

벌써 당신은 그 일을 다 끝냈다! 만일 그 일이 그렇게 빨리 끝난다고 믿기지 않는다면, 당신이 다음 우편물을 받았을 때 오늘 밤이든 내일이든 시간을 재보기를 권한다.(이것이 과제 연습의 첫 번째 부분이다.)

주의 : 만일 우편물 더미를 금방 분류하기가 어렵다면, 그때는 일단 그것들을 보관상자에 넣고 조용히 앉아서(예 : 매주 토요일이나 일요일 아침 특정 시간에) 보관상자 안에 있는 모든 아이템을 하나씩 처리하라.

세금 관련 팁 : 만일 당신이 세금을 환급받을 수 있는 당신의 모든 영수증들을 분류하는 폴더를 책상에 두고 있다면, 당신은 5월이 되었을 때 시간과 짜증을 줄일 수 있을 것이다 – 그것들이 집에 오는 대로 폴더에 붙여 두어라.

청구서-지불 팁 : **계좌 이체**는 엄청나게 시간을 줄여준다. 자동적으로 매달 고정적으로 지불되는 할부금의 경우도 그렇게 할 수 있다(차량 할부금, 주택 할부금). 더 나아가 돈 내는 것을 잊어버릴까 봐 걱정할 필요도 없다.

회기 연습 : 조직화 기술 유지하기

집단원들에게 다루어야 할 다른 문제를 요청하라(예 : 설거지, 옷정리, 도구정리 등). 그리고 매일 매일 그것들을 해결하는 체계를 만들어 보라.

치료자 유의사항 : 집단원들이 제안하지 않더라도 여기쯤에서 다음날 아침에 와서 깨

끗한 책상에서 새롭게 일을 시작할 수 있도록 하루의 일이 끝날 때 마지막 몇 분을 물건들이나 서류들 등을 정리하는 데 쓸 필요가 있음을 언급하라. 책상 위에 쌓여 있는 물건들은 대다수의 ADHD가 있는 사람들에게 큰 문제이다.

9회기

과제 노트

조직화하기

조직화 체계 유지하기

기억할 점 : 모든 것은 제자리에!

이러한 일을 다루는 데 있어서 가장 중요한 열쇠는 일거리들을 쌓아두지 않는 것이다. 그 '일거리들'은 우편물, 설거지, 분류해서 철해야 할 서류들, 옷가지, 그리고 다른 개인적 소지품일 수 있다. 처리해야만 하는 일들이 쌓여 있는 것을 보는 것은 가장 좌절스럽고, 압도되며, 알다시피 그 일을 해결하기 위해 많은 노력이 요구된다. 그러므로 대부분의 경우 당신은 아예 일을 시작하지 않을 가능성이 높다. 그리고 일거리는 날마다 점점 더 커질 것이다… 그러면 당신은 그것들을 점점 더 건드리기 싫어질 것이다. 그리고 그 일거리는 매일 매일 점점 더 커질 것이다…(반복, 반복, 으으윽!).

기억할 점 : 오늘 하지 않은 일은 어디로 사라지지 않는다 –
내일이 되면 그 일은 훨씬 더 어려워질 것이다.

우편물 처리하기

우편물은 매일 매일 처리하는 데 있어서 단지 몇 분 밖에 안 걸리는 일들의 가장 좋은 예이다. 그러나 만약 소홀히 하면 놀랄 정도로 그 양이 늘어난다. 우편물을 처리하는 전략은 다음과 같다.

집에 돌아오면 하는 첫 번째 일이 무엇인가? 먹을 것을 찾는 것? 소파에 주저 앉아서 TV를 켜는 것? 여기서 제안하는 것은 우편물들을 처리하는 **단지 몇 분간만** 그런 것들을 미루고 나서 휴식을 취하라는 것이다.

1. 집에 들어 오자 마자 선 채로 혹은 쓰레기통 곁에 앉아서 우편물들을 훑어보라.
2. 원하지 않는 것들(예 : 광고, 주기적으로 오는 것들)을 즉시 버려라.
3. 나머지 것들을 청구서, 철해두어야 할 정보 등으로 분류하라. 그리고 **즉시 그것들을 분류 폴더에 넣어라.** 뭔가 조치가 필요한 우편물들(예 : 답신이 필요한 편지들)은 당신의 보관함에 넣어라.
4. 사회활동, 약속 등의 새로운 아이템들을 수첩이나 달력에 적어 두어라. 다른 필요사항(예 : 복장) 외에 시간, 장소, 그곳에 가는 방법 등을 포함하는 것도 잊지 마라. 또한 수첩에 그 일을 위해 미리 당신이 해야만 하는 일들을 적어 두어라 – 예를 들어 선물을 사야 할 날짜, 입을 옷을 살 가게, 아기 돌봐주는 사람에게 전화하는 일 등

벌써 당신은 그 일을 다 끝냈다! 만일 일이 그렇게 빨리 끝난다고 믿기지 않는다면, 당신이 다음 우편물을 받았을 때 오늘 밤이든 내일이든 시간을 재보기를 권한다.(이것이 과제 연습의 첫 번째 부분이다.)

주의 : 만일 우편물 더미를 금방 분류하기가 어렵다면, 그때는 일단 그것들을 보관함에 넣고 조용히 앉아서(예 : 매주 토요일이나 일요일 아침 특정 시간에) 보관함 안에 있는 모든 아이템을 하나씩 처리하라.

세금 관련 팁 : 만일 당신이 세금을 환급받을 수 있는 모든 영수증들을 분류하는 폴더를 책상에 두고 있다면, 당신은 5월이 되었을 때 시간과 짜증을 줄일 수 있을 것이다 – 그것

들이 집에 오는 대로 폴더에 붙여 두어라.

청구서 – 지불 팁 : 계좌 이체는 엄청나게 시간을 줄여준다. 자동적으로 매달 고정적으로 지불되는 할부금의 경우도 그렇게 할 수 있다(차량 할부금, 주택 할부금). 더 나아가 돈 내는 것을 잊어버릴까 봐 걱정할 필요도 없다.

9회기

과제 연습

조직화하기

조직화 체계 유지하기

과제 연습 1 : 우편물 분류하기

오늘 논의한 체계를 이용해서 우편물을 분류하는 시간을 정하라.

다음을 표시하라 : 시작 시간 ________ 끝내는 시간 ________

이번 주 동안 매일 그 우편물 분류체계를 사용하도록 노력하라. 그것을 사용한 날에 체크하라.

월요일	화요일	수요일	목요일	금요일	토요일

과제 연습 2 : C부분 정리하기

1단계 : 7회기 연습으로 돌아가서 이번에는 C부분을 정리하도록 한다.

2단계 : 7회기에서 논의한 원칙들을 적용해서 이 공간을 어떻게 조직화할 것인지를 **계획**하라. 어떻게 할 것인지에 대해 **생각할** 시간을 가져야 한다. 그리고 일을 시작하기 전에 **계획**한 것을 아래에 적거나 도표를 그려 본다.

3단계 : 이전에 논의되었던 원칙을 적용해서 공간을 조직화한다.

4단계 : 이 공간의 조직화를 유지하기 위해 계획을 세우라.

5단계 : 원한다면 '조직화한 후'의 사진을 찍어서 집단 회기 때 가져간다.

C부분에 대한 작업 계획하기

____

____

____

____

내가 해낸 것들

____

____

____

____

이 공간의 조직화 상태를 유지하기 위한 계획

____

____

____

____

10회기

치료자 노트

프로젝트 계획 – 완성하기!

새로운 목표 기술

- 과제를 하위 과제로 나누기, 우선순위 정하기, 시간 계획하기, 보상에 대한 시각화, 동기 유지하기, 자기 보상, 타인의 지지를 목록화하기 등의 기술들을 사용하여는 프로젝트 계획하기

회기 연습

- 순서도(flowchart)를 가지고 프로젝트 계획하기

과제 연습

- 순서도(견본 포함)를 가지고 프로젝트 계획하기

프로젝트를 계획하고 완성하는 것은 시간 예측 및 시간 계획, 우선순위 정하기, 큰 과제를 하위 과제로 나누기, 그리고 자기 보상에 의해 동기를 유지하기, 보상에 대한 시각화 등 많은 기술들을 필요로 한다. 이러한 기술들이 모두 함께 작용하게 된다! 이 과정을 예시하기 위해 여러분 중 한 사람이 현재 계획하고 있는 것이나 달성하기 원하는 한 프로젝트를 선택해 보자.

회기 연습

집단원에게 예를 들어보라고 요청하라. 작은 수리 보수나 장식, 파티 계획, 혹은 휴가 계획과 같이 집과 관련된 프로젝트가 가장 좋다. 한 프로젝트가 선정되었으면 그것이 집단이 수행하기에 너무 기술을 요하는 것이 되지 않도록 하기 위해 충분히 자세하게 요청하라.

집단원이 적절한 프로젝트를 제안하지 못할 경우에는 다음을 사용하라. "12명을 위한 저녁 파티를 계획하세요."(대안적으로 "휴가여행을 계획하세요."). 보다 도전적인 예는 스피커가 구비된 동창회, 클럽 혹은 100명의 사람들의 저녁 모임을 계획하는 것일 수 있다.

계획 세우기 '순서도' 복사본을 사람들에게 배분하고(과제 연습의 두 번째 부분) 작업을 하면서 칠판에 기록하라. 주요 목표를 연속적인 여러 하위 목표들로 나누는 과정을 설명하라. 집단원들에게 첫 번째 하위 목표들을 정하도록 하라. 예를 들면 저녁 파티를 계획하는 것은 날짜를 선정하고 손님 목록, 메뉴, 테이블 장식과 집에서 준비할 것을 결정하는 것을 필요로 한다. 세 번째 칸에는 각 하위 목표들을 세부적으로 나눈다. 예를 들어 손님 목록을 계획하는 것은 초청장을 구매하고, 주소를 쓰고, 우편으로 부치는 것을 필요로 한다. 여행 계획은 날짜와 목적지를 결정하고 기차나 비행기를 예약하는 것, 호텔 예약, 싸야 할 짐을 결정하는 것, 애완동물 돌보는 것과 우편물이 쌓이는 것 등에 대해 준비하는 것을 필요로 한다. 저녁 모임을 계획하는 것은 가용한 비용을 확인한 후 다음과 같은 것을 계획하는 것이다. 바로 스피커 선택, 장소 선택, 초대, 그리고 현장 준비 등이다. 이런 각각은 하위 목표들을 가지는데, 치료자는 집단원이 말하는 것들을 모두 칠판의 적절한 구획에 표시하라. 저녁 모임의 날짜는 특정한 날로 정하거나 혹은 스피커나 장소 등을 사용할 수 있는지 여부에 따라 정한다. 각 하위 목표에 완성 날짜를 정하는 것을 확실히 하라. 보다 야심적이거나 복잡한 프로젝트를 위한 순서도에는 네 번째 칸이 추가될 수 있다.

각 단계에서 집단원들에게 과제나 하위 목표를 달성하는 데 무엇이 포함되어야 하는지에 대해 질문하는 것을 명심하라 – 특히 다른 사람으로부터 어떤 정보, 자료, 도움이 필요할지와 그것들을 어떻게 얻을 수 있는지에 대해서. 그러면 이러한 각각은 또 다른 하위 목표가 될 것이다.

순서도를 완성한 후에 집단원들에게 과정 중 어디에서 어려움이 있을 것이라고 예상되는지와(혹은 과거에 참가자들에게 전형적으로 나타났던) 이런 문제를 해결하는 것에 대해 이야기를 나누어라.

과제 연습

각 집단원이 순서도를 사용하여 앞으로 2주 동안 해야 할 개인적 프로젝트를 선정하도록 도와라. 프로젝트는 2주 내에 – 혹은 1주 내에 쉽게 이루어질 수 있는 적당한 것이어야 한다는 것을 명심하라. 시간이 허용하는 대로 집단원이 각자의 프로젝트에 대한 순서도 작성을 시작하도록 도와주어라.

10회기

과제 연습

프로젝트 계획 – 완성하기!

다음 주에 계획하고 시작할 프로젝트를 선정하고, 다음 주에 완성하라.

1단계 : 회기에서 사용한 것과 동일한 과정으로 프로젝트 실행을 위한 순서도를 작성하라. 각 과제의 완성날짜를 써넣는 것을 명심하라.

2단계 : 오른쪽 칸에 당신이 쓴 항목들을 살펴보라. 각 항목에 대한 우선순위를 할당하라. 각각의 새로운 박스에 숫자 1로 시작하라. 또한 도움이 필요한 과제와 도움을 청할 사람의 이름을 적어라.

3단계 : 당신의 일정관리수첩에 다음 주 동안 프로젝트를 위해 해야 할 각 항목들에 대한 시간계획을 작성하라. 우선순위가 높은 항목을 가장 먼저 시간계획하고 다른 항목들을 시간계획하라. '항목'은 정보를 구하거나 당신을 도와달라고 요청하기 위해 전화를 하는 것과 같은 단순한 것일 수 있다. 가능하면 당신의 일상적인 과제를 포함하려고 노력하라. 예를 들면 만일 초대장을 사야 하는데 슈퍼마켓에 초대장이 다 팔렸다는 것을 안다면 초대장 사는 것을 다음 번에 슈퍼마켓에 갈 때 사야 할 쇼핑 목록이나 항목으로 넣는 것이다.

4단계 : 각 항목을 완성하면 순서도와 일정관리수첩에서 그 항목을 지워라(그것은 기분을 좋게 만든다!).

5단계 : 프로젝트를 계획하거나 수행할 때 생기는 문제들을 여기에 기록하라. 다음 집단 모임에서 이것들을 공유하고 의논하는 기회를 가지게 될 것이다.

프로젝트 계획 순서도

기한 :

예산 :

목표 날짜 :

목표 날짜 :

목표 날짜 :

목표 날짜 :

완성된 순서도에 대한 예시

12명분의 저녁파티

기한 : 6/15

예산 :

→ **손님 목록** (목표 날짜 : 4/15)

→ 주소 책 최신화 4/1
- 초대장과 우표 구매 4/5
- 초대장에 주소 쓰기 4/7
- 초대장 부치기 4/15

→ **메뉴** (목표 날짜 : 5/15)

→ 잡지와 요리책 살펴보기 4/16
- 메뉴 결정하기 4/20
- 건조상품 구매 6/1
- 신선상품 구매 6/12, 6/13
- 메뉴 준비 6/13, 6/14, 6/15

→ **장식** (목표 날짜 : 5/30)

→ 파티장식 조사 5/13
- 꽃장식 조사 5/13
- 꽃장식 시간계획 5/15
- 테이블 중앙 장식물, 테이블보 등 구매 5/13
- 장식물 배달 시간계획 5/30

→ **집 준비** (목표 날짜 : 6/14)

→ 칼 종류와 접시 세척 6/7, 6/8
- 집 청소 6/10, 6/11

11회기

치료자 노트

프로젝트 계획하기

실행

새로운 목표 기술

- 프로젝트 계획을 지속적으로 실행하기 위하여 이전에 논의된 자기 관리 기술들을 적용하는 것

회기 연습

- 각 집단원의 프로젝트 진행 정도 살펴보기

과제 연습

- 개인적인 프로젝트를 완성하기

치료자 유의사항 : 각 참가자의 프로젝트를 논의하는 충분한 시간을 가지기 위해 오늘은 새로운 자료를 계획하지 않는다. 과제 노트나 새로운 과제 연습이 없다.

각 참가자의 프로젝트를 논의하는 데 있어서 가능하면 이전 부분에서 목록화된 기술들을 조합하고 강조하도록 신경을 써라 – 예를 들면 일정관리수첩의 프로젝트에 규칙적으로 시간 할당하기, 하루 중 우선순위를 정하기, 하위 목표에 대한 기한 준수하기, 보상 시각화와 같은 기술 사용하기, 그리고 프로젝트를 완성할 때까지 동기를 유지하기 위해

타인의 지지를 목록화하기이다.

과제 연습

프로젝트에 대해 작업을 계속하고 다음 주에 그것을 완성한다.

12회기

치료자 노트

미래에 대한 조망

목표

- 집단원들이 다음을 하는 걸 도와라.
- 프로그램에서의 자신의 진전과 현재 상태, 그리고 미래의 요구를 스스로 평가하게 하라.
- 미래의 요구에 맞는 특정한 프로그램을 계획하게 하라.
- 종결에 대한 감정을 표현하게 하라.
- 공식적인 집단 회기 후 자기 평가와 프로그램 평가를 완성하게 하라.

과제 노트

- 미래를 생각하라.

I. 자기 평가

집단원들이 그들의 성장 단계에서 각기 다른 시기에 집단에 참여하게 되었고, 각자가 프로그램에 다르게 반응하였으며, 각자가 이제 요구와 목표에서 다른 위치에 있음을 강조하라. 연습을 검토한 후에 집단치료실에서 돌아가며 집단원들이 그들의 개인적 여정 –

성취한 목표와 바라던 목표에서 현재 어디에 있는지를 집단원들과 함께 나누도록 하라.

치료자 유의사항 : 이것은 학습한 새로운 책략, 변화시킨 습관, 습득한 통찰을 포함한 긍정적인 변화를 치료자가 부각시키고 강화시킬 수 있는 중요한 기회이다. 집단 라운드테이블 점검시간에 치료자는 집단원이 긍정적인 변화를 빠뜨리거나 평가절하하는 경우에 이것을 적극적으로 부각시킬 수 있다.

II. 지속적인 성장에 대한 대안을 제시

이것은 개인적인 치료, 코칭과 앞으로의 집단을 포함한다. 집단원과 함께 미래에 어떤 어려움이 있을지 이것을 어떻게 인식하고 다룰지에 대해 예상하라.

회기 중 적절한 시점에서 과제 노트 '미래에 대한 조망'에서의 책략에 대한 요약을 집단원들과 함께 큰 소리로 검토해 보자.

III. 종결에 대한 감정을 불러일으키기

집단원들에게 집단에 대해 어떻게 느꼈는지, 그리고 지금 집단이 끝나는 시점에서 기분이 어떤지를 질문하라. 이러한 논의는 앞으로의 집단 혹은 '추가' 회기에 대한 관심을 가지게 한다.

IV. 개인적인 평가자료와 프로그램 평가 완성하기

집단원들의 진전을 평가하기 위해 집단원들로 하여금 회기 중에 30~45분을 주고 CAARS, BRIEF, ON-TOP, Beck 우울증 척도, 그리고 기저선에서 측정한 다른 질문지들을 다시 완성하게 한다. 또한 프로그램에 대한 참가자 평가를 각각 완성하게 한다.

12회기

과제 노트

미래에 대한 조망

다음은 우리가 논의한 중요한 책략을 요약한 것으로 게시하는 데 적합하다.

과제 나누기

각 과제를 부분으로 나누어라.

만일 당신이 아직도 시작하는 데 어려움이 있다면 과제를 작은 부분으로 나누어라.

당신의 일정관리수첩에 각 과제에 대한 시간 계획을 세워라. 과제 수행에 시간이 얼마나 걸릴지 예상하라. 우선순위를 정하라.

만약 당신의 일정관리수첩에 기록되어 있지 않다면 그것은 없는 것이다.

각 과제를 완성하는 것에 대해 만족할 만한 작은 보상을 계획하라.

아이디어를 위해 3회기에서 다룬 개인적 갱신 목록을 참조하라.

과제를 완성하는 것을 시각화하라.

과제 완성 후 뒤따르게 되는 모든 즐거운 감정과 결과를 상상하라.

각 과제를 완성하는 시점을 정하라.

얼마나 걸릴지 판단을 정확하게 하기 위해 실제 시간과 예상 시간을 비교하라.

시작하는 것이 과제 수행에서 가장 어려운 부분이다

가장 쉬운 부분부터 시작함으로써 과제에 쉽게 다가가라.

만약 당신이 아직도 시작하는 데 어려움이 있다면 너무 많은 것을 계획하고 있는 것이다. 절대 어려운 시점에서 과제를 그만두지 마라. 그것은 다시 시작하기 어렵게 할 것이다.

만약 당신이 무엇을 먼저 해야 할지 결정하지 못했다면, 당신의 일정관리수첩에서 다음의 우선순위 항목을 행하라.

- 당신이 가장 하기 싫어하는 것을 하라.
- 그 시간에 가장 편리한 것을 하라.
- 지금 즉시 당신이 가장 즐겁게 할 수 있는 것을 하라.

주의분산을 줄이기

주위에 재미있는 잡지나 책이 없는 장소에 가라. TV나 라디오 혹은 대화 상대자가 없어야 한다. 문을 닫아라. 전화를 차단하기 위해 음성 메시지를 사용하라.

조직화하기

조직화할 공간을 선택하고 그것을 구역으로 나누어라.

만약 당신이 아직도 시작하는 데 어려움이 있다면 구역을 더 작은 부분으로 나누어라.

각 구역에 대한 활동계획을 세워라.

의사결정을 위해 FAT(File-Action-Trash : 모을 것, 작업할 것, 버릴 것)를 사용하라. 어떤 것을 정리하거나 저장할 때 추가하기 전에 우선 빼라. 친구와 파트너가 되어서 하라. 음악을 사용하라.

구역을 유지하라. 그 과제가 다시 접주는 것이 되지 않게 하라.

돌을 처음으로 움직이는 것보다는 움직이고 있는 돌을 굴리는 것이 더 쉽다.

추가 회기

치료자 노트

제시간에 취침, 기상하고 출근하기

새로운 목표 기술

- 집단원이 제시간에 일어나고 출근하기 어려운 이유를 이해하기
- 이런 문제들을 다루기 위한 책략을 개발하기

과제 연습

- 당신의 사고를 확인하기
- 당신의 진전을 추적하기

직장에 지각하는 것은 ADHD 성인에게서 나타나는 공통적인 문제이다. 만약 당신이 제시간에 일어나지 못하면 직장에 제시간에 가기 어렵고, 제시간에 잠을 자지 않으면 제시간에 일어나기 어렵다. 그래서 그것이 우리가 시작하는 지점이다.

I. ADHD가 있는 많은 사람들이 왜 제시간에 취침하기가 어려운가?

먼저 집단원들에게 응답을 요청하고 그것을 칠판에 써라. 집단에 의해 자발적으로 답이 나오지 않으면 목록에 다음을 추가하라.

- 하고 있는 것을 그만두기가 어렵다(예 : 웹서핑, 비디오 게임, 독서, TV 같은 자극적인 행동들)
- 이제야 즐기기 위한 혹은 일을 끝마치기 위해 '혼자만의 시간'을 가진 것(하루 동안의 시간이 잘 계획되지 못했기 때문에 등)
- 정상을 벗어난 취침과 기상 시간은 당신이 침실에 자러 갈 시간에 졸음을 느끼지 않는다는 것을 의미한다.

II. 제시간에 취침하지 않음으로써 야기되는 문제는 무엇인가?

충분치 않은 수면의 신체적 · 정신적 결과를 자세히 기술하라. 피로, 신체적 질병에 대한 취약성, 그리고 ADHD가 있는 사람들이 동의한 여러 동일한 기능(초점화된 주의와 지속적인 주의, 조직화 등)에 대한 부정적인 효과를 포함하라.

III. 당신은 지속적인 수면을 촉진하기 위해 무엇을 할 수 있는가?

1. **명확한 취침 시각을 정하고 그것을 준수하라**(주말에는 다소 변동이 있는). 신체는 명확한 취침 시각에 익숙해지고 대략 그 시간에 졸음을 느끼게 된다. 대부분의 성인은 하루에 7~9시간의 수면시간이 필요하다.
2. 취침 1시간 전에 이완하려고 계획하고 취침할 준비를 하라.
   - **그것은 다음과 같은 자극의 원천을 제거하는 것을 의미한다.**
     - 컴퓨터를 꺼라.
     - 핸드폰을 꺼라.
     - TV를 꺼라.
     - 취침 2시간 전에는 운동이나 식사를 하지 마라.
   - **그것은 다음과 같은 이완의 원천을 제공하는 것을 의미한다.**
     - 따뜻하게 목욕을 하라.
     - 이완하는 음악을 틀어라.
     - 침대로 책을 가져가라(그러나 당신이 손에서 내려놓을 수 없는 책은 아니다).
3. 사람들은 종종 침대로 자러 가는 것을 거부한다. 왜냐하면 그 시간이 하루 중 직장 상사나 배우자, 아이들 혹은 타인들의 요구가 없이 자신이 하고 싶은 것을 하는 첫 번째

시간이기 때문이다. 한 가지 해결책은 하루 중 혹은 초저녁에 더 많은 '작업 중단 시간' 혹은 '나만의 시간'을 가지는 것이다(예 : 좀 더 빨리 일을 중단하기).

4. 만약 당신이 아직도 취침 준비를 하기 위해 **그만두는 것**에 어려움이 있다면, 늦게까지 잠자지 않고 있는 것이 어떤 결과를 초래할지 색인 카드에 목록화하라 – 당신이 내일 어떻게 느끼고, 어떻게 보이고, 어떻게 수행할지를. 그리고 당신이 집중했을 때 그것을 당신이 볼 수 있는 베개 위나 침대 옆 탁자 혹은 다른 눈에 띄는 장소에 두어라.
5. 집단원으로부터 다른 해결책을 구하라.

IV. 지속적으로 제시간에 기상하고 제시간에 출근하는 것을 촉진하기 위해 당신은 무엇을 할 수 있는가?

1. 제시간에 취침하는 것은 당신이 이미 제시간에 기상할 수 있는 길을 가고 있다(기분 좋고 활력적인)는 것이다.
2. 아침에 출근하기 전에 할 일을 **계획**하라.
   - 당신이 **효과적이면서 편안하게** 준비하고, 광란의 질주를 하지 않고 직장에 가는 데 걸리는 시간이 얼마인지를 정확하게 알아라(가능하면 시간 예상).
   - 전날 저녁에 할 수 있는 일을 계획하라.
     - 다음 날 당신이 해야 할 일이 무엇인지 알아보기 위해 **일정관리수첩을 참조하라.**
     - 옷을 선택하라.
     - 식사를 준비하라.
     - 내일 가지고 가야 할 물건들을 서류가방에 넣고, 가방을 문 옆에 두어라.
3. **알람을 맞추어라** – 필요하면 2개도 좋다. 만약 당신이 충분히 잠을 잤다면 알람이 필요하지 않을 것이다.

추가 회기

과제 노트

제시간에 취침, 기상하고 출근하기

직장에 지각하는 것은 ADHD 성인들에게 흔한 일이다. 그러나 당신이 제시간에 일어나지 않으면 정시에 출근할 수 없고, 제시간에 잠자리에 들지 않으면 제때 일어나지 못한다. 그래서 이것이 우리가 시작할 시점이다.

I. ADHD가 있는 많은 사람들은 왜 제시간에 취침하기가 어려운가?

- 하고 있는 것을 그만두기가 어렵다(예 : 웹서핑, 비디오 게임, 독서, TV 같은 자극적인 행동들)
- 이제야 즐기기 위한 혹은 일을 끝마치기 위해 '혼자만의 시간'을 가진 것(하루 동안의 시간이 잘 계획되지 못했기 때문에 등)
- 정상을 벗어난 취침과 기상 시간은 당신이 침실에 자러 갈 시간에 졸음을 느끼지 않는다는 것을 의미한다.

II. 제시간에 취침하지 않음으로써 야기되는 문제는 무엇인가?

충분치 않은 수면의 신체적 · 정신적 결과를 자세히 기술하라. 피로, 신체적 질병에 대한 취약성, 그리고 ADHD가 있는 사람들이 동의한 여러 동일한 기능(초점화된 주의와 지속적인 주의, 조직화 등)에 대한 부정적인 효과를 포함하라.

III. 당신은 지속적인 수면을 촉진하기 위해 무엇을 할 수 있는가?

1. **명확한 취침 시각을 정하고 그것을 준수하라**(주말에는 다소 변동이 있는). 신체는 명확한 취침 시각에 익숙해지고 대략 그 시간에 졸음을 느끼게 된다. 대부분의 성인은 하루에 7~9시간의 수면시간이 필요하다.

   주의 : 밤에 늦게 잠드는 것에 익숙해져 있으면서도 일찍 일어날 수 있길 원한다면, 매일 알람을 조금 일찍 맞춰놓아라(예컨대 15분). 마찬가지로 매일 잠자리에 더 일찍 들도록 계획하라. 계속 일찍 일어나면 저녁에 더욱 일찍 피곤해져서 잠자리에 잘 들 수 있을 것이다.
2. 취침 1시간 전에 이완하려고 계획하고 취침할 준비를 하라.
   - **그것은 다음과 같은 자극의 원천을 제거하는 것을 의미한다.**
     - 컴퓨터를 꺼라.
     - 핸드폰을 꺼라.
     - TV를 꺼라.
     - 취침 2시간 전에는 운동이나 식사를 하지 마라.
   - **그것은 다음과 같은 이완의 원천을 제공하는 것을 의미한다.**
     - 따뜻하게 목욕을 하라.
     - 이완하는 음악을 틀어라.
     - 침대로 책을 가져가라(그러나 당신이 손에서 내려놓을 수 없는 책은 아니다).
3. 사람들은 종종 침대로 자러 가는 것을 거부한다. 왜냐하면 그 시간이 하루 중 직장 상사나 배우자, 아이들 혹은 타인들의 요구가 없이 자신이 하고 싶은 것을 하는 첫 번째 시간이기 때문이다. 한 가지 해결책은 하루 중 혹은 초저녁에 더 많은 '작업 중단 시간' 혹은 '나만의 시간'을 가지는 것이다(예 : 좀 더 빨리 일을 중단하기).
4. 만약 당신이 아직도 취침 준비를 하기 위해 **그만두는 것**에 어려움이 있다면, 늦게까지 잠자지 않고 있는 것이 어떤 결과를 초래할지 색인 카드에 목록화하라 – 당신이 내일 어떻게 느끼고, 어떻게 보이고, 어떻게 수행할지를. 그리고 당신이 집중했을 때 그것

을 당신이 볼 수 있는 베개 위나 침대 옆 탁자 혹은 다른 눈에 띄는 장소에 두어라.

IV. 지속적으로 제시간에 기상하고 제시간에 출근하는 것을 촉진하기 위해 당신은 무엇을 할 수 있는가?

1. 제시간에 취침하는 것은 당신이 이미 제시간에 기상할 수 있는 길을 가고 있다(기분 좋고 활력적인)는 것이다.
2. 아침에 출근하기 전에 할 일을 **계획**하라.
   - 당신이 **효과적이면서 편안하게** 준비하고, 광란의 질주를 하지 않고 직장에 가는 데 걸리는 시간이 얼마인지를 정확하게 알아라(가능하면 시간 예상).
   - 전날 저녁에 할 수 있는 일을 계획하라.
     - 다음 날 당신이 해야 할 일이 무엇인지 알아보기 위해 **일정관리수첩을 참조하라.**
     - 옷을 선택하라.
     - 식사를 준비하라.
     - 내일 가지고 가야 할 물건들을 서류가방에 넣고, 가방을 문 옆에 두어라.
3. **알람을 맞추어라** – 필요하면 2개도 좋다. 만약 당신이 충분히 잠을 잤다면 알람이 필요하지 않을 것이다.

추가 회기

과제 연습

제시간에 취침, 기상하고 출근하기

1단계 : 계획. 이 전 회기에서 다루었던 문제를 고려하여, 어느 시간이 잠자리에 들기에 가장 좋은 시간인지 결정하라. 취침 준비를 시작하기 전, 그리고 '이완 모드'로 들어서기 전에 한 시간을 자신에게 허용하라.

늦게 일어나는 것에 대해 익숙해져 있지만 일찍 일어날 수 있길 원한다면 알람을 아침마다 조금씩만 일찍 맞추어라(예컨대 15분). 또한 마찬가지로 매일 조금 더 일찍 잠자리에 들도록 계획하라. 일찍 일어나는 것을 계속하면 저녁에 피곤해질 것이고, 제시간에 취침할 수 있을 것이다.

2단계 : 당신의 생각 알아차리기. 당신이 잠들기 전 1시간 동안 여전히 과제를 멈추지 못했다면, 당신이 하던 일과 그때 어떠한 생각을 했는지를 종이에 적는다. 예를 들어 불을 꺼야 할 시간에 신문 읽는 것에 사로잡혀 그것을 내려놓을 수 없다고 가정해 보자. 당신은 "난 몇 분 안으로 읽는 것을 끝낼 거야. 내일은 신문을 읽을 시간이 절대 없을 거야. 그리고 이것은 정말 재미있어."라고 생각할 수 있다.

그 후에는 그러한 생각에 어떻게 도전할 것인지에 대해 적어 보라. 예를 들어 "내가 침대에 자러 가는 것이 더욱 중요하다. 지금 그러지 않는다면 내일은 더 그렇게 느낄 것이다. 지금 당장 멈출 필요가 있다. 나는 내일 전철에서 혹은 아침을 먹으며 신문 읽기를 끝마칠 수 있다."라고 할 수 있는데, 이것이 당신의 '대응적 사고'이다. 다음 페이지의 양식을 활용하라.

3단계 : 당신의 진행 과정을 따라가 보라. 마지막 페이지의 양식에, 매주 첫날에 맞추어 날짜를 기입하라.

다음과 같이 시간을 기록하라.

1. 실제로 취침 준비를 시작한 시간
2. 잠자리에 든 시간
3. 수면 시간(다음 날 말해 주기 가장 좋다.)
4. 다음 날 기상 시간

한 달간의 진행 과정을 점검하기 위해서 다음을 참조하라(습관을 바꾸기까지는 시간이 걸림을 기억하라).

당신의 생각 알아차리기

월요일

상황과 생각

대응적 사고

화요일

상황과 생각

대응적 사고

수요일

상황과 생각

대응적 사고

목요일

상황과 생각

대응적 사고

금요일

상황과 생각

대응적 사고

토요일

상황과 생각

대응적 사고

일요일

상황과 생각

대응적 사고

당신의 진행 과정 추적하기

주	날짜	취침 준비를 시작한 시간	잠자리에 든 시간	수면 시간	기상 시간 (그 다음 날)
1. 월요일					
화요일					
수요일					
목요일					
금요일					
토요일					
일요일					
2. 월요일					
화요일					
수요일					
목요일					
금요일					
토요일					
일요일					
3. 월요일					
화요일					
수요일					
목요일					
금요일					
토요일					
일요일					
4. 월요일					
화요일					
수요일					
목요일					
금요일					
토요일					
일요일					

참고자료

이는 총체적인 목록으로 의도적으로 만들었다기보다는 주목할 만한 자료들을 강조하여 ADHD가 있는 사람들에게 도움을 주기 위해 만들어졌다.

종이로 된 일정관리수첩

다음의 수첩은 스케줄과 할 일 목록을 관리할 수 있도록 잘 배열되어 있다. 그리고 각 수첩은 개인적인 정보를 위한 영역을 포함하고 있다(전화 번호, 주소 등). 각 수첩은 당신이 하루에 얼마나 많은 활동을 필요로 하는지에 따라 몇 가지 형식을 제공한다. 하루에 한 페이지, 하루에 두 페이지, 한 주에 두 페이지 등 다양하다. 이들 수첩은 스프링 바인더로 되어 있어 필요하다면 종이를 새로 끼우고 쉽게 업데이트도 할 수 있다.

FranklinCovey: www.franklincovey.com, 1-800-819-1812
Filofax: www.filofaxusa.com, 1-800-345-6798
Day Timer: www.daytimer.com, 1-800-225-5005

디지털 일정관리수첩

손에 휴대할 수 있는 개인 휴대정보 단말기(PDA)와 스마트폰(블랙베리와 안드로이드)은 개인의 목표나 할 일 목록, 사람들과의 약속을 관리하는 소프트웨어를 가지고 있다. 스마트폰의 정보들은 유선이나 무선 인터넷 접속을 통해 다른 휴대기기, 데스크톱 혹은 랩톱 컴퓨터와 동기화(공유)될 수 있다.

두 가지 유명한 온라인 일정관리수첩은 구글 플래너와 마이크로소프트 아웃룩 플래너이다. 이들은 인터넷을 연결하는 스마트폰을 통해 접속될 수 있다. 따라서 일정관리수첩을 늘 가지고 다니는 사람의 '요구'를 만족시킨다.

기타 (무료) 과제 관리 소프트웨어

이들은 달력을 갖고 있지 않으며, 위에 제시한 통합된 시스템보다는 덜 이상적이다. 그러나 과제 관리 기능은 사용하기에 쉽고 재미있기까지 하다.

ToodleDo.com
Rememberthemilk.com

인터넷 접근의 제한

인터넷 잠금은 주어진 과제를 하는 동안 웹서핑을 하고 싶은 유혹을 극복하도록 돕는다. 이 소프트웨어는 사용자가 어떤 인터넷 사이트에 접속하더라도 비밀번호로 접속해야만 하도록 해놓았다. Toplang에서 이용 가능하다. www.toplang.com/internetlock.htm..

주소록 관리

ACT!라는 소트프웨어는 사용자가 자신의 주소를 관리하고 고객관리를 하는 데 유용하게 만들어진 소프트웨어 프로그램이다. Sage에서 이용 가능하다. www.act.com, 1-866-873-2006

컴퓨터 활동에 소비한 시간 기록하기

소위 '생산성 척도'라고 하는 이 소프트웨어는 사용자가 미리 지정된 컴퓨터 기반 활동 혹은 온라인 인터넷 사이트를 얼마나 오래 사용했는지를 점검하도록 한다. 자신의 시간을 기록해야만 하는(예컨대 변호사) 사람들과 생산성을 최대화해야 하는 기타 다른 사람들에게 탁월한 프로그램으로, www.usertime.com에서 이용 가능하다. 온라인에 사용한 시간을 점검할 수 있는 다양한 소프트웨어 프로그램에 대한 리뷰는 www.smartcode.com/downloads/monitortime-spent-online.html.에서 찾아볼 수 있다. 어떤 프로그램은 미리 정해진 시간이 종료되었을 때 프로젝트를 바꾸라고 하면서(프로그램을 종료시킴으로써) 시간을 할당해 준다.

회의 계획 세우기

이 소프트웨어는 회의 참가자들의 공통적으로 회의가 가능한 시간을 자동적으로 수집하고 검색하여 스케줄을 알리는 이메일을 발송한다. TimeBridge, TimeBridge.com에서 이용 가능하다.

작가들을 위한 보조 프로그램들

- **Dragon NaturallySpeaking.** 이것은 음성 인식 프로그램으로, 사용자의 말을 직접 컴퓨터에 받아써서 문서를 작성해낸다.
- **Inspiration.** 이 프로그램은 이미 작성된 글들이나 구두 발표된 내용을 조직하는 데 유용하다. 이는 사용자들로 하여금 '시각적 지도'를 만들어내도록 하는데, 이는 아이디어나 개념들이 쉽게 문자나 발표 자료 형식으로 전환되도록 되어 있다.
- **Scrivener.** 이는 Mac OS X에서만 가능한 워드 프로세서 프로그램으로서 작가들을 위해 고안되었다. Scrivener는 메타데이터의 관리 시스템으로서, 사용자의 노트와 개념, 연구, 모든 문서(텍스트, 이미지, 오디오, 비디오, 웹페이지 등)를 참고 문헌으로 간직하도록 한다. 사용자가 글을 다 쓰면, 포맷을 위한 워드 프로세서로 전달된다. Literature&Latte, www.literatureandlatte.com/scrivener.html에서 이용 가능하다.
- **Liquid Story Binder.** 이 프로그램은 윈도우에서 맥의 Scrivener와 비슷한 기능을 한다. 이는 작가가 같은 어플리케이션에서 글을 쓰고 또한 조사한 것을 보고 저장할 수 있도록 해준다. Black Obelisk Software, www.blaclobelisksoftware.com에서 이용 가능하다.
- **Page Four.** 윈도우에서 사용되는 이 제품은 노벨상 수상자들과 창의적인 작가들의 글과 체계를 잘 처리한다는 면에서 Scrivener와 비슷하다. 그러나 저장 기능과 관련 조사 추적기능이 없다. 홈페이지에 써 있기를 "위대한 작가는 없다. 위대한 재기록이 있을 뿐이다." 이는 www.softwareforwriting.com에서 가능하다.

보조 도구들

- **Pulse Smartpen.** 강의를 듣는 동안 오디오 녹음과 디지털 펜을 사용한 사용자의 필기가 동기화된다. 나중에 노트의 일정한 부분을 펜으로 터치하면 그 부분의 녹음이 재생된다. Livescribe에서 이용 가능하다. www.Livescribe.com, 1-877-727-4239
- **White noise machines.** 이어폰과 함께 사용하면 작업할 때 청각적 방해요소를 차단하

는 데 도움이 된다.

국제적인 자조 그룹

이 단체들의 웹사이트는 지부를 찾을 수 있도록 링크를 마련해 놓았다.

Attention Deficit Disorder Association(ADDA) : www.ADD.org

Children and Adults with Attention Deficit/Hyperactivity Disorder(CHADD) : www.CHADD.org.

참고문헌

Aase, H., & Sagvolden, T. (2006). Infreqeunt, but not frequent, reinforcers produce more variable responding and deficient sustained attention in young children with attention-deficit/hyperactivity disorder (ADHD). *Journal of Child Psychology and Psychiatry, 47*(5), 457–471.

Adler, L. A., Goodman, D. W., Kollins, S. H., Weisler, R. H., Krishnan, S., Zhang, Y., et al. (2008). Double-blind, placebo-controlled study of the efficacy and safety of lisdexamfetamine dimesylate in adults with attention deficit/hyperactivity disorder. *Journal of Clinical Psychiatry, 69*(9), 1364–1373.

Adler, L. A., Spencer, T., & Biederman, J. (2003). Adult ADHD Investigator Symptom Rating Scale—AISRS. Boston and New York: Massachusetts General Hospital and New York University School of Medicine.

Adler, L. A., Zimmerman, B., Starr, H. L., Silber, S., Palumbo, J., Orman, C., et al. (2009). Efficacy and safety of OROS methylphenidate in adults with attention-deficit/hyperactivity disorder: A randomized, placebo-controlled, double-blind, parallel group, dose-escalation study. *Journal of Clinical Psychopharmacology, 29*(3), 239–247.

Ainslie, G. (1974). Impulse control in pigeons. *Journal of the Experimental Analysis of Behavior, 21*, 485–489.

American Psychiatric Association. (1994). *Diagnostic and statistical manual of mental disorders* (4th ed.). Washington, DC: Author.

Applegate, B., Lahey, B. B., Hart, E. L., Biederman, J., Hynd, G. W., Barkley, R. A., et al. (1997). Validity of the age-of-onset criterion for ADHD: A report from the DSM-IV field trials. *Journal of the American Academy of Child and Adolescent Psychiatry, 36*, 1211–1221.

Barkley, R. A. (1989). The problem of stimulus control and rule-governed behavior in attention deficit disorder with hyperactivity. In L. M. Bloomingdale & J. Swanson (Eds.), *Attention deficit disorder: Current concepts and emerging trends in attentional and behavioral disorders of childhood* (pp. 203–232). Elmsford, NY: Pergamon Press.

Barkley, R. A. (1997). *ADHD and the nature of self-control.* New York: Guilford Press.

Barkley, R. A. (2006). *Attention-deficit/hyperactivity disorder: A handbook for diagnosis and treatment* (3rd ed.). New York: Guilford Press.

Barkley, R. A. (2011). *Barkley Deficits in Executive Functioning Scale (BDEFS).* New York: Guilford Press.

Barkley, R. A., & Fischer, M. (in press). Predicting impairment in major life activities in hyperactive children as adults: Self-reported executive function (EF) deficits vs. EF tests. *Developmental Neuropsychology.*

Barkley, R. A., Fischer, M., Smallish, L., & Fletcher, K. (2006). Young adult outcome of hyperactive children: Adaptive functioning in major life activities. *Journal of the American Academy of Child and Adolescent Psychiatry, 45,* 192–202.

Barkley, R. A., Koplowitz, S., Anderson, T., & McMurray, M. B. (1997). Sense of time in children with ADHD: Effects of duration, distraction, and stimulant medication. *Journal of the International Neuropsychological Society, 3,* 359–369.

Barkley, R. A., & Murphy, K. R. (1998). *Attention-deficit hyperactivity disorder: A clinical workbook.* New York: Guilford Press.

Barkley, R. A., Murphy, K. R., & Bush, T. (2001). Time perception and reproduction in young adults with attention deficit hyperactivity disorder. *Neuropsychology, 15,* 351–360.

Barkley, R. A., Murphy, K. R., & Fischer, M. (2008). *ADHD in adults: What the science says.* New York: Guilford Press.

Barkley, R. A., Murphy, K. R., O'Connell, T., & Connor, D. F. (2005). Effects of two doses of methylphenidate on simulator driving performance in adults with attention deficit hyperactivity disorder. *Journal of Safety Research, 36*(2), 121–131.

Beck, A. T., Steer, R. A., & Brown, G. K. (1996). *Manual for the Beck Depression Inventory–II* (4th ed.). San Antonio, TX: Psychological Corporation.

Beck, J. S. (1995). *Cognitive therapy: Basics and beyond.* New York: Guilford Press.

Bemporad, J. R. (2001). Aspects of psychotherapy with adults with attention deficit disorder. *Annals of the New York Academy of Sciences, 931,* 302–309.

Biederman, J., & Faraone, S. V. (2006). The effects of attention-deficit/hyperactivity disorder on employment and household income. *Medscape General Medicine, 18*(3), 12.

Biederman, J., Faraone, S. V., Spencer, J. F., Mick, E., Monuteaux, M. C., & Aleardi, M. (2006a). Functional impairments in adults with self-reports of diagnosed ADHD: A controlled study of 1001 in the community. *Journal of Clinical Psychiatry, 67*(4), 524–540.

Biederman, J., Mick, E., & Faraone, S. V. (2000). Age dependent decline of ADHD symptoms revisited: Impact of remission definition and symptom subtype. *American Journal of Psychiatry, 157,* 816–818.

Biederman, J., Mick, E., Surman, C., Doyle, R., Hammerness, P., Harpold, T., et al. (2006b). A randomized, placebo-controlled trial of OROS methylphenidate in adults with attention-deficit/hyperactivity disorder. *Biological Psychiatry, 59*(9), 829–835.

Biederman, J., Monuteaux, M. C., Doyle, A. E., Seidman, L. J., Wilens, T. E., Ferrero, F., et al. (2004). Impact of executive function deficits and attention-deficit/hyperactivity disorder (ADHD) on academic outcomes in children. *Journal of Consulting and Clinical Psychology, 72,* 757–766.

Biederman, J., Monuteaux, M. C., Mick, F., Spencer, T., Wilens, T. E., Silva, J. M., et al. (2006c).

Young adult outcome of attention deficit hyperactivity disorder: A controlled 10-year follow-up study. *Psychological Medicine, 36*(2), 167–179.

Biederman, J., Petty, C., Fried, R., Fontanella, J., Doyle, A. E., Seidman, L. J., et al. (2006d). Impact of psychometrically defined deficits of executive functioning in adults with attention deficit hyperactivity disorder. *American Journal of Psychiatry, 163*(10), 1673–1675.

Biederman, J., Petty, C. R., Monuteaux, M. C., Fried, R., Byrne, D., Mirto, T., et al. (2010). Adult psychiatric outcomes of girls with attention deficit hyperactivity disorder: 11-year follow-up in a longitudinal case-control study. *American Journal of Psychiatry, 167*(4), 409–417.

Brown, T., Reichel, P., & Quinlan, D. M. (2009). Executive function impairments in high IQ adults with ADHD. *Journal of Attention Disorders, 13*(2), 161–167.

Brown, T. E. (1996). *Attention-Deficit Disorder Scales: Manual.* San Antonio, TX: Psychological Corporation.

Brown, T. E. (2008). ADD/ADHD and impaired executive function in clinical practice. *Current Psychiatry Reports, 10*(5), 407–411.

Butler, A. C., Chapman, J. E., Forman, E. M., & Beck, A. T. (2006). The empirical status of cognitive-behavioral therapy: A review of meta-analyses. *Clinical Psychology Review, 26*(1), 17–31.

Castellanos, F. X., Sonuga-Barke, E. J., Milham, M. P., & Tannock, R. (2006). Characterizing cognition in ADHD: Beyond executive dysfunction. *Trends in Cognitive Science, 10*(3), 117–123.

Conners, C. K. (1994). *Conners' Continuous Performance Test.* Toronto: Multi-Health Systems.

Conners, C. K., Erhardt, D., & Sparrow, E. (1999). *Conners' Adult ADHD Rating Scales: Technical Manual.* Toronto: Multi-Health Systems.

Douglas, V. I. (1999). Cognitive control processes in attention-deficit/hyperactivity disorder. In H. C. Quay & A. E. Hogan (Eds.), *Handbook of disruptive behavior disorders* (pp. 105–138). New York: Kluwer Academic/Plenum.

Doyle, A. E. (2006). Executive functions in attention-deficit/hyperactivity disorder. *Journal of Clinical Psychiatry, 67*(Suppl 8), 21–26.

Epstein, J. N., Johnson, D. E., & Conners, C. K. (2001). *Conners' Adult ADHD Diagnostic Interview for DSM-IV.* North Tonawanda, NY: Multi-Health Systems.

Faraone, S. V., Biederman, J., Weber, W., & Russell, R. L. (1998). Psychiatric, neuropsychological, and psychosocial features of DSM-IV subtypes of attention-deficit/hyperactivity disorder: Results from a clinically referred sample. *Journal of the American Academy of Child and Adolescent Psychiatry, 37,* 185–193.

Faraone, S. V., & Glatt, S. J. (2010). A comparison of the efficacy of medications for adult attention-deficit/hyperactivity disorder using meta-analysis of effect sizes. *Journal of Clinical Psychiatry, 71*(6), 754–763.

First, M. B., Gibbon, M., Spitzer, R. L., Williams, J. B. W., & Benjamin, L. S. (1997). *Structured Clinical Interview for DSM-IV Axis II Personality Disorders (SCID-II).* Washington, DC: American Psychiatric Press.

First, M. B., Spitzer, R. L., Gibbon, M., & Williams, J. B. W. (2002). *Structured Clinical Interview for DSM-IV-TR Axis I Disorders—Patient Edition (SCID-I/P, 11/2002 rev.).* New York: Biometrics Research Department, New York State Psychiatric Institute.

Goodwin, R. E., & Corgiat, M. D. (1992). Cognitive rehabilitation of adult attention deficit disorder: A case study. *Journal of Cognitive Rehabilitation, 10*(5), 28–35.

Haenlein, M., & Caul, W. (1987). Attention deficit disorder with hyperactivity: A specific hypothesis of reward dysfunction. *Journal of the American Academy of Child and Adolescent Psychiatry, 26*, 356–362.

Hervey, A. S., Epstein, J. N., & Curry, J. F. (2004). Neuropsychology of adults with attention-deficit/hyperactivity disorder: A meta-analytic review. *Neuropsychology, 18*(3), 485–503.

Hesslinger, B., Tebartz van Elst, L., Nyberg, E., Dykierek, P., Richter, H., Berner, M., et al. (2002). Psychotherapy of attention deficit hyperactivity disorder in adults—A pilot study using a structured skills training program. *European Archives of Psychiatry and Clinical Neuroscience, 252*, 177–184.

Kessler, R. C., Adler, L. A., Barkley, R. A., Biederman, J., Conners, C. K., Demler, O., et al. (2006). The prevalence and correlates of adult ADHD in the United States: Results from the national comorbidity survey replication. *American Journal of Psychiatry, 163*, 716–723.

Lahey, B. B., Pelham, W. E., Loney, J., Lee, S. S., & Willcutt, E. (2005). Instability of the DSM-IV subtypes of ADHD from preschool through elementary school. *Archives of General Psychiatry, 62*(8), 896–902.

Leark, P. A., Greenberg, L. K., Kindschi, C. L., Dupuy, T. R., & Hughes, S. J. (2007). *Test of Variables of Attention: Clinical manual.* Los Alamitos, CA: TOVA.

Luman, M., Oosterlaan, J., & Sergeant, J. A. (2005). The impact of reinforcement contingencies on AD/HD: A review and theoretical appraisal. *Clinical Psychology Review, 25*(2), 183–213.

Mannuzza, S., Klein, R. G., Bessler, A., Malloy, P., & LaPadula, M. (1998). Adult psychiatric status of hyperactive boys grown up. *American Journal of Psychiatry, 155*, 493–498.

McBurnett, K., Pfiffner, L. J., Willcutt, E., Tamm, L., Lerner, M., Ottolini, Y. L., et al. (1999). Experimental cross-validation of DSM-IV types of attention-deficit/hyperactivity disorder. *Journal of the American Academy of Child and Adolescent Psychiatry, 38*, 17–24.

McDermott, S. P., & Wilens, T. E. (2000). Cognitive therapy for adults with ADHD. In T. Brown (Ed.), *Attention deficit disorders and comorbidities in children, adolescents, and adults* (pp. 569–606). Washington, DC: American Psychiatric Press.

Medori, R., Ramos-Quiroga, A., Casas, M., Kooij, J. J. S., Niemela, A., Trott, G.-E., et al. (2008). A randomized, placebo-controlled trial of three fixed dosages of prolonged-release OROS methylphenidate in adults with attention-deficit/hyperactivity disorder. *Biological Psychiatry, 63*, 981–989.

Michelson, D., Adler, L., Spencer, T., Reimherr, F. W., West, S. A., Allen, A. J., et al. (2003). Atomoxetine in adults with ADHD: Two randomized, placebo-controlled studies. *Biological Psychiatry, 53*(2), 112–120.

Morgenstern, J. (2004). *Organizing from the inside out: The foolproof system for organizing your home, your office, and your life.* New York: Holt.

Nigg, J. T. (2006). *What causes ADHD?: Understanding what goes wrong and why.* New York: Guilford Press.

Prochaska, J. O., & Norcross, J. C. (2001). Stages of change. *Psychotherapy, 38*, 443–448.

Quinlan, D. M., & Brown, T. E. (2003). Assessment of short-term verbal memory impairments in adolescents and adults with ADHD. *Journal of Attention Disorders*, 6(4), 143–152.

Ramsay, J. R., & Rostain, A. L. (2008). *Cognitive-behavioral therapy for adult ADHD: An integrative psychosocial and medical approach.* New York: Routledge.

Riccio, C. A., & Reynolds, C. R. (2001). Continuous performance tests are sensitive to ADHD in adults but lack specificity. A review and critique for differential diagnosis. *Annals of the New York Academy of Science, 931*, 113–139.

Rosenberg, M. (1965). *Society and the adolescent self-image*. Princeton, NJ: Princeton University Press.

Rostain, A. L., & Ramsay, J. R. (2006). A combined treatment approach for adults with ADHD—Results of an open study of 43 patients. *Journal of Attention Disorders, 10*(2), 150–159.

Roth, R. M., Isquith, P. K., & Gioia, G. A. (2005). *Behavior Rating Inventory of Executive Function—Adult Version (BRIEF-A)*. Lutz, FL: Psychological Assessment Resources.

Safren, S. A., Otto, M. W., Sprich, S., Winett, C. L., Wilens, T. E., & Biederman, J. J. (2005). Cognitive-behavioral therapy for ADHD in medication-treated adults with continued symptoms. *Behaviour Research and Therapy, 43*(7), 831–842.

Safren, S. A., Sprich, S., Mimiaga, M. J., Surman, C., Knouse, L., et al. (2010). Cognitive-behavioral therapy vs. relaxation with educational support for medication-treated adults with ADHD and persistent symptoms: A randomized controlled trial. *Journal of the American Medical Association, 304*(8), 875–880.

Sanford, J. A., & Turner, A. (2004). *The Integrated Visual and Auditory Continuous Performance Test. Interpretive manual*. Richmond, VA: BrainTrain.

Seidman, L. J., Valera, E. M., & Bush, G. (2004). Brain function and structure in adults with attention-deficit/hyperactivity disorder. *Psychiatric Clinics of North America, 27*(2), 323–347.

Seidman, L. J., Valera, E. M., & Makris, N. (2005). Structural brain imaging of attention-deficit/hyperactivity disorder. *Biological Psychiatry, 57*(11), 1263–1272.

Seligman, M. E. P. (1975). *Helplessness: On depression, development, and death*. New York: Freeman.

Semrud-Clikeman, M., Biederman, J., Sprich-Buckminster, S., Lehman, B. K., Faraone, S. V., & Norman, D. (1992). Comorbidity between ADDH and learning disability: A review and report in a clinically referred sample. *Journal of the American Academy of Child and Adolescent Psychiatry, 31*, 439–448.

Sergeant, J. A. (2005). Modeling attention-deficit/hyperactivity disorder: A critical appraisal of the cognitive-energetic model. *Biological Psychiatry, 57*(11), 1248–1255.

Shear, M. K., Vanderbilt, J., Rucci, P., Endicott, J., Lydiard, B., Otto, M. W., et al. (2001). Reliability and validity of a structured interview guide for the Hamilton Anxiety Rating Scale (SIGH-A). *Depression and Anxiety, 13*, 166–178.

Smalley, S. L., McGough, J. J., Del'Homme, M. NewDelman, J., Gordon, E., Ki Liu, A., et al. (2000). Familial clustering of symptoms and disruptive behaviors in multiplex families with attention-deficit/hyperactivity disorder. *Journal of the American Academy of Child and Adolescent Psychiatry, 39*, 1135–1143.

Solanto, M. V., Etefia, K., & Marks, D. J. (2004). The utility of self-report measures and the Continuous Performance Test in the diagnosis of ADHD in adults. *CNS Spectrums, 9*, 649–659.

Solanto, M. V., Gilbert, S. N., Raj, A., Zhu, J., Pope-Boyd, S., Stepak, B., et al. (2007). Neurocognitive functioning in ADHD, predominantly inattentive subtype. *Journal of Abnormal Child Psychology, 35*(5), 729–744.

Solanto, M. V., Marks, D. J., Mitchell, K., Wasserstein, J., & Kofman, M. D. (2008). Development of a new psychosocial treatment for adults with ADHD. *Journal of Attention Disorders, 11*(6), 728–736.

Solanto, M. V., Marks, D. J., Wasserstein, J., Mitchell, K., Abikoff, H., Alvir, J. M., et al. (2010). Efficacy of meta-cognitive therapy for adult ADHD. *American Journal of Psychiatry, 167*(8), 958–968.

Sonuga-Barke, E. J. S. (2003). The dual pathway model of AD/HD: An elaboration of neuro-developmental characteristics. *Neuroscience and Biobehavioral Reviews, 27,* 593–604.

Sonuga-Barke, E. J., Sergeant, J. A., Nigg, J., & Willcutt, E. (2008). Executive dysfunction and delay aversion in attention deficit hyperactivity disorder: Nosologic and diagnostic implications. *Child and Adolescent Psychiatric Clinics of North America, 17*(2), 367–384.

Spencer, T., Biederman, J., & Wilens, T. (2004a). Nonstimulant treatment of adult attention-deficit/hyperactivity disorder. *Psychiatric Clinics of North America, 27*(2), 373–383.

Spencer, T., Biederman, J., & Wilens, T. (2004b). Stimulant treatment of adult attention-deficit/hyperactivity disorder. *Psychiatric Clinics of North America, 27*(2), 361–372.

Spencer, T., Biederman, J., Wilens, T., Doyle, R., Surman, C., Prince, J., et al. (2005). A large, double-blind, randomized clinical trial of methylphenidate in the treatment of adults with attention-deficit/hyperactivity disorder. *Biological Psychiatry, 57*(5), 456–463.

Spencer, T., Biederman, J., Wilens, T., Faraone, S., Prince, J., Girard, K., et al. (2001). Efficacy of a mixed amphetamine salts compound in adults with ADHD. *Archives of General Psychiatry, 58,* 775–782.

Stevenson, C. S., Whitmont, S., Bornholt, L., Livesey, D., & Stevenson, R. J. (2002). A cognitive remediation programme for adults with attention deficit hyperactivity disorder. *Australian and New Zealand Journal of Psychiatry, 36,* 610.

Tellegen, A., & Briggs, P. F. (1967). Old wine, new skins: Grouping Wechsler subtests into new scales. *Journal of Consulting and Clinical Psychology, 31*(5), 499–506.

Tucker, D. M., & Williamson, P. A. (1984). Asymmetric neural control systems in human self-regulation. *Psychological Review, 91,* 185–215.

Virta, M., Vedenpaa, A., Gronroos, N., Chydenius, E., Partinen, M., Vataja, R., et al. (2008). Adults with ADHD benefit from cognitive-behaviorally oriented group rehabilitation: A study of 29 participants. *Journal of Attention Disorders, 12*(3), 218–226.

Wasserstein, J., & Denckla, M. B. (2009). ADHD and learning disabilities in ADHD: Overlap with executive dysfunction. In T. E. Brown (Ed.), *ADHD comorbidities: Handbook for ADHD complications in children and adults* (pp. 233–247). Arlington, VA: American Psychiatric Publishing.

Wasserstein, J., & Lynn, A. (2001). Metacognitive remediation in adult ADHD: Treating executive function deficits via executive functions. *Annals of the New York Academy of Science, 931,* 376–384.

Wasserstein, J., Wolf, L. E., Solanto, M., Marks, D., & Simkowitz, P. (2008). Adult attention deficit hyperactivity disorder: Basic and clinical issues. In J. F. Morgan & J. H. Ricker (Eds.), *Handbook of clinical neuropsychology* (pp. 679–695). Lisse, The Netherlands: Swets & Zeitlinger.

Weisler, R. H., Biederman, J., Spencer, T. J., Wilens, T. E., Faraone, S. V., Chrisman, A. K., et al. (2006). Mixed amphetamine salts extended-release in the treatment of adult ADHD: A randomized, controlled trial. *CNS Spectrums, 11*(8), 625–639.

Weiss, G., & Hechtman, L. (1993). *Hyperactive children grown up: Empirical findings and theoretical considerations* (2nd ed.). New York: Guilford Press.

Wiggins, D., Singh, K., Getz, H., & Hutchins, D. (1999). Effects of a brief group intervention for adults with attention-deficit/hyperactivity disorder. *Journal of Mental Health Counseling, 21*, 82–92.

Wilens, T. E. (2008). Pharmacotherapy of ADHD in adults. *CNS Spectrums, 13*(5 Suppl 8), 11–13.

Wilens, T. E., McDermott, S., Biederman, J., Abrantes, A., Hahesy, A., & Spencer, T. (1999). Cognitive therapy in the treatment of adults with ADHD: A systematic chart review of 26 cases. *Journal of Cognitive Psychotherapy: An International Quarterly, 13*, 215–226.

Willcutt, E. G., Doyle, A. E., Nigg, J. T., Faraone, S. V., & Pennington, B. F. (2005). Validity of the executive function theory of attention-deficit/hyperactivity disorder: A meta-analytic review. *Biological Psychiatry, 57*(11), 1336–1346.

Wolraich, M. L., Hannah, J. N., Pinnock, T. Y., Baumgaertel, A., & Brown, J. (1996). Comparison of diagnostic criteria for attention-deficit hyperactivity disorder in a county-wide sample. *Journal of the American Academy of Child and Adolescent Psychiatry, 35*, 319–324.

찾아보기

ㅊ

ㅍ

ㅎ

기타

저자에 대하여

대표저자

Mary V. Solanto 박사는 뉴욕 시에 위치한 마운트시나이대학의 정신과 부교수이자 소아청소년 정신과 ADHD 센터의 대표를 맡고 있다. Solanto 박사는 성인과 아동 ADHD 연구를 매우 활발하게 해 오고 있다. Solanto 박사의 연구와 저서들은 ADHD의 인지-행동 기능, 중추신경자극제 효과와 ADHD 부주의 하위유형의 특성에 초점이 맞추어져 있다. 또한 정신과 의사 및 심리학자 대상으로 ADHD 및 관련 장애 진단과 치료 교육을 활발하게 하고 있다. 이밖에도 *Journal of Attention Disorder*의 편집위원으로 활동하고 있으며, 조직화와 자기 관리 기술 향상을 위한 성인 집단을 운영하고 있다.

공저자

David J. Marks 박사는 뉴욕 시 마운트시나이 학습 및 발달 센터의 대표로 학습과 발달 문제가 의심되는 성인과 아동에 대한 종합적인 신경심리평가를 담당하고 있다. 품행 행동 장애, 소아신경심리와 심리 평가 영역의 임상 슈퍼비전을 담당하고 있다. ADHD가 발현되고 진행되는 과정에서 가족 요인과 신경인지의 역할을 주로 연구하고 있으며, 장애를 가진 사람들을 위한 새로운 심리사회적 개입 연구도 활발히 하고 있다. Marks 박사는 20편이 넘는 논문과 8권의 저서에 저자 혹은 공저자로 기여하였으며, 아동심리와 소아신경심리학회지 심사위원으로 활동하고 있다.

Katherine J. Mitchell 박사는 개인연구소를 운영하는 임상심리학자이자 알베르트 아인슈타인 의과대학의 임상조교수이다. 또한 뉴욕 시 몬티피오리 의료센터의 약물중독 치료 프로그램에 심리학자로 참여하고 있다. 중독 치료, ADHD, 불안 장애와 외상 후 스트레스 장애 및 대인관계 인지행동 치료 전문가이다. 과거 약물 사용 장애의 생물학적 관련성을 연구하는 국가과제인 Genetics of Alcoholism 협동연구에 함께 참여하여 임상평가 감독자로 활동하였다.

Jeanette Wasserstein 박사는 미국 공인 신경심리 전문가로 뉴욕에서 개인 치료를 하고 있다. 전문 분야는 신경발달 장애 성인 평가와 치료이며, 마운트시나이 의과대학의 임상교수도 맡고 있다. Wasserstein 박사는 New School for Social Research에 임상신경심리 프로그램을 만들었으며, 성인 학습 장애와 ADHD에 관한 여러 권의 저서를 포함하여 전문영역과 일반영역 모두에서 활발한 저술 활동을 펼치고 있다.

옮긴이

신민섭
연세대학교 대학원(임상심리 전공) 박사
현재 서울대학교 의과대학 정신과학교실/서울대학병원 정신건강의학과 교수

김명식
고려대학교 대학원(임상심리 전공) 박사
현재 전주대학교 상담심리학과 부교수

김선희
미국 레슬리대학교 표현예술치료학(미술치료 전공) 박사
현재 서울여자대학교 특수치료전문대학원 조교수

김진영
고려대학교 대학원(임상심리 전공) 박사
현재 서울여자대학교 아동학과 조교수

남은영
미국 워싱턴주립대학교 심리학 박사
현재 서울여자대학교 아동학과 부교수

송현주
연세대학교 대학원(임상심리 전공) 박사
현재 서울여자대학교 특수치료전문대학원 부교수

안귀여루
고려대학교 대학원(임상심리 전공) 박사
현재 강남대학교 교육대학원 교육상담학과 교수

최미례
중앙대학교 대학원 심리학 박사
현재 육군사관학교 교관

장연집
프랑스 루이파스퇴르대학교 대학원 심리학 박사
현재 서울여자대학교 특수치료전문대학원 교수

박경
고려대학교 대학원(임상심리 전공) 박사
현재 서울여자대학교 특수치료전문대학원 교수